政府公务员
职务违法责任实现研究

宋晓玲　著

ZHENGFU GONGWUYUAN
ZHIWU WEIFA ZEREN
SHIXIAN YANJIU

法律出版社
LAW PRESS · CHINA
北京

图书在版编目(CIP)数据

政府公务员职务违法责任实现研究 / 宋晓玲著. --
北京:法律出版社,2023
ISBN 978-7-5197-8655-7

Ⅰ.①政… Ⅱ.①宋… Ⅲ.①公务员-职务犯罪-研究-中国 Ⅳ.①D924.304

中国国家版本馆CIP数据核字(2023)第243645号

政府公务员职务违法责任实现研究
ZHENGFU GONGWUYUAN ZHIWU WEIFA ZEREN SHIXIAN YANJIU

宋晓玲 著

策划编辑 田 浩
责任编辑 田 浩
装帧设计 鲍龙卉

出版发行 法律出版社
编辑统筹 法商出版分社
责任校对 张翼羽
责任印制 胡晓雅
经 销 新华书店

开本 710毫米×1000毫米 1/16
印张 16 **字数** 228千
版本 2024年3月第1版
印次 2024年3月第1次印刷
印刷 北京新生代彩印制版有限公司

地址:北京市丰台区莲花池西里7号(100073)
网址:www.lawpress.com.cn
投稿邮箱:info@lawpress.com.cn
举报盗版邮箱:jbwq@lawpress.com.cn
销售电话:010-83938349
客服电话:010-83938350
咨询电话:010-63939796

书号:ISBN 978-7-5197-8655-7
定价:68.00元

前　言

《监察法》首次将“职务违法”作为与“职务犯罪”相对称的法律概念，并赋予了国家监察机关依法查处包括政府公务员在内的全体公职人员“职务违法”行为的职权，充分体现了党和国家监察监督全覆盖、违法违纪零容忍的政策部署要求。作为队伍最庞大、职责权限最广泛、工作内容最丰富、执法任务最繁重、与人民群众日常联系最紧密的公务员群体，在全面推进依法治国、加强反腐败和廉政建设、实现社会公平正义等诸多方面具有举足轻重的地位。因此，政府公务员职务违法责任制度是否健全，其在社会生活中能不能够得到有效实现，对国家治理与社会管理方方面面影响深远。政府公务员职务违法责任的实现程度无疑是衡量一个国家或者地区的政治文明、法治文明，尤其是法治政府建设进程与质效的核心指标。因多元因素的影响与制约，我国政府公务员职务违法责任的实现在不断取得显著成效的同时，还存在一些实现不力、实现不良的问题。诚然有必要在深入研究的基础上，为科学建立健全政府公务员职务违法责任实现的法律机制，促进政府公务员职务违法责任的有效实现提供可资参考的研究成果，这也是本书写作的基本背景与主要目的。

本书是我基于博士学位论文《政府公务员行政责任实现研究》所作的继续研究，是我近些年来不断的思考和总结。本书针对政府公务员“职务违法”责任实现的机理进行了理论阐释，客观分析了政府公务员职务违法责任实现的现状，并在此基础上就如何促进政府公务员职务违法责任更加有效实现提出了务实的对策建议。除绪论部分之外，正文共分七章，对政府公务员职务违法责任实现本体、实现理论基础、实现原则、实现要件、实现过程、实现现状、实现促进诸方面进行了系统研究。

感谢恩师刘志坚教授在我整个学术生涯中所给予的精心指导，以及对本书写作给出的建设性意见。与此同时，本书出版得到了兰州大学法学院、法律出版社的大力支持，也受益于田浩编辑的辛苦核校，在此一并深表谢忱。

宋晓玲

2023 年 10 月于兰州大学齐云楼

目　录 Contents

绪　论

第一节　问题的提出和研究意义

一、问题的提出

人类法治文明发展演化的历史经验充分证明，法律责任及其追究是法的国家强制性的基本表现，也是各项法律制度得以有效贯彻执行的根本保障，没有法律责任存在的法律及法律秩序是不可想象的，同样，法律责任在社会生活中不能得到实现的法治状态及社会治理状态更是不可想象的。因此政府公务员职务违法责任及其实现对于行政管理、依法行政和法治政府建设具有同样重要的意义和作用，“行政法律责任的规定体现了行政法律规范的国家强制力量，行政法律责任是行政法律义务得以履行的保障，法律的效力主要体现在迫使责任主体承担法律责任并且受到相应的法律制裁上，没有法律责任的规定，一切法律义务的规定都可能无法实现”①。

我国自改革开放以来，尤其是党的十八大以来，依法治国、依法行政、法治政府建设、反腐倡廉的划时代发展历程与丰富实践，充分证实了政府公务员职务违法责任及其实现与行政效能质量、行政廉洁性、法律制度实效性之间具有深刻的内在联系。

1. 政府公务员职务违法责任的实现程度与行政效能质量的高低密切相

① 梁津明：《论行政机关及其公务员行政法律责任》，载《法学家》1999年第4期。

关。实践证明，凡是政府公务员职务违法责任制度不健全，对公务员执纪问责乏力的时期，行政管理的效率和质量都是不够理想的。改革开放以来的一段时期，因行政责任及其实现的制度不够健全，对公职人员的执纪问责不够严格，政府公务员职务违法责任实现不力、实现不能的问题曾表现得较为突出。与之相适应，在国家行政管理领域，行政主体及其公务员的违法行政行为也曾呈高发态势，行政管理效能较为低下，行政工作质量也不够理想。政府公务员职务违法责任的不能有效实现既成为了行政管理领域内有法不依、执法不严、违法不究甚至滥用执法权等不良行政现象高发的重要表现，也成为了违法行政或者不良行政的主要成因。党的十八大以来，党中央从严治党，全面加强并推进具有中国特色的社会主义法治建设，建立健全了以国家监察制度为代表的公权力运行的监督制约机制，并以前所未有的深度、广度、力度、强度对违法行政进行严肃问责，政府公务员职务违法责任因此得到了较好的实现，其履行行政管理职责的态度、效率、质量也因此得到了全方位的跃升。

2. 政府公务员职务违法责任的实现程度与政府行政廉洁程度有着紧密的内在联系。曾经一段时期，政府公务员职务违法责任制度不完善且实现不理想，行政管理领域内的腐败问题严重，并严重损害了政府的权威性、公信力、社会形象及其工作的有效性。党的十八大以来，党中央强力推进党风廉政建设，建立健全并严格实施执纪问责制度，“打虎拍蝇”、深挖黑恶势力及其保护伞，坚定不移地惩治腐败，廉政建设取得了前所未有的显著成效，极大地提升了政府及其公务员依法行政、廉洁行政的自觉性、能力和水平。因此，政府公务员职务违法责任及其有效实现，对于促进廉政建设具有十分重要的意义和作用。

3. 政府公务员职务违法责任的实现程度与行政法律制度贯彻实施的有效性具有深刻的内在关系。徒法不足以自行，执法在人。如果执法者素质、能力、水平不高甚至滥用执法权，且又缺乏行之有效的监督问责，要贯彻执行好行政管理的各项法律制度，保证行政管理法律制度的行有实效，是十分困难甚至是不可能实现的。我国之所以曾经一度在生产安全、食品安全、制假售假、环境污染与生态破坏等方面频发各种各样的恶性事件，客观上与有关行政主体及其公务员在行政监管过程中存在的以权谋私、违法行政等问题有着深刻的内在联系，可以说，某些行政主体及其公务员在其行政管理领域内的行政不作为、行政消极作为以及不严格依法行政，是导致该行政管理领域内相对人违法行为多发频发，造成各种严重不良后果的恶性事件或者问题久治不愈的主要根源！而行政相对人的违法行为的高发，多与违法行政存在不同程度的因果关系，公共行政的法律责任尤其是政府公务员职务违法责任在现实生活中不能得到有效实现又是其最为重要的原因之一。正是党的十八大以来，政府公务员职务违法责任划时代的有效实现，才改变了各项行政法律制度实施不力、实效性不够理想的问题，行政主体及其公务员队伍依法行政能力和水平也得到了显著的提升。

4. 政府公务员职务违法责任的实现，对于全面推进依法治国，提高国家治理能力与治理水平现代化等具有十分重要的意义。依法行政是依法治国的必然要求和核心，而政府公务员依法办事、廉洁行政则是实现国家依法行政目标的前提、基础和核心。离开了政府公务员的依法行政，法治政府建设就不可能达到预期目标。同样，在国家治理领域，政府公务员及其职务活动又直接关涉到社会公平正义。如果不能建立起完善且行之有效、切实监督保证政府公务员严格依法行政的法律责任制度，国家社会治理能力和水平就不可能提高，社会公平正义就不可能得到有效维护，全面依法治国的目标就难以得到实现。因此，政府公务员职务违法责任的实现，在加强国家公务员管理以及推进依法治国进程中具有特殊的地位和重要意义。

综上所述，政府公务员职务违法责任的实现既是依法行政、加强法治政府建设的必然要求，也是有效防控行政管理领域内的违法行政行为的必然要求，还是警示、鞭策全体公务员廉洁奉公、依法办事的必然要求，更是贯彻落实新时代党和国家全面推进依法治国，加强公共权力制约监督，加强国家治理体系与治理能力现代化等相关政策的必然要求。政府公务员职务违法责任的实现对于做好新时代行政管理工作，提高行政管理法律制度贯彻执行实效等意义重大。

迄今为止，由于受传统“官本位”思想观念的影响，行政法律责任制度的不够健全、行政法律责任法治化程度还不够高等多因素的制约，在政府公务员职务违法责任实现方面还不同程度存在责任追究机制不够健全、责任形式及其适用不够完善、不同类型责任的衔接协调不够顺畅、责任救济的实效性不足、责任实现的非法治化现象凸显等诸多需要进一步研究并进行相应制度机制完善的问题。

二、研究的意义

在党和国家全面推进依法治国，加强国家治理体系与治理能力现代化建设，持续发力政府依法行政、法治政府建设，进一步完善公共权力运行制约监督机制的时代背景之下，研究政府公务员职务违法责任的实现问题既有现实必要性，也具有以下两个方面的积极意义和价值：

1. 有助于促进公共行政的行政法律责任问题的学术理论研究。“……在行政主体承担行政法律责任前提下，实际行使行政权力并直接导致行政主体承担行政法律责任的当事公务员应当承担何种行政责任以及如何承担行政责任，这是一个常常被人们有意忽视而事关勤政廉政、行政效率和政府效能的重要问题”①。这些年来，行政主体的行政法律责任问题虽然逐渐引起了学界的广泛关注，并相继产出了一批相关研究成果，但总体来看，相关学者对政府公务员职务违法责任实现问题的研究还呈较明显的碎片化现象，系统化的理论研究及其成果尚不多见。政府公务员职务违法责任实现问题的研究与全面推进依法治国、依法行政、法治政府建设，以及加强权力运行制约监督机制的政策要求、现实需要还不完全相适应，还存在不同程度的滞后性。因此，专题研究政府公务员职务违法责任实现问题，在一定程度上有助于深化或者

① 曾建杰：《公务员行政责任追究立法研究》，载《行政与法》2007年第2期。

促进公共行政的行政法律责任问题的学术理论研究。

2. 为在行政管理实践中如何依法更加有效实现政府公务员职务违法责任提供可资借鉴的理论支持，促进政府公务员职务违法责任有效实现的制度机制构建。时至今日，在政府公务员职务违法责任实现的制度建设和制度运行过程中，还存在一些不尽如人意的问题，其原因固然是多方面的，但与相关研究成果对公务员职务违法责任实现领域诸多重要实践性问题的理论引导或者支撑不足或多或少有一定的关系。因此，对政府公务员职务违法责任实现问题的研究，能够为完善政府公务员职务违法责任制度、强化政府公务员职务违法责任的实现效果提供可资借鉴的研究成果，助力与政府公务员职务违法责任实现相关的制度机制等的进一步改进完善。

第二节　基础性概念阐释辨析

一、政府公务员与国家公职人员

（一）政府公务员

“公务员”一词译自外语，它在世界各国的称谓不尽相同，在英国被称为“文官”或者“文职官员”（Civil Servant）；在美国被称为“政府雇员”（Government Employee）；在法国被称为“公务员”（Fonctionnaire）。虽然西方各国对公务员的称谓及其内涵与外延不尽相同，但从理论认知到法律规定也不乏有以下共同之处：公务员通常是指担任国家公职、代表国家从事公务的人员，与一切私营组织的工作人员相区别；公务员在广义上可指所有国家公职人员，[①] 在狭义上通常指国家行政机关文职官员，在最狭义上

① 例如，日本1947年的《国家公务员法》，即将国家公务员分为一般职务公务员和特别职务公务员。特别职务公务员包括通过选举或者任命产生的政府官员、国会议员、法官，以及立法和司法部门的其他工作人员。特别职务公务员以外的公务员，均属于一般职务公务员。

则指政府行政机关的常任文官，即除了政务官以外的其他政府工作人员；公务员法管理的主要对象是职业公务员或者常任文官，对政府的政务类官员和其他国家机关的官员采用其他的法律制度实施，有别于对职业公务员的管理。①

在我国，根据《公务员法》的规定，公务员是指依法履行公职、纳入国家行政编制、由国家财政负担工资福利的工作人员。其范围较广，包括中国共产党各级机关、各级人民代表大会及其常务委员会机关、中国人民政治协商会议各级委员会机关，以及各级行政机关、监察机关、审判机关、检察机关和各民主党派、工商联、人民团体的各级机关中除工勤人员以外的工作人员。在如此庞大的公务员系统之中，政府公务员即在政府行政机关中依法履行行政公职、纳入国家行政编制、由国家财政负担工资福利的公务员，是人数最多、职能最多的一类。

政府公务员，亦称“行政公务员”“行政机关公务员”，其除了具备一般公务员的基本法律特性，还有以下几个方面的特殊性：

1. 政府公务员是在行政机关中担任国家行政职务，并因此与行政机关形成行政职务关系的国家工作人员。行政职务是国家基于行政管理的客观需要而设置的行政职位或者公务员职业中的具体职种，它是行政职权、职责、任务的统一体。当公民依法进入政府行政机关并担任特定行政职务后，就与行政机关之间形成了特殊的权利义务关系，即所谓的行政职务关系。在这种职务关系中，政府公务员作为其中一方当事人，其在职权范围内所进行的各项职务行为所导致的法律后果，直接由所在的行政机关来承受。

2. 政府公务员是在行政机关中依法拥有并行使行政职权、履行行政管理

---

① 国外公务员的范围宽窄不一，公务员法的调整范围也不尽相同，但都有一个基本的共性特征，即公务员法一般适用于政府行政部门中除政务官以外的其他文职人员。例如，美国1974年制定的《文官法》及《文官法实施细则》适用于政府各部门中除政务官以外的常任文官职务；瑞士1927年制定、1979年修订的《联邦公务员法》只适用于“由联邦委员会及其附属机构、由联邦法院或者由联邦保险法院任命的人员”。

职能的国家工作人员。政府公务员因担任国家行政公职而依法享有代表国家，并以国家名义履行公务的行政职权。同时，基于行政公职的取得而对国家、人民和行政相对人依法应承担相应的职责义务和法律责任。

3. 政府公务员是基于行政职权而从事国家行政管理活动的工作人员。国家行政管理是政府公务员的履职范围，这是政府公务员的本质特征。其他国家机关公务员只能从事与其所在机关的职能相适应的公职活动，但通常并非是国家行政管理活动。政府公务员具体包括领导职务公务员与非领导职务公务员、中央政府公务员与地方政府公务员、选任制公务员与委任制公务员等类型。

（二）国家公职人员

所谓国家公职人员，在我国就是指依法行使公共权力、履行公共职务的工作人员。根据《监察法》《公职人员政务处分法》等法律法规的规定，我国国家公职人员包括但不限于公务员，在公务员之外还包括了在法律法规授权或者国家机关依法委托管理公共事务的组织、国有企业、各类公办事业单位、基层群众性自治组织等单位或者机构中依法履行公职的所有人员。① 由此可见，公务员与国家公职人员概念是属种关系，国家公职人员是公务员的上位概念、属概念，而公务员则是国家公职人员的下位概念、种概念。从公职人员监管法律规范适用的角度来看，公务员固然要接受依据公务员法的管理，但同时也要接受依据国家关于公职人员监督管理的一般法律法规的管理。

① 《公职人员政务处分法》第2条第3款规定，“本法所称公职人员，是指《中华人民共和国监察法》第十五条规定的人员”。《监察法》第15条规定，“监察机关对下列公职人员和有关人员进行监察：（一）中国共产党机关、人民代表大会及其常务委员会机关、人民政府、监察委员会、人民法院、人民检察院、中国人民政治协商会议各级委员会机关、民主党派机关和工商业联合会机关的公务员，以及参照《中华人民共和国公务员法》管理的人员；（二）法律、法规授权或者受国家机关依法委托管理公共事务的组织中从事公务的人员；（三）国有企业管理人员；（四）公办的教育、科研、文化、医疗卫生、体育等单位中从事管理的人员；（五）基层群众性自治组织中从事管理的人员；（六）其他依法履行公职的人员”。

二、行政责任与行政法律责任

（一）行政责任

“责任”问题是多学科交叉研究的重要对象。由于学科及研究、表达语境等的不同，人们对责任本身的理解认识也有所不同。在《汉语大辞典》中，“责任”一词有三种含义：一是使人担当起某种职责和职务；二是分内应做之事；三是未做好分内应做之事而承担的过失。在相关学科的理论研究与实践中，人们对“责任”一词在上述三种含义上都有运用，但最常用的含义就是指人们应当对自己的行为负责。①

行政责任属于一种特定责任类型，是行政管理学、行政法学等学科领域广泛应用的复杂概念。在行政管理学领域，行政责任被学者们视为现代行政的一种基本价值取向及民主治理的重要基础，并对其给予了高度关注，相关学者对行政责任概念从不同的研究视角做了较多且不尽相同的定义阐释。例如，有学者认为行政责任就是行政机关及其公务员因其公权力地位和公职身份而对授权者、法律法规和社会价值等负有的政治、法律和道义责任。② 有学者认为行政责任的理解可以有广义、狭义之分：广义的行政责任是指行政机关及其行政人员必须遵循一定政治制度来维持的基本价值和政治义务；狭义的行政责任主要指行政职责，即行政机关及其行政人员根据法律法规，充分履行行政职能及职权范围内的各种责任，如果行政违法或者行政不当，就必须接受法律制裁，承担否定性的行为责任，并对行政相对人造成的损失进行补偿。③ 还有学者认为行政责任分为主观责任和客观责任，主观责任意指忠诚、良心以及认同，主观责任来自公共管理者对责任的感受和信赖；客观责任是指法律以及上级交付的客观应尽的义务责任，意指负责任和义务。④

---

① 参见韩志明：《行政责任：概念、性质及其视阈》，载《广东行政学院学报》2007 年第 3 期。

② 参见张创新、韩志明：《行政责任概念的比较分析》，载《行政与法（吉林省行政学院学报）》2004 年第 9 期。

③ 参见韩志明：《行政责任：概念、性质及其视阈》，载《广东行政学院学报》2007 年第 3 期。

④ 参见［美］特里·L. 库珀：《行政伦理学：实现行政责任的途径》（第 4 版），张秀琴译，中国人民大学出版社 2001 年版，第 63～74 页。

因此，为了求同存异，可将行政管理学界对行政责任概念的共性认识归纳为以下几个方面：一是行政责任的主体或者担当者是行政机关及其公务员；二是行政机关及其公务员作为行政责任主体的基础是国家公职身份及其相应职责权限；三是行政机关及其公务员承担的基本行政责任包括政治责任、法律责任、道义责任与狭义上的行政责任；四是行政机关及其公务员所承担的行政责任在广泛意义上是指全部的社会责任，其承担责任的对象包括国家公权力机关、政党、社会团体与组织、社会公众等；五是行政机关及其公务员行政责任在内容上既包括职责（义务）、也包括法律上的否定性后果，同时还包括对责任对象及社会的政治义务、道义义务等；六是行政管理学既研究包括法律责任在内的广义行政责任，也研究狭义上的行政责任即行政职责意义上的行政责任，且对狭义上的行政责任通常可以做主观责任与客观责任之分。由此可见，行政管理学意义上的行政责任是一个十分宽泛的概念，在关于行政责任的主流观点中融合了社会义务、道德义务、法律义务与行政职责、制裁性责任等多种类型的责任形式。

在行政法学领域，学者们一般从法律意义上认知和界定责任，故所称责任主要限于法律责任，一般不包括其他社会责任。对于法律责任，法学界通常有广义与狭义的理解，“广义的法律责任就是一般意义上的法律义务的同义词，狭义的法律责任则是由违法行为所引起的不利法律后果”①。在相关法学研究成果中有时将广义上的法律责任称为第一性义务、积极责任，将狭义上的法律责任称为第二性义务、消极责任。在行政法学语境中，“行政责任”或被定义为行政主体及其公务员因其行政活动而在行政法上应承担的法律责任，或被视为与宪法责任、民事责任、刑事责任等相并列的一类法律责任。在行政法学文献中，“行政责任”还常与“行政法律责任”被视为同一概念而混用，②

---

① 张文显主编：《法理学》（第2版），高等教育出版社2003年版，第143页。

② 在相关法学文献中，“行政责任”概念被广泛在法律责任或者行政法律责任意义上使用。例如，《论行政责任类型的体系建构》（张珏芙蓉，2015）、《行政责任与刑事责任界限厘清之改革建议》（黄陈辰，2016）、《论精准扶贫中行政责任机制的构建》（黄妮、刘定平，2016）、《行政责任追究制度与法治政府建设》（陈党，2017）等论文所称的“行政责任”就是指“行政法律责任”。

但有时也被作区别使用。“行政责任”在与“行政法律责任”概念被作同义使用时，通常指行政法律关系主体在行政法上应承担的法律责任，例如，有学者认为“行政责任主体包括行政主体和行政相对人”①；有学者将新兴媒体侵犯版权在行政法上的责任称为“行政责任”②。“行政责任”在与“行政法律责任”被作区别使用时，多用于指称行政主体及其公务员在行政法上的法律责任，例如，有学者认为“行政责任是行政主体及其执行公务人员违反法定职责和义务的责任”；有学者认为行政责任是指国家行政机关及其公务人员“因为违反行政法或因行政法规定而应承担的法律责任”③。行政法律责任概念则多被用以指称行政相对人在行政法上的责任。④

综上可见，在行政管理学与行政法学意义上的“行政责任”概念既有相通或者重合之处，也存在明显的差别。具体而言，两者的相通或者重合之处主要表现在以下几个方面：一是行政管理学与行政法学都将行政机关及其公务员作为行政责任或者行政法律责任的主体；二是行政管理学与行政法学上所理解的行政机关及其公务员的行政责任或者行政法律责任都是基于其行政公职身份、行政公务资格及行使行政职权的活动而发生的；三是行政管理学与行政法学上的行政责任都包括行政机关及其公务员基于其行政公职身份、行政公务资格、行政职权而实施的行政活动所引致的法律责任，其在广义上包括宪法责任、行政法责任、刑法责任甚至民法上的责任，在狭义上多指行政法上的责任即所谓的行政法律责任。两者的主要区别在于：一是在行政管理学意义上的行政责任是个大概念，其与行政法学上的行政法律责任是一种包含与被包含的逻辑关系，行政管理学研究的行政责任不限于法律责任，还包括行政活动引致的政治责任、道义责任等其他社会责任，而行政法学研究

---

① 柴让措：《行政法学》，知识产权出版社 2017 年版，第 312 页。

② 参见王舒宁：《新兴媒体侵犯版权的行政责任及其发展趋势》，载《福建广播电视大学学报》2019 年第 6 期。

③ 本书编写组编：《公务员法律知识学习读本》，新华出版社 2016 年版，第 133 页。

④ 例如，《行政罚没款的可追偿性问题研究——以行政法律责任的构成与归责原则为中心的考察》（秦静，2020）一文中的“行政法律责任”就是指相对人在行政法上的责任。

的行政责任仅限于法律责任，且主要是指行政法律责任主体因违法、不当或者行政违约而产生的行政法上的否定性的、不利的后果；二是行政管理学意义上的行政责任主体仅限于行政机关及其公务员，行政法学上研究的行政法律责任主体并不限于行政机关及其公务员，还包括与行政机关等行政主体产生行政法律关系的公民、法人或者其他组织等行政相对人；三是行政管理学意义上的行政责任的实现或者落实，既要依靠国家公权力的控制与作用，也要依靠行政机关及其公务员自身的内在动力，以及各种社会力量的监督、控制等作用，但行政法学意义上的行政法律责任因系法律责任范畴，故其实现或者落实主要依靠国家公权力机关的监督、控制、执行等能动作用。

（二）行政法律责任

在行政法学语境中，行政法律责任通常被视为与宪法责任（违宪责任）、民事责任、刑事责任等相并列的一类法律责任，是因违反了行政法律规范而在行政法上应承担的不利法律后果。但对于行政法律责任（有时亦称“行政责任”）的内涵与外延，学界却有不同的理解和认识，其差异主要集中在以下两个方面：

1. 关于行政法律责任主体的确定。对此，行政法学界主要有以下几种观点：行政法律责任主体是国家行政主体及其工作人员；[①] 行政法律责任主体是行政法律关系主体；行政法律责任主体不仅包括国家行政主体及其工作人员（公务员），还包括作为行政相对人的公民、法人或者其他组织。简而言之，行政责任主体包括行政法律关系主体和国家公务员。

2. 关于行政法律责任的性质与内涵的界定。对此，行政法学者们有广义和狭义两种理解，“在广义上，行政法律责任是指行政法律规范为行政法律责任主体（或为国家行政主体，或为行政法律关系主体等）所规定的，在具体的行政法律关系中应当履行和承担的义务，包括所谓的积极行政义务和消

---

① 参见金国坤主编：《行政法与行政诉讼法通论》，经济管理出版社1996年版，第131～132页；杨解君主编：《行政责任问题研究》，北京大学出版社2005年版，第194页。

极行政义务。在狭义上，行政法律责任是指行政法律责任主体因行政违法或者部分行政不当（或直接表述为行政违法）所引起的法律后果”。目前，行政法学界对行政法律责任的主流认识是：行政法律责任的主体是指行政法律关系主体，即行政法律责任主体不仅包括行政主体及其公务员，还包括作为行政相对人的公民、法人和其他组织；行政法律责任关注和研究的重点是行政法上的责任，即行政法律责任主体因其违反行政法律规范的规定而应承担的否定性（不利）法律后果；行政法律责任主体承担行政法律责任的基本前提是行政违法。

任何法律责任都必有其责任形式，行政法律责任也不例外。行政法律责任的形式，是指对责任主体追究行政法律责任的具体方式或者措施。“我国行政立法对行政法律责任形式的规定散见于各种法律、行政法规、地方性法规和规章之中，其种类之繁多，内容之庞杂，适用领域之广泛，为刑事法律责任承担方式和民事法律责任的承担形式所不及。同时，由于行政管理专业化水平的提高，各行政专业领域行政法律责任形式与其他法律责任形式相比，又具有很强的技术特色，适用对象、适用方式和归责条件也各有其特殊性。”① 但无论行政法律责任形式或者种类有多少，其大致包括对行为人的制裁或者惩罚与对行为后果的补救两项基本内容。由于形式与内容相适应，行政法律责任的形式也可被划分为制裁性或惩罚性行政法律责任和补救性行政法律责任两大类。制裁性或惩罚性行政法律责任主要适用于政府公务员和行政相对人，其形式主要包括行政处分（适用于政府公务员）、行政处罚（适用于作为行政相对人的公民、法人或者其他组织）与其他制裁性责任（比如，通报批评作为一种特定制裁责任形式，可适用于所有违反行政法律规范的行政法律责任主体）。补救性行政法律责任形式较多，有一些是可以适用于所有行政法律责任主体的，如承认错误、赔礼道歉、退还权益、恢复原状

① 周承业：《行政法律责任形式的具体应用》，载《广西大学学报（哲学社会科学版）》1993年第2期。

等既可适用于行政主体，也可适用于政府公务员，还可适用于作为行政相对人的公民、法人和其他组织。有一些是适用于特定行政法律责任主体的，如向行政相对人承担行政赔偿责任等只适用于行政主体，行政赔偿中的追偿或者求偿责任则只适用于执行公务的行政工作人员或者组织。

制裁性责任与补救性责任的各种具体责任形式，既可以单独使用，也可以几种责任形式合并使用。所谓合并使用或者并处，是指行政法律责任追究主体依法可以对同一行政法律责任主体的同一行政违法行为，同时适用两种或两种以上的行政法律责任形式的情形。对于执行行政公务的国家公务员和行政相对人而言，通常是在承担惩罚性行政法律责任的同时，一并适用补救性行政法律责任形式。比如根据《国家赔偿法》等的有关规定，对于在实施具体行政行为过程中因故意或者重大过失造成国家赔偿责任的公务员，除了应当依法追究其行政处分甚至刑事处罚等制裁性责任，还应当依法承担向受害人赔礼道歉、偿还全部或者部分国家赔偿费用等补救性责任。从目前我国相关立法对行政法律责任规定的具体情况来看，关于政府公务员职务违法责任的形式相对较少，政府公务员承担行政法律责任的形式主要表现为行政处分以及其他的非行政处分责任形式，关于行政相对人的行政法律责任形式则种类繁多。

三、行政问责与行政责任追究

（一）行政问责

由于政府公务员职务违法责任的实现与“行政问责”“行政责任追究”等概念范畴具有比较紧密的联系，因此要准确界定和认识政府公务员职务违法责任实现的概念，不能不对其与“行政问责”“行政责任追究”等概念范畴之间的相互关系作必要的阐释。

众所知之，自 2003 年“非典”危机之始，党和政府为了推进法治政府、责任政府建设，有效应对日益复杂的社会问题，掀起了问责“风暴”。问责问题的理论探究及制度建设随之成为了被社会高度关注的热点、重点问题之一。学界在表述行政问责问题时除了采用行政问责（制）这个概念，还采用了“政府问责（制）”“公共行政问责（制）”“官员问责（制）”“行政首长问责（制）”等概念，且在定义中对所采用概念的内涵外延作了不尽相同的界定。综合学界关于行政问责概念的代表性定义，其对行政问责内涵外延的认知大致有以下几个主要方面的共识：一是行政问责（制）与政府问责（制）等概念基本在相同意义上使用；二是所谓行政问责实则是“问行政之责”，即把行政主体及其公务员作为基本问责对象；三是行政问责的主体在我国既包括国家公权力机关，也包括执政党的问责，甚至在广泛意义上还包括社会问责的参与；四是行政问责的主要事由是行政主体及其公务员存在违法违纪行为；五是行政问责的目的是让行政主体及其公务员为其违法行政行为依法承担否定性的不利后果。据此，我们将行政问责定义为，拥有问责权限的行政问责主体，对在履行行政职能过程中存在违法违纪行为的行政主体及其公务员依法追究违法违纪责任的行为或者制度。

（二）行政责任追究

“行政责任追究”也是与政府公务员职务违法责任实现密切相关且在有关文献中常用的概念。对于“行政责任追究”的概念，相关研究也作了大同小异的定义阐释。例如，有学者认为，“公务员责任追究，是指公务员在履行职务过程中发生违法违纪行为，有权机关依法追究其行政责任，给予警告、记过、记大过、降级、撤职、开除等处分。当然，构成犯罪的应该移交司法机关追究其刑事责任”①；还有学者认为，“公务员责任追究，是指公务员因为行政过错应在行政主体担负行政责任后，由行政机关实施，在确定行政责任的基础上，强制其履行相应义务或给予其相应行政处分”②。从相关文献使用“责任追究”或“行政责任追究”概念的具体情况来看，“责任追究”一

① 杨晓东、孙家佳：《完善公务员行政责任追究制度探讨》，载《中共云南省委党校学报》2009 年第 3 期。

② 曾建杰：《公务员行政责任追究立法研究》，载《行政与法》2007 年第 2 期。

词与“问责”基本属于同一概念，且两者往往混同使用。

四、公务员责任与政府公务员职务违法责任

（一）公务员责任

在行政管理学研究视域中，与行政责任概念的使用情况相适应，公务员责任的概念通常在以下三种意义上使用：一是在最广泛意义上，公务员责任是指其基于担任国家公职而应承担的所有工作职责、任务，以及其他政治、行政、道德、法律等义务；二是在次广义上，公务员责任是指公务员基于其担任国家公职而应承担的工作职责、义务，以及在违法履行法定职责时应承担的法律责任；三是在狭义上，公务员责任仅指公务员因不履行法定职责或者违法行政而应承担的法律责任，包括违宪责任、刑事责任、行政法律责任等。

在相关法学或者法律的视域中，公务员责任在广义上是指国家公务员因其公职身份应承担的各种法定义务，以及其在实施了公务违法行为后所应承担的否定性的不利法律后果，具体表现为宪法责任、行政责任、民事责任、诉讼责任、刑事责任等多种法律责任类型；在狭义上仅指公务员违法责任，即公务员在实施了公务违法行为后在行政法上所应承担的否定性的不利法律后果。本书在狭义上使用了“公务员责任”或者“政府公务员责任”的概念。

（二）公务员职务违法责任

在法理学上，违法与犯罪是两个既有内在联系又有区别的概念。所谓违法，通常是指公民、法人或者其他组织违反现行法律规范，侵害法律保护的特定社会关系，具有一定社会危害性的行为。在广义上违法包涵了所有类型的违反法律规范的行为，在狭义上仅指除犯罪行为以外的一般违法行为。我国《监察法》首次在法律上对“职务违法”与“职务犯罪”作了区分，[①] 对

① 《监察法》第3条规定，“各级监察委员会是行使国家监察职能的专责机关，依照本法对所有行使公权力的公职人员（以下称公职人员）进行监察，调查职务违法和职务犯罪，开展廉政建设和反腐败工作，维护宪法和法律的尊严”。

"违法"概念作了狭义上的使用，《公职人员政务处分法》专门对公职人员"违法"的政务处分作了立法规定。根据《监察法》等相关法律法规的立法精神，所谓公务员职务违法，就是指公务员违反法律法规规定的公务员职责义务但尚未构成犯罪的违法行为。根据我国现行法律的相关规定，公务员职务违法所承担的责任主要是行政法上的行政处分等行政法律责任和由监察机关依法追究的政务处分责任。据此，所谓政府公务员职务违法责任在内涵外延上有以下几点限定：

1. 政府公务员职务违法责任是指特定的法律责任，是基于公务员的公职身份、公务行为而在法律上应承担的违法责任。在独立的国家监察制度建立后，政府公务员违反行政法律法规不仅会产生行政处分等传统行政法上的责任，还会产生国家监察机关依据监察法律法规给予的政务处分的法律责任，监察机关政务处分因此也成为了实现政府公务员职务违法责任的重要途径。尽管监察机关是独立于国家行政机关的专门履行监察监督职能的国家机关，其针对政府公务员作出政务处分主要依据的是国家监察法律法规，但政府公务员在履行职务过程中违反相关行政法律规范仍然是监察机关追究政务处分的前提条件，监察机关适用于政府公务员的政务处分与传统的行政机关对政府公务员所作出的行政处分，除了作出处分决定的主体、行为的法律性质、处分的程序等方面有所不同，在处分的事由、处分对象、处分形式、处分的后果等方面大致相同，且监察机关的政务处分客观上成了实现政府公务员职务违法责任的重要途径和方式方法。如果离开了监察机关的政务处分，客观上就不可能有效实现政府公务员职务违法责任。因此，所谓的"政府公务员职务违法责任"并不仅限于公务员因违反行政法律规范所产生的行政处分等行政责任，也包括了监察机关对违反行政法律规范、监察法律规范的公务员的政务处分责任。当然，其在内涵外延上并不包括刑事责任、民事责任、党的纪律责任等其他性质的法律责任或者非法律责任。

2. 政府公务员职务违法责任的责任主体限于担任国家行政公职、履行国家行政管理职能的行政公务员，即政府行政机关或者行政主体公务员（含参照《公务员法》管理的事业单位中的工作人员)，不包括在国家权力机关、监察机关、司法机关以及其他机关单位任职的公务员。因为，政府公务员以外的其他类型公务员在严格意义上并非行政法律规范适用的对象，一般并不承担行政法上的法律责任即行政法律责任，他们按照《公务员法》和与其公务员类型相适应的其他性质的诸如《监察法》《法官法》《检察官法》等法律规定，承担职务违法行为所导致的法律责任。

3. 政府公务员职务违法责任仅指政府公务员实施了一般性的职务违法行为而在法律上应承担的责任，不包括政府公务员职务犯罪责任和与公职身份、公务行为无关的公务员个人责任。政府公务员在实施了职务违法行为之后，所应承担的不利法律后果包括公务员在行政法上的狭义“行政法律责任”、监察法上的“政务处分”责任，不包括一般行政职责义务意义上的“责任”。

第三节 研究现状与综述

一、研究现状

国内对政府公务员职务违法责任实现及其相关问题研究的总体状况，主要表现在以下几个方面：一是从研究内容来看，学界对行政法律责任或者行政责任理论基础问题所做的研究较多，相关研究成果也较为丰富，但对包括政府公务员职务违法责任在内的行政法律责任或者行政责任实现问题所做的研究还较为薄弱，相关研究成果也尚不够丰富。二是从学科背景来看，行政管理学领域对与其研究视阈相适应的公务员责任实现问题所做的研究较多，也产出了一批有影响的相关研究成果，但法学领域对政府公务员职务违法责任实现问题的研究还相对滞后，相关研究成果还不多见。三是从对本论题所做的具体研究情况来看，对诸如公务员责任的追究、公务员行政问责等与本论题研究密切相关问题的研究，尤其是实践性问题所做的研究较多，但对政府公务员职务违法责任实现的系统化且具深度的理论总结、机制构建进行得还不够充分，相关研究成果也较少。

从国外对本论题相关问题的研究来看，行政管理学、行政伦理学、政治学等相关学科对公务员责任、责任政府等的理论与实践性问题不乏研究，相关研究成果也较为丰富。但在法学研究领域，因域外大陆法系与英美法系两大法系国家的法制传统、法制理念、法律制度体系等方面的差异性，故对本书语境下的政府公务员职务违法责任实现问题的研究也有较大差异性。在大陆法系国家，通常有较完备的行政法律制度体系，与之相适应的也就有专门的政府公务员违法责任的制度与理论。在英美法系国家，因其在传统上实行统一的普通法制度，无公法与私法的划分，一般没有行政法意义上的专门而系统的政府公务员违法责任制度，甚至也较少在法学意义上使用行政责任或行政法律责任及其实现的概念范畴。因此，在英美法系国家通常没有专门的系统化的政府公务员职务违法责任及其实现理论，相关研究主要集中在了对行政主体及其公务员侵权赔偿责任、违约责任、诉讼责任、公务员惩戒责任等方面。

二、研究综述

因政府公务员职务违法责任是行政管理学、行政法学等学科共同研究的重要问题，且政府公务员职务违法责任实现问题又是一个深具综合性、系统性的问题，学界所开展的诸如责任政府、行政责任、法治政府以及依法行政、行政违法等方面的研究成果，均与政府公务员职务违法责任实现问题的研究有不同程度的关联。类似这些相关研究及研究成果，为开展本论题的深入研究奠定了重要的文献资料基础，开拓了研究视野与思路，提供了重要的思想理论来源。鉴于这些研究并不当然或者直接属于政府公务员职务违法责任实现问题本身的研究范畴和内容，故对其研究情况在本书中不拟作具体的阐述。下面只对本论题以及属于本论题研究范围的行政责任实现、行政问责、行政责任追究问题的主要研究内容与情况作简要综述。

（一）行政责任实现研究

无论是在行政管理学，还是在行政法学等相关学科的视域下，行政责任或者行政法律责任都包含了政府（行政主体）责任和代表政府履行行政管理职责的公务员职务违法责任。政府公务员职务违法责任在整个行政责任体系中，具有基础性作用，是行政责任制度构建的重点所在。因此，对政府公务员职务违法责任及其实现问题的研究，任何时候都是行政责任或者政府责任研究的重中之重。要研究政府公务员职务违法责任实现问题，就不能不去关注行政责任实现等方面的相关研究成果。

迄今为止，学界对行政责任实现所做的研究还主要集中在行政管理学领域。在可检索到的为数不多的专门论述行政责任实现问题的研究文献中，[①] 大部分属于行政管理学领域的研究成果，法学类领域研究成果相对较少，且鲜见专门研究行政责任实现问题的专著。已有的关于行政责任实现问题的研究成果，主要围绕以下几个方面的内容而展开：

1. 行政责任实现概念的界定。对于行政责任实现的概念，行政管理学者和行政法学者基于所属学科对行政责任内涵外延的理解，有不尽相同的界定。行政管理学者对行政责任有积极意义的行政责任与消极意义的行政责任、客观行政责任与主观行政责任之分，因而多将行政责任的实现界定为这两类行政责任的履行或承担。例如，有学者认为，“行政责任的实现是指积极意义的行政责任的履行和消极意义的行政责任的承担”[②]；还有学者认为，行政责任的实现是“采取不同途径以促使客观行政责任和主观行政责任的履行和实现”[③]。法学意义上的行政责任仅限于法律责任，故学者们所理解的行政责任实现概念，也主要限定于行政法律责任，即行政法上的法律责任的实现。例

① 截至2022年9月17日，在中国知网数据库中能够检索到的专门或者主要研究行政责任实现或者行政法律责任实现问题的论文不足50篇。

② 王晓莉、陈勇：《论行政责任实现机制（上）——行政责任的评价》，载《北京市政法管理干部学院学报》2003年第3期。

③ 武博：《论行政责任及其实现》，载《中国劳动关系学院学报》2010年第3期。

如，有学者认为，“追究行政违法行为主体的行政法律责任通常是行政法律规范中规定的行政法律责任的实现”①；还有学者在论述环境行政法律责任实现问题时，将环境行政法律责任实现界定为“……现行法律所规定的环境行政法律责任在社会生活中具体落实，其核心或者关键问题是违反环境行政法律规范的行为得到了依法追究”②。

2. 行政责任实现与行政伦理的关系。行政管理学者多将行政伦理的培育、构建作为公务员行政责任实现的重要路径选择。美国学者特里·L. 库珀在《行政伦理学：实现行政责任的途径》一书中，提出了行政伦理的概念，将行政责任分为主观责任（subject responsibility）和客观责任（object responsibility），并将其视为行政伦理的核心，主张通过保持个体伦理自主性、整合内外部控制机制来解决因角色、权力、利益冲突而产生的责任冲突，实现行政责任。我国管理学者对行政责任实现与公务员职业伦理、公务员人格塑造的关系从不同角度做了论述，普遍肯定了塑造行政伦理、健全行政人格对公务员行政责任实现的重要意义和价值。例如，有学者认为，行政伦理是实现行政责任的重要内控手段，“政府责任的实现不能仅靠法治的监督，更需要行政伦理的促进”③；有学者认为，“行政责任的实现以善和正义的价值导向，是行政人员油然而生的主观责任与客观责任高度融合。与此同时，行政人员要对一切行为后果负责，无论是对法律、政治家的权利义务承诺抑或对公认的道德伦理秉持”④。还有学者认为，因受传统文化、责任冲突、制度缺失等多元因素的制约或者影响，在我国行政管理领域还存在较为突出的行政伦理失范问题，应当通过加强全体公民的道德建设、培育行政伦理意识、加强行政伦理立法和监督，以及完善公务员激励机制等多种途径，促进行政

① 杨海坤：《试论行政法律责任的实现》，载《学习与探索》1989 年第 2 期。

② 刘志坚：《环境行政法律责任实现论》，载《昆明理工大学学报（社会科学版）》2009 年第 9 期。

③ 张闯、张海涵：《行政伦理对政府责任实现的作用》，载《社会科学战线》2015 年第5 期。

④ 吕建华、臧晓霞：《行政责任实现的路径演化及后工业化社会下的伦理构想——基于行政人格视角》，载《中共青岛市委党校·青岛行政学院学报》2017 年第 6 期。

责任的有效实现。[1]

3. 行政责任实现的理论构建。总的来看，已有的相关研究文献对行政责任实现的对策研究或者应用研究相对较多，对行政责任实现本身的理论总结与阐释还不够充分深入。近年来，在行政责任实现的理论建构方面，一些学者已经开始做了初步的系统化研究探索，并取得一些积极的研究成果。例如，笔者所在的研究团队近年来对行政责任的实现问题的理论或者原理性问题就展开了专门化研究，先后完成了《政府公务员行政责任价值论》《论政府公务员行政责任实现不良及其防控》等关于行政责任实现问题的系列论文，不但对行政责任实现的概念特征做了理论界定，阐释了不同类型行政责任实现之间的辩证关系，论述了行政责任实现的构成要件，分析了行政责任实现的基本价值作用，而且还对行政责任实现不良或者实现不能等问题做了初步的理论总结和实证研究。再如，苗雨博士在其博士学位论文中，对政府责任实现的基本原理做了简要阐释，分析了政府责任实现所面临的现实法制困境及主要成因，并在分析借鉴域外相关制度和做法的基础上，就政府责任的实现如何脱困做了颇具参考价值的论述。[2]

4. 行政责任实现的路径或机制研究。这是关于行政责任实现问题研究最热、研究成果也最多的方面。相关行政管理学文献在将行政伦理培育作为政府公务员职务违法责任实现的主要路径选择的同时，也从多方面对行政责任实现的机制做了探讨。这些文献普遍认为行政责任的实现既要有健全的外部机制，也要有完善的内部机制，还要特别重视规章制度、内部纪律等在行政责任实现中的重要作用。例如，有学者认为，要解决公务员责任冲突问题，实现行政责任，“将组织环境设计成有助于公职人员合乎道德规范地处理问题的场所是政府部门工作的重心”，而必要的外部控制——公务员伦理立法、强化内部控制——培育公务员的伦理自主性、完善公务员绩效评估制度、充

① 参见许欢科：《行政道德是实现行政责任的有效保障》，载《云南行政学院学报》2008 年第 6 期。

② 参见苗雨：《论我国政府责任实现的法制困境与出路》，山东大学 2012 年博士学位论文。

分发挥社会监督的作用则是公务员责任实现的路径选择;[①] 也有学者认为，公务员责任的有效履行，责任动力系统起着关键的作用，这种动力系统应是公务员内在的责任意识力量、管理责任规范力量、责任追究所形成的控制监督力量、社会监督力量等“内在自觉力量结合外在约束力量而形成的动力系统”[②]；还有学者认为，行政责任是国家通过政府自身以行政追责的方式实现的，其实现主要依赖行政机关自行追究、行政复议和行政监察等途径。[③] 此外，为数不多的相关法学文献，在公共行政法律责任实现的路径或者机制建构方面，除了借鉴行政管理学关于行政伦理责任实现等方面的相关研究成果，重点从公共行政法律责任制度本身的完善、加强公权力制约机制建设、强化社会监督等方面做了一定的研究论述。

（二）行政问责研究

政府公务员职务违法责任实现与行政问责、行政责任追究既有内在联系，又存在明显的区别。行政问责或行政责任追究是政府公务员职务违法责任实现的主要途径，而政府公务员职务违法责任的实现通常是行政问责或行政责任追究的应然结果与目标，没有有效的行政问责或行政责任追究就不可能实现政府公务员职务违法责任。因此，行政问责与行政责任虽非同一概念，但也属于政府公务员职务违法责任实现问题的范畴。

西方行政问责理论及其制度源起于英国。在西方有关行政问责的研究中，美国学者杰·M. 谢菲尔茨在其 1985 年主编的《公共行政实用辞典》中最早对“行政问责”概念做了如下界定，“由法律或组织授权的官员，必须对其组织职位范围内的行为或其社会范围内的行为接受质问、承担责任”。美国学者罗美泽克对行政问责及其实现机制的研究较有代表性，他从 20 世纪 80 年代即开始对行政问责的内容及实现机制进行研究，将问责内容与机制总结

① 参见刘兰华、孙凌云：《公务员行政责任的实现路径分析》，载《行政与法》2010 年第 8 期。

② 王美文：《公务员责任实现机制探析》，载《湖北大学学报（哲学社会科学版）》2007 年第 6 期。

③ 参见刘俊生：《论政府责任的实现机制》，载《行政科学论坛》2015 年第 2 期。

为法律问责、政治问责、等级（管理）问责和职守（道德）问责四个方面，并进而提出了行政问责内外部控制机制构建的观点。当然，西方国家有关责任政府、权力制约等方面的研究都蕴含了行政问责的理念与要求。

我国自2003年掀起行政问责“风暴”以来，行政问责的制度建设与理论研究均取得了显著成效。在理论研究方面，学者们对行政问责制给予了高度关注。有学者基于对以“行政问责”为主题的研究文献的知识图谱分析，将我国行政问责问题的研究及其发展划分为了2003—2006年、2007—2009年、2010年至今三个阶段，并分析了各个阶段有关文献重点研究的问题及其特点。① 其实，从学界对行政问责问题所做的研究情况来看，其大体上可以划分为以下两个发展阶段：一是2003年行政问责“风暴”开始至党的十八大召开以前。这个阶段的研究主要围绕行政问责的基本理论问题的论证阐释及制度构建而展开，重点在于为有效遏制行政管理领域内的不良行政、违法行政现象进行富有针对性的行政问责制度化、规范化、法制化建设提供理论方案。二是从党的十八大召开至今。这个阶段的研究重点关注行政问责的制度完善、实践优化、效能强化，并着力聚焦于行政问责法治化、党政问责一体化、内部问责与外部问责机制完善等论题而展开。

迄今为止，在与政府公务员职务违法责任实现有关的研究中，关于行政问责的内容是研究最热、产出研究成果最多的方面。相关学科学者先后产出了一大批关于行政问责的学术研究论文，并出版了诸如《行政问责制研究》（周亚越，2006）、《中国行政问责制度研究》（张创新、赵蕾，2006）、《行政问责制比较研究》（周亚越，2008）、《责任政府与政府问责制》（李军鹏，2009）、《行政官员问责的法治化研究》（曹鎏，2011）、《行政问责制的伦理基础——公务员忠诚义务研究》（姜裕富，2013）、《行政问责的伦理研究》（伍洪杏，2016）、《异体行政问责法制完善研究》（张成立、张西勇，2017）、《论网络行政问责——场域分析之视界》（姚莉，2018）、《基于行政问责的环

① 参见许浩天、张强：《行政问责研究的知识图谱和拓展空间》，载《华南理工大学学报（社会科学版）》2021年第1期。

境规制有效性研究》（李博英，2020）等多部论著。这些关于行政问责的研究成果，既探究了行政问责的基础理论问题，又对行政问责的制度建设及其实践性问题从不同视角作了实证研究。举其要者，关于行政问责的文献主要研究的论题或者内容有以下几个方面：

1. 行政问责的基础理论构建。相关研究成果对行政问责的概念、理论根据、问责模式、问责原则、问责主体、问责事由、问责对象、问责类型、问责途径、问责程序、问责法治化等基本理论问题作了较为系统深入的研究。因研究主题及篇幅所限，在此仅对行政问责的概念界定、理论基础、基本原则、构成要素等较为重要的基础性问题作示例性的简要综述。

在行政问责（制）的概念界定方面，学者们对将行政机关及其公务员作为被问责的对象多无异议，但在问责主体范围或者类型的认识方面曾有过不同观点。例如，有学者将行政问责的主体界定为社会公众，[①] 有学者将行政问责界定为行政机关进行内部监督和责任追究的制度，[②] 还有学者认为行政问责的主体是多元的，包括内部主体和外部主体。[③] 时至今日，在行政问责概念的界定方面，学界已形成了以下共识：行政问责不但包括“行政的问责”（行政内部问责，亦称同体行政问责），而且包括并重点在于“问行政之责”（外部问责主体对行政的问责，亦称异体行政问责）。[④]

在行政问责的理论基础研究方面，相关学者在普遍认同社会契约论、人民主权理论、法治理论等是行政问责的理论基础的前提下，对行政问责的理论基础阐发了一些不同的观点或见解。例如，有学者将人民主权理论、责任政府理论、权力制约理论作为行政问责制的法理基础；有学者认为理性问责

① 参见顾亮、冯加严：《后非典时期我国行政问责制的现实困境及对策研究》，载《理论与改革》2004 年第 3 期；杨中林：《论“行政问责制”的内涵、动因及其完善》，载《前沿》2005 年第 8 期；程鹏：《我国公民行政问责的缺失和对策研究——从公民问责的理论根源和现实价值分析》，载《陕西农业科学》2009 年第 1 期。

② 参见韩剑琴：《建立责任政府的新探索——行政问责制》，载《探索与争鸣》2004 年第 8 期。

③ 参见周亚越：《行政问责制的内涵及其意义》，载《理论与改革》2004 年第 4 期；余望成、刘红南：《行政问责制：由来、困惑与出路初探》，载《湖南科技学院学报》2005 年第 6 期。

④ 参见赵长明：《行政问责法治化之路径探索》，载《行政与法》2020 年第 10 期。

的理论基础包括社会契约论、人民主权理论、权力监督制约理论、法治政府理论、责任政府理论、委托代理理论、公共选择理论、新公共管理理论。① 从现有关于行政问责的理论基础的研究情况来看，相关学者普遍将西方资产阶级近现代的相关政治理论作为了行政问责的理论基础，却甚少将中国特色社会主义理论等作为我国行政问责的理论基础，这不能不说是一大缺憾。我国的行政问责固然可以学习借鉴符合中国国情且具有积极意义的域外相关理论、制度，甚至也可以科学、理性地运用域外的相关理论来论证行政问责的合理性、正当性与合法性，但指导我国行政问责的理论基础理应首先是马克思主义理论和马克思主义中国化的中国特色社会主义理论等相关理论，而不应仅限于西方政治学说或者理论。毕竟，国家性质不同、社会制度不同、政治制度及相关国情不同，其行政问责制度及理论基础相应地也会有所不同，不能也不应当将西方的行政问责制度及其理论作为适合于所有国家或者地区的普适性的、唯一的理论。正如有学者所言，“中国的问责制度同样是以民主理论作为基础的，但是中国又是以坚持中国共产党领导为最本质特征和最显著优势的社会主义国家，所以西方国家基于三权分立原则的行政问责制在中国不能适用”②。因此，我们理应加强对行政问责的本国政治理论基础的研究，不能一味地照搬照抄西方的政治理论。

在行政问责的基本原则研究方面，相关学者也阐发了不尽相同的观点。例如，有学者主张权力和责任相对应，政治和道义层面的问责规定与法律法规和纪律层面的问责相结合，坚持公开透明、群众利益至上是公务员行政问责制度的原则；③ 还有学者主张行政问责应当坚持依法问责、公正公开、权责一致、惩罚与教育相结合、问责救济原则。④

---

① 参见邢振江、薛盛苹：《理性问责的内涵、政治理论基础及其应然性探究》，载《山东理工大学学报（社会科学版）》2019年第5期。

② 徐双敏：《坚持和完善中国特色的问责制度》，载《学习与实践》2020年第3期。

③ 参见孙日华：《我国公务员问责制的反思与对策》，载《大连干部学刊》2007年第4期。

④ 参见张成立：《行政问责基本原则探析》，载《山东社会科学》2010年第3期。

在行政问责的构成要素研究方面，学者们提出了四要素说[①]、五要素说[②]、六要素说等不同观点，其中，五要素说，即行政问责由行政问责的主体、行政问责的客体、行政问责的事由、行政问责的方式、行政问责的结果五个要素构成基本属于通说。在行政问责的责任形式划分问题的研究方面，观点存在较大分歧。例如，有学者认为对官员问责的责任形式包括刑事责任、行政责任、政治责任、道义责任；[③] 有学者认为政府问责的范围包括政治责任、行政责任、道德责任、一般法律责任、违宪责任；[④] 还有学者认为公务员问责的责任形式包括法律责任、政治责任、道德责任和经济责任等基本形式。[⑤] 简而言之，在“行政的问责”意义上的行政问责，其问责形式通常是指“问”行政法律和纪律责任；在“问行政之责”意义上的行政问责，其问责形式包含了所有的法律责任和党的纪律责任等其他非法律责任形式。当然，在行政法视域下的行政问责，通常仅指“问”违法行政或者明显不当行政的法律责任以及行政法上的法律责任。

2. 行政问责制存在的问题及其对策研究。相关研究成果对行政问责在实践中存在的问题也给予了较多关注、研究，从多角度分析了行政问责制所存在的问题及其成因，并提出了相应的解决问题的对策建议。在党的十八大召开以前，行政问责问题及其对策研究，主要针对行政问责制度建设或者立法方面存在的问题而展开，以如何建立健全行政问责制度为主要落脚点。例如，有学者认为我国行政问责制度存在比较突出的法律缺失问题，在实践中因法律缺失问题导致了问责面前人与人不平等、问责客体不清、问责主体缺位、问责力度不强等不良后果，并认为我国应当从规范问责主体及其权力、规范问责客体及其职责、规范问责事由和情形、界定责任的种类和内容、完善问

① 参见余望成、刘红南：《行政问责制：由来、困惑与出路初探》，载《湖南科技学院学报》2005年第6期。

② 参见张霄：《评析“行政问责制”的推行》，载《台声·新视角》2005年第5期。

③ 参见刘仁文：《官员问责呼唤制度化》，载《学习月刊》2006年第3期。

④ 参见王学军：《论我国政府问责制之现实困境以及出路》，载《理论与改革》2005年第1期。

⑤ 参见景云祥：《问责制的构架是责任政府建立的关键》，载《行政论坛》2005年第4期。

责程序等方面构建、完善行政问责立法。[①] 随着我国行政问责制度的日益健全，近年来，相关研究成果在继续进行问责制度优化研究的同时，重点探讨了行政问责在实施中存在的非法治化乱象等问题，并提出了相应的对策建议。例如，有学者在肯定我国行政问责的理论与实践进步的前提下，指出了行政问责还存在多元化问责主体各行其是、法制不健全、主客体不明晰、内容单一、程序不完善等缺陷的问题，这些问题应通过法治化路径予以应对消解；[②] 还有学者认为在强化问责的背景之下，基层行政问责出现了较为突出的“背锅式”问责、“箩筐式”问责、“任性式”问责、“灭火式”问责、“全盘式”问责等，这些问责的泛化、滥用、异化等现象严重削弱了行政问责的权威性和严肃性，并建议对这种问责乱象予以规范化治理。[③]

3. 域外行政问责的理论与实践问题研究。西方国家对行政问责问题的研究较早，行政问责的制度相对成熟，实践经验也较为丰富。国内学者为了借鉴域外行政问责的理论与实践，促进我国行政问责的理论与制度构建、创新，对域外有关国家或地区的行政问责制度及其实践作了较多的研究，在介绍有关国家行政问责的理论、制度、做法与经验的同时，分析了对我国行政问责制度建设的启示或借鉴意义。学界对域外行政问责制研究的成果，大致有以下两种类型：

一是对域外行政问责进行综合性研究、比较研究的成果。例如，《行政问责制比较研究》（周亚越，2008）一书对中西方行政问责制度、问责文化、问责案例以及地方行政问责作了较系统的比较研究。《国外行政问责制的实践及特点分析》（郑振宇，2010）一文将国外行政问责制的实践与做法总结为建立健全行政问责的法律体系，明确实施行政问责的法律依据；问责主体以异体问责为主，同时还辅以其他主体；成立负责行政问责的专门机构；问

① 参见周亚越：《论我国行政问责制的法律缺失及其重构》，载《行政法学研究》2005 年第 2 期。

② 参见赵长明：《行政问责法治化之路径探索》，载《行政与法》2020 年第 10 期。

③ 参见王湘萍：《基层行政问责乱象与矫治的刚柔艺术》，载《领导科学》2021 年第 3 期。

责的范围很广泛；政府官员需要承担的责任是多层次的，且责任归属明确五个方面，并提出了国外行政问责实践对完善我国行政问责制度的启示。[①]《西方国家行政问责制的类型与程序》（施雪华、邓集文，2009）一文比较分析了美国、法国、英国、日本、德国五国的行政问责制，将西方国家行政问责制的主要特点归纳为问责主体的多元化；以外部问责为主体，辅之于内部问责，以法律化和制度化问责为主体，辅之于思想教育和公务人员的自律，广义的行政问责既包括对行政部门和行政公职人员的政治问责，也包括司法问责、社会问责，以及行政部门内部的狭义行政问责；西方各国之间的行政问责制度互相影响、相互借鉴，既有个性，也有共性。[②]

二是对某个国家或者地区的行政问责进行特定研究的成果。例如：《英国行政问责制》（傅思明，2011）一文介绍了英国的议会问责、行政机关内部问责、公务员问责的制度与做法；[③]《美国行政问责制的特点及启示》（熊哲文，2009）一文论述了美国行政问责制度的特点，并分析了对建立、完善我国行政问责制的启示；[④]《国外行政问责制度的比较分析》（赵爱华，2014）一文介绍了代表欧美国家的行政问责制度，并提出了其对完善我国行政问责制度的启示；[⑤]《国外行政问责机制研究——我国异体问责机制创新研究系列论文之四》（卢智增，2017）一文梳理总结了国外的议会、法律、绩效、伦理、审计等问责机制，概述了国外行政问责体系中的问责主体、问责内容、问责机构、问责方式、问责程序等规定，并阐释了其对构建或者完善我国行政问责制度的借鉴意义。[⑥]

---

① 参见郑振宇：《国外行政问责制的实践及特点分析》，载《中共贵州省委党校学报》2010 第2期。

② 参见施雪华、邓集文：《西方国家行政问责制的类型与程序》，载《中共天津市委党校学报》2009年第5期。

③ 参见傅思明：《英国行政问责制》，载《理论导报》2011年第4期。

④ 参见熊哲文：《美国行政问责制的特点及启示》，载《特区实践与理论》2009年第2期。

⑤ 参见赵爱华：《国外行政问责制度的比较分析》，载《四川行政学院学报》2014年第6期。

⑥ 参见卢智增：《国外行政问责机制研究——我国异体问责机制创新研究系列论文之四》，载《理论月刊》2017年第5期。

（三）行政责任追究问题研究

行政责任追究是实现政府公务员职务违法责任的必经程序，也是政府公务员职务违法责任实现的重要途径之一。因此，行政责任的追究理所当然属于本论题所能够涵盖的研究内容。

学界通常认为行政责任追究有别于行政问责的主要方面，在于行政责任追究主体仅限于有责任追究权限的国家机关，并不包括非国家机关以及社会公众，并且所追究的责任也只限于法律责任且主要是指行政法律责任，并不包括道德伦理责任、政治责任等。例如，有学者认为，“公务员责任追究，是指公务员因为行政过错应在行政主体担负行政责任后，由行政机关实施，在确定行政责任的基础上，强制其履行相应义务或给予其相应行政处分”①；有学者将公务员责任追究概念界定为，“公务员责任追究，是指公务员在履行职务过程中发生违法违纪行为，有权机关依法追究其行政责任，给予警告、记过、记大过、降级、撤职、开除等处分。当然，构成犯罪的应该移交司法机关追究其刑事责任”②。与行政问责的研究相类似，学界对行政责任追究问题的研究也经历了由偏重行政执法责任追究到重视行政决策责任研究，由偏重普通公务员责任追究到重视领导职务公务员责任追究，由偏重公务员滥用权力行为追究到重视行政不作为行为追究等发展变化过程。

由于行政责任追究是行政问责的主要路径之一，行政问责与行政责任追究的概念具有逻辑上的包含与被包含关系，在学术研究中这两个概念存在较多的混同使用情况，关于对行政责任追究所涉及的行政责任缺失的表现及其成因分析、行政责任追究的完善对策等问题的研究与对行政问责同类问题的研究大同小异，在此不再一一赘述。

---

① 曾建杰：《公务员行政责任追究立法研究》，载《行政与法》2007 年第 2 期。

② 杨晓东、孙家佳：《完善公务员行政责任追究制度探讨》，载《中共云南省委党校学报》2009 年第 3 期。

第一章

政府公务员职务违法责任实现本体论*

第一节　职务违法责任实现的含义

一、职务违法责任实现的概念

“责任实现”一词，在行政管理学、行政法学等相关学科研究中均有所使用。与其他学科相比较而言，“责任实现”一词在行政管理学文献中使用较多，有关学者出于对特定研究对象或者问题进行研究的需要，分别从责任主体、责任类型、责任实现机制构建等角度使用该词，常见的用法有“公共行政责任的实现”①、“行政责任实现”②、“政府责任实现”、“责任政府的实现”、“道义责任的实现”等。在行政管理学领域，行政责任实现通常是指关于政府行政机关及其公务员的政治责任、法律责任、道德责任乃至行政义务性责任等的落实。③ 在法学领域，使用“责任实现”一词的频率较低，常见的用法主要有“法律责任的实现”“行政法律责任实现”等。

关于“行政责任实现”或者“行政法律责任实现”概念，在尚不多见的

---

* 特别说明：出于精简语言表述等方面的考虑，从本章开始，在第二、三级标题及正文需要且适当时，将“政府公务员职务违法责任”简称为“职务违法责任”。

① 比如刘祖云所作《论公共行政责任的实现》（刊发于《理论月刊》2003 年第 4 期）就使用了“公共行政责任的实现”这一概念。

② 比如王晓莉、陈勇所作的《论行政责任实现机制（上）——行政责任的评价》、《论行政责任实现机制（下）——行政责任的调控》（分别刊发于《北京市政法管理干部学院学报》2003 年第 3 期、2004 年第 1 期）论文使用了“行政责任实现”的概念。

③ 参见王晋军：《中国政府责任与实现途径》，载《理论月刊》2008 年第 7 期。

相关研究成果中，多将其作为与行政法律责任的追究相同的概念使用，比如，有学者认为，“追究行政违法行为主体的行政法律责任通常是行政法律规范中规定的行政法律责任的实现”①。但也有个别学者对“行政（法律）责任实现”也做了有别于“行政（法律）责任追究”内涵外延的界定。例如，有学者认为，“法律责任由受责的必为状态变为现实状态的转化过程，就是法律责任的实现过程。从狭义上说，法律责任的实现就是责任主体通过实际履行由法律责任产生的特殊义务，即实际接受惩罚或给他人以某种补偿，从而结束其受责的必为状态，以消灭法律责任。从广义上说，法律责任的实现还包括责任主体并未实际履行由法律责任产生的特殊义务，即在并未实际接受惩罚或给他人以某种补偿的情况下就从受责状态下解脱出来，从而消灭法律责任”；还有学者在研究环境行政法律责任实现问题时，对环境行政法律责任实现的概念作了以下的界定，“所谓环境行政法律责任的实现，就是指现行法律所规定的环境行政法律责任在社会生活中的具体落实，其核心或者关键问题是违反环境行政法律规范的行为得到了依法追究”②。

参照有关文献关于对行政责任实现、行政法律责任实现概念的定义解释，结合政府公务员职务违法责任实现的实际，本书将“政府公务员职务违法责任实现”概念做狭义和广义界定。在狭义上，“政府公务员职务违法责任实现”是指有权的国家行政机关针对政府公务员的职务违法行为，依据有关法律法规作出责任追究决定，并在作为责任主体的政府公务员等有关各方的参与下，依法落实责任追究决定所确定义务内容的法律行为。在广义上，“政府公务员职务违法责任实现”则是指法律赋权的有关国家机关依照法定职责权限与程序，对公务员职务违法行为适用或者督促正确适用有关法律规范，作出合法有效的责任追究等决定，并将决定的内容依法予以实际落实的法律行为。简而言之，所谓“政府公务员职务违法责任实现”，既指政府公务员

① 杨海坤：《试论行政法律责任的实现》，载《学习与探索》1989年第2期。

② 刘志坚：《环境行政法律责任实现论》，载《昆明理工大学学报（社会科学版）》2009年第9期。

职务违法责任在现实社会生活中的落实过程，也指政府公务员职务违法责任现实社会生活中的落实水平，其核心问题是政府公务员应承担法律责任的职务违法行为是否得到了依法查处，是否对作为责任主体的政府公务员依法追究了相应责任，对政府公务员职务违法责任的追究是否合法有效，错误或者明显不当的责任追究是否有法定救济途径并得到了依法有效救济等。本书在广义上使用“政府公务员职务违法责任”及其实现的概念。

二、职务违法责任实现的特征

在哲学意义上，特征是指事物本质的外化，是一事物、现象区别于其他事物或现象的具有标志意义的特性。研究并把握政府公务员职务违法责任实现的特征，不但有助于明确其与行政问责、行政责任追究等相关概念的区别，更有助于准确把握政府公务员职务违法责任实现的规律性，从而得以科学构建并有效实现政府公务员职务违法责任的理论体系和体制机制。

基于本书对政府公务员职务违法责任实现概念所作的界定，可将其基本特征归纳为以下几个方面：

1. 政府公务员职务违法责任实现是各要素有机作用的结果状态。政府公务员职务违法责任的实现作为一种结果状态，在形式上表现为应当追究的政府公务员职务违法责任实际得到了追究或者不应当追究的政府公务员职务违法责任没有得到实际追究，在实质上则表现为政府公务员职务违法责任得到了公正、及时、合法的追究。但要达到这种结果状态，必须借助于多种要素或要件的有效集合作用，离开了各要素的有效作用，就不可能保证政府公务员职务违法责任，尤其是实质意义上的政府公务员职务违法责任的实现。

2. 政府公务员职务违法责任的实现是一个能动控制过程。所谓“过程”，通常是指事物发展所经过的程序步骤。政府公务员职务违法责任的实现不但要关注公务员法律责任在形式意义上的落实，而且要关注责任实现各要素及其在政府公务员职务违法责任实现全过程中的能动控制与有效作用。从政府公务员职务违法责任有效实现的角度来看，只有职务违法责任实现过程中的每个步骤或阶段都较好地完成了使命，才有可能有效地实现职务违法责任。反之，只要有一个步骤或者阶段出了问题，政府公务员职务违法责任的实现，尤其是实质意义上的政府公务员职务违法责任的实现目标就有可能落空。

3. 政府公务员职务违法责任实现在形式上表现为已设法律责任的实际担当，在实质上表现为法律责任价值体系的有效实现。从形式意义上来看，如果某个政府公务员实际承担了职务违法责任，似乎其职务违法责任就得到了实现，但从实质意义上来审视，政府公务员职务违法责任的实现固然主要表现在公务员对违法法律责任的实际承受方面，但其对法律责任的实际承受并不一定就表明政府公务员职务违法责任得到了有效实现。因为实质意义上的政府公务员职务违法责任的实现，还需要特别关注责任实现的及时性、合法性、适当性、公正性等价值属性。假定某个政府公务员已经承担了职务违法责任，但如果其所承担的责任过轻、过重，或者依法原本就不应当承担这种责任，或者责任追究主体在追究政府公务员职务违法责任时没有赋予公务员正当的救济权利并建立有效的救济机制，那么就很难说其在实质意义上实现了政府公务员职务违法责任。因此，政府公务员职务违法责任实现，既要关注形式意义上的责任实现，又要关注实质意义上的责任实现。从某种意义上而言，政府公务员职务违法责任实现的核心理应是实质意义上的职务违法责任的实现。

4. 政府公务员职务违法责任实现主体具有多元性。政府公务员职务违法责任的有效实现，既有赖于立法机关科学、公正、合理设定可适用于公务员职务违法的法律责任，又有赖于有权的国家机关对实施了职务违法行为的公务员依法进行责任追究，还有赖于相关国家机关对政府公务员职务违法责任追究行为的监督救济，以及对生效责任追究决定的依法实际执行。当然，政府公务员职务违法责任的有效实现，也离不开作为责任主体的政府公务员的配合。因此，政府公务员职务违法责任实现主体既包括因责任追究而产生的特定行政法律关系、监察法律关系的当事人双方（政府公务员职务违法责任的追究者和责任的实际担当者），又包括为了有效实现政府公务员职务违法责任而预先通过立法形式设定政府公务员职务违法责任，对政府公务员职务违法责任追究行为履行监督救济职能等的相关国家机关，甚至还包括协助执行生效公务员责任追究决定所确定义务的相关机构。[①]

政府公务员职务违法责任的预先设立，是实现政府公务员职务违法责任的前提条件之一，因而责任设立者或者责任制度的供给者理应是政府公务员职务违法责任实现的重要主体之一。责任设立者主要是指有权创制政府公务员职务违法的法律责任规范的立法主体，也包括虽不拥有立法权但在法律法规授权范围之内且在不违反法律法规规定的情况下制定执行性、补充性政府公务员职务违法责任规范的行政机关、监察机关。有关国家机关设立政府公务员职务违法责任及其规范的主要形式是立法性文件。责任设立者设立相应的责任及其制度之后，政府公务员职务违法责任的实现就表现为政府公务员职务违法责任追究主体（主要包括行政系统内部的行政机关以及国家监察机关，在较广泛的意义上还应当包括中央与地方权力机关甚至司法机关）与责任担当者（被追究者）、政府公务员职务违法责任的执行者与被执行者、监督者与被监督者、救济者与被救济者等之间所形成的责任追究、责任执行、责任监督救济等法律关系，责任追究者、执行者、担当者属于责任关系的当事人或者法律关系主体。因此，要切实保证政府公务员职务违法责任的有效实现，既需要责任设立者的能动作用，也需要责任追究者、责任执行者的能动作用，还需要责任担当者的有效配合。

5. 政府公务员职务违法责任实现的基础和前提是政府公务员职务违法责任规范的预先设定。要实现政府公务员职务违法责任，理所当然应以存在预先设定的政府公务员职务违法责任及其追究制度为前提，否则政府公务员职务违法责任的实现将无从谈起。从政府公务员职务违法责任及其实现制度建

---

① 例如，公务员因行政赔偿而被进行行政追偿，在其不履行追偿决定所确定的金钱给付义务时，人民法院可以应公务员所在机关的申请依法强制执行。在这种情况下，负责执行的人民法院实际上也是特殊类型的公务员责任实现主体。

设的角度而言，预设的政府公务员职务违法责任及其实现的制度通常是实体性规范与程序性规范的有机统一体。如果只有实体性规范的预设而没有相应程序性规范的预设，同样也不可能实现或者有效实现政府公务员职务违法责任。所谓实体性规范，就是指对责任主体及其承担责任的原因、事由以及责任追究主体、责任方式等作出规定的法律规范，此类规范往往会直接影响公务员管理法律法规等对作为责任主体的公务员所设定的实体权利义务。所谓程序性规范，则是指对实现政府公务员职务违法责任的步骤、时限、方法、形式等程序性问题进行规定的法律规范。在法学语境中，民法、刑法等法律部门属于实体法，其本身并无程序法规范，与其相对应的程序法是属于诉讼法部门的民事诉讼法、刑事诉讼法。但行政法、监察法与作为程序法的行政诉讼法等相对，虽然也属于实体法，但其本身又是实体性规范与程序性规范的有机统一体。政府公务员职务违法责任实现的制度作为行政法、监察法上的重要制度，其构成当然也集合了诸多实体性规范与程序性规范。

6. 政府公务员职务违法责任实现的后果表现为责任主体对不利法律后果的承担。如前文所述，法律意义上的狭义责任是指责任主体因其违法、不当甚至违约等行为应当承担的某种否定性、不利的法律后果。政府公务员职务违法责任实现的主要表现就是责任主体实际承受了某种为法律规范所预设的不利后果。这种后果或表现为某种资格、权能的限制或丧失，比如免职、撤职等，或表现为对责任主体施加某种负面的或者不利的社会影响，使其声誉、荣誉等受到贬损，比如通报批评等。因此，政府公务员职务违法责任的实现，是指基于多元要素的有机有效作用，经正当程序的有序控制，将政府公务员在行使行政职权、履行行政职责过程中因违反法律规范的规定而应承担的不利法律后果，正确、及时、合法地施加于责任主体，从而有效地实现既定责任目标与价值的行为过程与状态。这就是说，本书所称政府公务员职务违法责任的实现包括了两种基本的责任实现形态：一是积极作为的实现，即通过政府公务员职务违法责任实现主体的能动作用，将职务违法责任正确、及时、合法地施加于政府公务员的实现形态；二是消极不作为的实现，即政府公务员职务违法责任实现主体对依法依规不应当追究职务违法责任的政府公务员，不违法违纪追究其责任的实现形态。在后一种状况下，政府公务员职务违法责任实现主体的不作为，就是对政府公务员职务违法责任目标、正当价值最好的实现。如果对不应当追究职务违法责任的政府公务员违法违纪追究其责任，显然是对政府公务员职务违法责任制度的极大破坏，也恰恰是政府公务员职务违法责任在现实社会生活中不能得到有效、正当实现的最突出表现。

第二节　职务违法责任实现的价值

从哲学意义上来讲，“价值”这一概念可以从以下两个基本方面来理解：一是价值是一个表征关系的范畴，它反映的是人（主体）与外界物——自然、社会（客体）的关系，揭示的是人的实践活动的动机和目的；二是价值是一个表征意义的范畴，是用以表示事物所具有的对主体有意义的、可以满足主体需要的功能和属性的概念。而“作用”一词，通常则指特定事项或者行为，对人或事物产生的影响、功能或者效果。“价值”与“作用”是两个语义接近的概念，在学术研究中往往被混同使用。其实，虽然“价值”与“作用”都可以用来表达某种事项或行为的社会影响力，但“作用”的概念表达的侧重点在于事物的客观影响力，而“价值”的概念则着重表达作为主体的人对事物的意义、作用及影响力的主观认知、表达或评价。由于政府公务员职务违法责任的实现及其对人或事物可能产生的影响，其实质上是人们对政府公务员职务违法责任实现的客观作用（影响力）的一种主观认知、评价与表达，采用“价值”一词似乎更为准确。因此，本书使用“价值”概念，并试图基于主观对客观的理解认识，对政府公务员职务违法责任实现的价值做必要的理论分析与总结。当然，此处研究的政府公务员职务违法责任实现的“价值”，与政府公务员职务违法责任本身的“作用”和“价值”，并非同一概念范畴，政府公务员职务违法责任的作用和价值应是指行政责任本身的主客观影响力，其可以包括规范、预防、纠错、惩戒、导向等，而政府公务员职务违法责任实现的价值是指公务员责任实现与否所产生的影响力、意义或者作用。从政府公务员职务违法责任实现的具体情况来分析，其基本价值大致可归纳为义务实现、制度推行、秩序维护、社会警示、廉政促进五个方面。

一、义务实现价值

“义务”是一个多义词，在法学语境中义务是与权利相对称的概念。传统的主流观点认为，权利是指法律关系主体依法享有的某种权能或者利益，它表现为权利享有者可以自己做出一定行为，也可以要求他人为或不为一定的行为；法律义务则是指法律关系主体依法承担的某种必须履行的责任，它表现为必须作为或者不作为一定的行为。① 但也有学者对法律意义上的权利、义务做了与传统观点不尽一致的理解和阐释。例如有学者认为，权利是规定或隐含在法律规范之中、实现于法律关系中的主体以相对自由的作为或不作为方式获得利益的一种手段。义务是设定在法律规范中、实现于法律关系中的主体以相对受动的作为或不作为的方式保障权利主体获得利益的一种约束手段。②

本书所称政府公务员职务违法责任的实现，既意味着施加于作为责任主体的政府公务员以某种基于法律规定的否定性、不利的评价，在不少情况下，还同时意味着施加于作为责任主体的公务员以某种新的法律义务。因此，政府公务员职务违法责任实现具有义务实现价值，而这种价值在政府公务员职务违法责任实现价值体系中具有基础性、前提性，如果政府公务员职务违法责任的实现没有发挥其应有的义务实现价值，其他价值的实现就无从谈起。根据政府公务员职务违法责任实现的义务实现价值所实现义务的不同，以及

① 参见沈宗灵主编：《法学基础理论》，北京大学出版社1988年版，第424～426页。

② 参见张文显主编：《法理学》（第3版），法律出版社2007年版，第162～166页。

作用路径等的不同，可将义务实现价值划分为直接价值与间接价值（传导性价值）。

政府公务员职务违法责任实现的义务实现直接价值是对所谓第二性义务（因违法行为发生后所应负的责任）的实现价值，即将法律给作为责任主体的公务员设定的第二性义务得以实际履行或实现。其主要包括两种情况：一是对责任追究决定本身所设定的新的、直接义务的实现。这主要是指对那些直接具有给付或执行内容的政府公务员职务违法责任追究决定的实际执行。例如，有关国家机关对政府公务员因行政赔偿所承担的行政追偿给付义务的执行。二是对特定责任形式所蕴含或者附随义务的实现。即便是那些不具有给付或执行内容的行政处分、政务处分等责任形式，虽然其直接表现为对公务员不利后果的实际施加，从表象上看似乎所施加的责任并没有给作为责任主体的公务员设定直接义务，实际上往往同时附随了诸多相关义务。此类政府公务员职务违法责任的实现，同时也意味着基于责任追究的相关附随义务的实际履行。例如，公务员被免职，则承担了不得从免职之日起再行使原职务权利的义务；公务员被给予记过、记大过处分，则承担了不得在规定期限内享受评优、评奖、晋职、晋级等义务。因此，义务实现的直接价值核心，就是要求将生效的职务违法责任追究决定所确定的义务以及所施加的不利影响实际落实到责任主体身上。

政府公务员职务违法责任实现的义务实现间接价值（传导性价值），则是指基于责任追究所确定的公务员第二性义务的有效实现而进一步产生的传导性、间接性价值。政府公务员职务违法责任实现的义务实现价值虽然直接表现为对公务员第二性义务的实现，但因对公务员第二性义务的有效实现，直接或者间接地对作为责任主体的公务员以及其他相关公务员第一性义务的有效实现产生了促导作用，从而有助于在公权力运行领域更加有效地实现公务员所承担的法定义务。对于承担了责任的公务员来说，在责任的追究没有消灭其特定职务关系的情况下，责任的追究及其第二性义务的履行或实现，会教育、鞭策、诫勉该公务员在今后的工作中，要严格依法、遵纪履职，更好地履行法律与职务为其所设定的第一性义务；对于其他没有被追究责任的公务员来说，通过对特定政府公务员职务违法责任的追究，提醒、警示他们以被究责的公务员为鉴，更好地依法履行法定职责义务，即第一性义务，从而最大限度地避免因职务违法而承担第二性义务。

二、制度推行价值

制度一般是指要求大家共同遵守的办事规程或行动准则，也指在一定历史条件下形成的法律规范或其他社会规范所构成的规范系统。制度有时与规章制度混同使用，是指通过特定的立法或者非立法性文件所形成的规范社会成员行为、调整社会关系的行为规则体系。既然制度是对行为规则体系的概称，那么只有所有的制度得到实际的贯彻执行才能发挥其应有效用。无论是对国家，还是对任何组织，制度建设固然重要，但执行制度并使制度能够有效地贯彻执行更为重要。因为，已经建立起来的制度，如果不能得到实际贯彻执行，不但无益而且有害，会直接损害到制度本身的严肃性、权威性与公信力，进而影响到社会治理或者组织管理的严肃性、权威性与有效性。

一般而言，人们对制度的顺从与执行来自以下两种动力作用：一是主观的内动力作用。每个社会成员对制度的顺从与执行的过程，实际是个体利益与制度所代表的整体利益的博弈过程，制度及其执行往往意味着某种对行为个体自由、权利、利益的约束或限制，个体服从制度安排或执行制度本质上是按照组织意愿而非个体意愿行事，只是在其意识到顺从或执行制度对自身有益、不顺从或执行制度对自己有害的情况下，基于对自身利益的保护或者代价最低的利益最大化满足需求，并凭借内心的道德、从众、荣誉等约束力量的作用而自觉自愿地执行制度。简而言之，社会成员对制度的顺从与执行，从内动力而言取决于每个人的道德修养、遵纪守法意愿及具有正当性的利益博弈。二是客观的外动力作用。既然每个社会成员对制度的顺从与执行的过程是个体利益与制度所代表的整体利益的博弈过程，那么不可避免就有一部分人可能会感到自身利益、自由因制度的存在而受限，因此会对制度心存不满，当在其违背社会正当价值范式而过度考虑个人利益，或者在个人利益与制度代表的整体利益、公共利益发生强烈冲突时，就不可能基于内动力作用而自觉自愿遵从、执行制度。在这种情况下，内动力作用有可能失效，就需要借助外动力作用促导制度的有效贯彻执行。所谓外动力作用，主要是指来自主体外部的正向激励与反向激励（控制）作用，正向激励主要表现为因顺从制度而可能获得的“好处”（物质利益与非物质利益的取得）；反向激励（控制）主要表现为对不顺从制度者设定获得“好处”机会的丧失、不利后果的承担以及其他形式的外部强制力作用（包括法律强制力与非法律强制力）①。任何制度的有效贯彻执行，既需要社会成员的内动力作用，又需要外动力作用，两种动力作用缺一不可。只依靠外动力作用，社会成员贯彻执行制度的内动力缺失或者失效，制度肯定难以得到有效的、可持续性的贯彻执行；只依靠内动力作用，而没有必要的、适当的外动力作用，内动力就可能失去外在的动力基础、动力保障而趋于失效，人们从而对制度的执行因逐渐失去压力、兴趣、责任而怠于遵从。从某种意义上说，外动力作用的有效发挥，会更好地激发、推动内动力作用的发挥，从而使已经建立起来的制度得到人们普遍的、自觉自愿的贯彻执行。

对于政府公务员来说，职务违法责任就是督促其有效履职、有效贯彻执行各项行政管理制度的重要外动力来源。这种外动力虽然不是督促政府公务员贯彻执行制度的全部外动力来源，但却是最为重要且不可或缺的动力来源。因为职务违法责任是保证公务员所执行的各项法律制度能够有效贯彻的重要手段，离开了职务违法责任及其作用，各项法律制度的执行就失去了最后的强制力保障。同样，虽然设定了职务违法责任及其制度，但是在实践中不能得到实际执行，职务违法责任实现不能或者不能有效实现，各项法律制度同样也不可能得到切实贯彻执行。因此，政府公务员职务违法责任的实现具有

① 法律意义上的强制力主要表现为国家公权力机关设定与实施的物理性的强制措施，以及对其不顺从与执行制度的某种不利后果的施加；非法律意义上的强制作用，主要表现为社会道德舆论谴责、宗教规则的约束、各类社会组织的自主管理措施的运用等。

直接而重要的制度落实价值。这种价值，不但表现在政府公务员职务违法责任的实现本身就是对各项职务违法责任制度的有效落实，而且还表现在通过对职务违法责任制度的有效落实会直接督促公务员更好地履行法定职责，在日常工作中更好地自觉遵守和执行各项法律制度或者其他相关制度，从而极大地提高制度执行力。同时，因作为正式制度的政府公务员职务违法责任的有效实现，还会遏制有损于职务违法责任制度乃至于其他相关法律制度贯彻落实的“潜规则”等非正式制度的形成，从而切实保障各项法律制度的有效贯彻执行。

三、秩序维护价值

所谓秩序是指通过对相关法律规范等行为规范制度的执行而在有关社会关系主体之间所形成的一种关系稳定、行为规范、进程连续、心理安全的应然状态。

国家行政管理领域内的行政秩序维护，固然需要多种因素的作用，但政府公务员职务违法责任的实现在行政秩序维护方面却有着独特的价值作用。其主要表现在以下两个方面：一是秩序修复价值。公务员职务违法行为必然会引起行政系统或行政组织内部秩序，以及行政系统或行政组织与外部有关国家机关、行政相对人关系的异常、紊乱，通过对政府公务员职务违法责任的追究，有助于直接修复因公务员职务违法行为所造成的秩序异常、紊乱现象，从而使被破坏的行政秩序、法律关系归于正常。如果仅有职务违法责任制度的设立，而无职务违法责任的有效实现，就不可能遏制公务员职务违法行为，也就不可能使已经受到破坏的行政秩序、法律关系得到修复或维护。因此，有效实现公务员职务违法责任，既能够实际制止、惩罚公务员的职务违法行为，又能使被破坏的行政秩序、法律关系归于正常。例如，某行政机关在对特定公务员因行政不作为而进行职务违法责任追究之后，为了预防本机关发生类似的违法行为，研究并对行政不作为情形及责任形式、监督机制等作出更加明确的规定，以便使政府公务员因行政不作为可能形成的法律关系更加清晰明确，就有可能最大限度地防控因公务员的行政不作为对正常行政工作秩序的干扰或者破坏。二是秩序补强价值。所谓秩序补强价值，是指对已经形成的正常行政秩序施加强化影响的价值。对政府公务员职务违法责任，尤其是对领导职务公务员职务违法责任的有效实现，不但有修复被破坏的行政秩序、法律关系的价值和作用，而且还有促进正常秩序强化的价值。这种强化价值，不仅表现在被实际追究职务违法责任的公务员一般会更好地遵从各项行政管理规章制度，从而使制度的执行所追求的行政秩序、法律关系得到更好的、更有效果的维持，还特别表现在能够警示、提醒其他公务员避免类似的破坏行政秩序的行为发生，从而使正当行政秩序得到更好、更有力的维护。

四、社会警示价值

“公民一旦成为国家公务员即具有了双重身份，一方面公民因担任某种行政职务即获得了公务员身份资格，从而成了有权代表国家或行政机关从事国家行政管理活动的国家工作人员。另一方面公务员的‘原身’是公民，公民又是其最根本的身份和最基本的法律地位。”① 这就是说，政府公务员是担任国家行政职务、掌握国家公权力、可以对其他一般社会成员进行管理的“特殊”公民。公务员这种特殊身份决定了国家、社会与公众对其道德义务、法律义务及职务内外的行为操守等自然会有更高、更严格的期待、评价与要求。公务员在社会生活过程中的一言一行、一举一动都会较之于一般公民的社会影响力更大，对社会的示范效应更强。政府公务员职务违法责任的设定及其实现更是如此。对政府公务员是否设定责任、设定什么责任、设定责任是否适当等问题固然会引起很大的社会关注与反响，会对社会产生一定的警示作用，但已经设定好的政府公务员职务违法责任能否有效实现对社会的影响更大，对社会的正反向示范与警示作用也更强。

① 刘志坚：《行政法原理》，兰州大学出版社1998年版，第94~95页。

政府公务员职务违法责任实现的警示价值，主要体现在以下两个方面：一是告诫价值。通过对政府公务员尤其是领导职务公务员职务违法责任的依法、及时、公正、有效的实现，既能够提醒、警示、诫勉其他公务员不得在履行职务过程中实施违法违纪行为，否则同样会受到职务违法责任的追究，又能够告诫、警示其他相关社会成员，“法律面前人人平等”，“法无等级”，任何人都不应当享有法律之上的特权，任何人都应当对其违法行为负责，即便是政府公务员尤其是领导职务的公务员违法，也要严格依法追究其法律责任。在现代法治国家，不允许也不应当有可以凌驾于法律之上，不为其违法行为承担法律责任的“法外之人”。二是示范价值。一般而言，政府公务员尤其是领导职务公务员职务违法责任的实现较之于普通社会成员行政法律责任的实现难度更大、成本更高。行政法律关系主体的行政法律责任有效实现的难点、焦点、重点和基础在于政府公务员职务违法责任的实现，政府公务员职务违法责任不能有效实现就不可能很好实现一般社会成员的行政法律责任。因此，政府公务员职务违法责任的实现，对全社会有强烈的示范性、引导性、警示性价值。这种示范性、引导性、警示性价值的集中表现就是：对政府公务员职务违法责任依法、公正、有效的实现，会引导其他公务员和社会成员以彼为鉴、以彼为戒，在社会生活中更加自觉地履行自己的责任或义务。反之，如果政府公务员职务违法责任在社会生活中不能得到良好实现，或者根本就不能实现，其他社会成员就会对相关法律制度及其实施的正当性、权威性产生困惑、质疑、不信任，也就不可能很好地遵纪守法。

当然，政府公务员职务违法责任实现的社会警示价值，取决于职务违法责任实现对社会正义的维护作用。如果职务违法责任的实现是非正当、非正义的，其社会警示价值也就很难有效发挥。“正义”是一个内涵外延很不确定且深具时代特点的概念。在中外学术研究中，“正义”一词往往被赋予多内涵、多方面、多层次的意义，并无一个普适性的认知和界定。学界较认同或看重的正义观，是指社会基本正义结构的正义，即社会主要制度分配基本权利义务，决定于社会合作产生的利益划分方式，即所谓的“一个社会体系的正义，本质上依赖于如何分配基本的权利义务，依赖于在社会的不同阶层中存在着的经济机会和社会条件”①。学者们在阐释“正义”概念时，通常对正义做形式正义与实质正义之分，并对形式正义、实质正义有着不同的定义解读。综合关于形式正义与实质正义的不同观点，可将形式正义看作是对已经设立好的制度的正规、公正、无差别与无歧视地执行，将实质正义限定于社会正义，即制度设立及实施应当具有的平等对待、公平及合乎理性、规律等价值。追求并实现社会正义，既是现代法治的基本精神与要求，更是现代法治的核心价值追求。职务违法责任在本质上既是一种基于正义目标与价值，并借助相应制度给政府公务员所配置的义务，也是一种对国家与公务员、公务员与其他社会成员之间的权利、义务关系的合理分配。因此，政府公务员职务违法责任的实现本身是对形式正义与实质正义的实现，更是对社会正义实现的一种强有力的助成。

五、廉政促进价值

通常所说的廉政，是指国家公职人员在履行其职责权限时不得实施以权谋私等可能妨害职务廉洁性的行为。廉政是党和国家、人民对政府公务员依法履职的基本要求。虽然政府公务员的职务违法不一定是因为不廉洁或者实施了腐败行为而发生的，但是政府公务员的不廉洁或者腐败肯定是违反了现行相关法律规范的行为。因此，政府公务员职务违法责任的实现对促进廉政建设具有十分重要的价值。这种价值既可以通过义务实现价值来体现，也可以通过制度执行、秩序维护价值等来体现，尤其是表现在以下几个方面：一是对政府公务员不廉洁行为的特殊预防价值。政府公务员职务违法责任的实现就是制止特定公务员继续实施不廉洁行为，并对其已经发生的不廉洁行为依法予以制裁的过程。所谓特殊预防价值，表现为政府公务员职务违法责任

---

① ［美］约翰·罗尔斯：《正义论》，何怀宏、何包钢、廖申白译，中国社会科学出版社 1988 年版，第 5 页。

的实现既是对特定公务员现行不廉洁行为的强行制止和控制，也是对特定公务员继续实施不廉洁行为的有效控制和预防。二是对其他公务员可能发生的不廉洁行为的一般预防价值，即通过对政府特定公务员职务违法责任的追究，告诫、警示其他公务员应廉洁行政、依法办事，避免因不廉洁行为而受到不利法律后果的施加。如果设立了惩治不廉洁行为的相应法律责任制度，但又不能实际贯彻执行，即不能保证职务违法责任的有效实现，就难以推进廉政建设，难以切实监督、保障公务员廉洁行政。三是对廉政制度建设的促进价值。有关国家机关在办理政府公务员职务违法案件过程中，有可能会发现与廉政建设有关的制度、工作机制等方面存在的问题或者不足，并对其予以及时优化、完善，消除制度缺失或弊端，从而为促进廉政建设提供更加优良的制度基础和保障。

第三节 职务违法责任实现法律关系

一、职务违法责任实现法律关系的界定

政府公务员职务违法责任的实现行为，是引起政府公务员职务违法责任实现法律关系的产生、变更和消灭的基本法律事实。与对政府公务员职务违法责任实现概念的广义、狭义界定相适应，政府公务员职务违法责任实现法律关系也相应有广义、狭义之分。狭义上的政府公务员职务违法责任实现关系，是指因有关国家机关追究公务员职务违法责任而形成的法律关系，如行政机关、监察机关因追究实施了违法行为的公务员行政处分或者政务处分责任而形成的法律关系。广义上的政府公务员职务违法责任实现法律关系，是指除在狭义上的政府公务员职务违法责任实现法律关系外，还包括了政府公务员通过监督职务违法责任追究主体“以事实为根据，以法律为准绳”作出职务违法责任决定而与其所形成的法律关系。例如，作出处分决定的行政机

关、监察机关及其上一级机关等因受理公务员不服行政处分或者政务处分的复核、复审或者申诉等申请而形成的救济法律关系；行使监督权的国家机关因责令原处理机关依法撤销违法或者错误的处分决定，或者依职权作出撤销、变更处分决定等引起的政府公务员职务违法责任监督法律关系。

二、职务违法责任实现法律关系的类别

政府公务员职务违法责任实现法律关系，大致包括政府公务员职务违法责任追究关系与政府公务员职务违法责任监督救济关系两类。政府公务员职务违法责任追究关系，是因政府公务员职务违法责任的追究行为所直接引发的法律关系。政府公务员职务违法责任监督救济关系，则是因拥有监督救济职权的国家机关针对政府公务员职务违法责任追究行为行使法定监督救济权而引致的特定法律关系。这两类法律关系通常具有时空顺序上的先后承接关系和法律行为实施的先后行为关系。只有实际形成了政府公务员职务违法责任追究法律关系，才有可能发生其后的政府公务员职务违法责任监督救济关系。因此，没有对政府公务员职务违法责任的实际追究或者问责行为，就不可能产生对政府公务员职务违法责任的监督救济行为。通过进一步具体考察，发现政府公务员职务违法责任监督救济法律关系，实际上往往会形成以下两种不尽相同的法律关系：一是政府公务员因不服责任追究决定而依法行使告诉请求权时，其与被请求的国家机关形成特定的职务违法责任监督救济关系。二是上级国家机关因对政府公务员职务违法责任追究主体行使监督权，并依法作出监督决定，从而与作为被监督者的责任追究主体之间所形成的监督法律关系。

三、职务违法责任实现法律关系的特征

政府公务员职务违法责任追究法律关系，与政府公务员职务违法责任监督救济关系，既有深刻的内在逻辑联系，又有明显的区别。其主要表现在以下几个方面：

1. 法律关系的主体不同。政府公务员职务违法责任追究法律关系的主体限于职务违法责任追究主体和作为责任主体的政府公务员。政府公务员职务违法责任追究主体（以下简称责任追究主体），包括对政府公务员拥有处分权或者其他行政责任问责权的国家行政机关、国家监察机关。国家权力机关、司法机关可以成为政府公务员宪法责任、刑事责任等法律责任的追究主体，但通常并不能成为追究政府公务员职务违法行政责任的主体。政府公务员职务违法责任监督救济主体（以下简称责任监督救济主体）相对于责任追究主体要广泛一些。不仅责任追究主体依职权主动或者依申请被动纠正自己针对政府公务员所作出的违法或者不当责任追究决定，可以形成政府公务员职务违法责任监督救济的法律关系，并成为该法律关系的主体，而且其他依法享有对政府公务员职务违法责任追究行为的监督救济权限的机关，比如公务员任免机关或者拥有人事管理权限的上级机关、监察机关等也可以因行使相应的监督救济权而成为政府公务员职务违法责任监督救济法律关系的主体。

2. 法律关系的客体不同。政府公务员职务违法责任追究法律关系因公务员的职务违法行为和国家机关的责任追究行为而产生，公务员职务违法行为和国家机关的责任追究行为是其产生的法律事实。而政府公务员职务违法责任监督救济法律关系通常是因政府公务员不服责任追究决定的告诉行为而产生。例如，根据《公务员法》《公职人员政务处分法》等法律法规的规定，公务员不服处分，可以依法提出复核、复审或者申诉等告诉请求，受理公务员告诉请求的国家机关必须依法履行职责，并作出相应的复审、复核等决定。因此，公务员一旦依法提出不服处分的告诉请求，就会直接引致政府公务员职务违法责任监督救济法律关系的产生。当然，在责任监督救济主体自行发现责任追究决定违法或者不当时，也可依职权主动作出监督救济决定，不一定必须以公务员的告诉请求为前提。

3. 法律关系的内容不同。政府公务员职务违法责任追究关系是因责任追究主体针对公务员职务违法行为进行责任追究而在主体间形成的权利和义务关系。其核心是确定实施了职务违法行为的公务员在行政法或者监察法上应当承担的法律责任，并落实责任追究决定所确定的义务或者不利法律后果。政府公务员职务违法责任监督制约关系，主要涉及作为监督救济法律关系主体的有关国家机关、行使不服责任追究决定告诉权的公务员之间在法律上的权利和义务内容。例如，在政府公务员职务违法责任监督救济法律关系中，作为责任主体的公务员享有法律赋予的救济请求权、参与权、知情权及实体法上的合法权益保护权等权利，但也同时承担着在救济法律关系中遵纪守法等义务。当然，在监督救济法律关系中，还包括有关国家机关因监督责任追究主体启动问责、依法问责、纠正错误问责等与责任追究主体之间所形成的特定权利和义务关系。

第二章

政府公务员职务违法责任实现理论基础论

第一节　职务违法责任实现理论基础的界定

一、职务违法责任实现理论基础的含义

所谓“理论基础，或指某门学科或某个理论在研究其对象和范畴时作为立论的理论依据；或指对构建学科或理论起支撑或指导作用的理论；或是指导人们社会实践活动的一种基本思想”①。本书所称“理论基础”，是指对作为研究对象的政府公务员职务违法责任实现进行立论，并具有支撑性价值的理论依据。政府公务员职务违法责任实现理论基础的研究，主要目的有三个方面：一是探究政府公务员职务违法责任实现问题的价值或者意义；二是揭示构建政府公务员职务违法责任实现的理论与知识体系的理论源泉与理论根据；三是对政府公务员职务违法责任为什么需要实现、如何有效实现等问题做出合乎逻辑、合乎理性、合乎规律的理论阐释。

迄今为止，虽然相关学者对政府公务员职务违法责任及其实现的理论基础鲜有论述，但对行政（法律）责任、政府责任、责任政府等与政府公务员职务违法责任实现密切相关问题的理论基础却已有所研究，并阐发了不尽相同的观点或见解。例如，有学者将社会契约、人民主权、权责统一、行政法

① 卢晓华、孙瑞华：《中国参政党理论的理论基础与理论框架》，载《中央社会主义学院学报》2012 年第 1 期。

治、道德指引等理论作为行政法律责任的理论基础；① 有学者将“行政主体义务本位”作为行政责任的理论基础；② 有学者将社会契约理论、人民主权理论、人权保障理论、权责统一理论、行政法治理论等作为行政责任法的理论基础；③ 有学者将法理依据、法治原则与权责对等、公共治理理论作为中国责任政府的理论基础。④

二、职务违法责任实现理论基础的特征

从逻辑学意义上来分析，行政（法律）责任、政府责任等与政府公务员职务违法责任具有逻辑上的包含与被包含关系，行政（法律）责任、政府责任乃至所属的政府公务员职务违法责任在内涵外延上也自然包含了责任的设定、责任的追究、责任的实现等内容，责任的实现不可能离开责任本身而有独立存在的意义和价值。因此，关于行政（法律）责任、责任政府等的理论基础之“理论”理所当然也可以成为指导政府公务员职务违法责任实现的理论源泉或者理论基础。因行政（法律）责任、政府责任等概念所包含的逻辑意义并不限于责任的实现，且其适用对象也并不仅限于公务员，作为行政（法律）责任、政府责任等的理论基础之“理论”从客观上并不能以其全部内容作为直接支撑、引领、合理阐释政府公务员职务违法责任实现这个特定行政（法律）责任问题的理论基础。从这个意义上讲，行政（法律）责任、政府责任等的理论基础似乎又不宜直接、完全等同于政府公务员职务违法责任实现的理论基础。作为特定研究对象的理论基础之“理论”，通常应具备以下几个基本属性和特征：

一是属于一种特定的、相对科学的系统化知识体系。作为理论基础之

① 参见张坤世：《论行政法律责任的理论基础》，载《行政论坛》2006 年第 5 期。

② 参见赫然、亓晓鹏：《论行政责任的理论基础》，载《当代法学》2010 年第 2 期。

③ 参见胡肖华：《走向责任政府——行政责任问题研究》，法律出版社 2006 年版，第 49 ~ 61 页。

④ 参见孙彩红：《中国责任政府建构与国际比较》，中国传媒大学出版社 2008 年版，第 63 ~ 65 页。

“理论”应当是人们按照已知的知识，对客观事物的本质及其规律相对正确的认识，其通常是经过逻辑论证和实践检验并由一系列概念、判断和推理表达出来的较系统的知识体系，因而排除了个别非系统化的观点、见解等作为对特定事物进行研究的理论基础的可能性。

二是对于特定研究对象的研究具有基础性、全面性的理论支撑与引导价值。作为理论基础之“理论”，不但是研究者对研究对象进行立论的一般根据，而且更是直接或间接引领研究的逻辑进路、理论建构、问题分析的理论源泉，对研究对象的研究具有导向性、说理性、支撑性作用，因而在逻辑上排除了对研究对象中的某个或者某方面的特定研究事项或问题有指导意义的观点、见解作为理论基础的可能性。

三是作为特定研究对象或者事物的理论基础的理论，应当是既能够反映事物一般运动发展规律，又能够充分体现事物特殊性的思想理论。具体到诸如政府公务员职务违法责任及其实现之类的政治法律制度，对其具有指导意义和价值的理论基础，既要能够反映或者体现古往今来官吏、公职人员责任制度的一般性的、普遍性的理论认知和总结，也要能够充分体现对不同国家或者地区的官吏或者公职人员责任制度及其实施等具有直接指导性的、反映本国国情或者特色的重要思想理论。因此，政府公务员职务违法责任及其实现的理论基础不应仅仅表现为西方资产阶级的社会契约、人民主权等思想理论。虽然西方的人民主权等思想理论，对于理解认识政府公务员职务违法责任及其实现问题不失积极的参考甚至理论指导意义，但中国国情下的政府公务员职务违法责任的实现，理应还有能够直接反映中华民族独特的优秀历史文化、中国政治制度等国情的相应思想理论基础。中国的政府公务员职务违法责任及其实现，离开了中国的传统文化，离开了自身的重要思想理论的指导，而仅将西方的相关思想理论作为基础，显然是不够合理的。

三、职务违法责任实现理论基础的分类

古今中外对政府公务员职务违法责任实现具有一定借鉴或者指导意义的

思想理论是十分丰富的，按照可以作为政府公务员职务违法责任实现的理论基础之“理论”与公务员职务违法责任实现之间的关系形态的不同，可以将其作本源性理论与派生性理论之分。

所谓本源性理论，是指对于政府公务员职务违法责任及其实现具有创始性、来源性和最具基础性指导意义的思想理论，它们既是政府公务员职务违法责任及其实现理论建构的逻辑起点、内在动因及方向指南，也是指导政府公务员职务违法责任及其实现活动的基本原则、精神与思想基础。也就是说，本源性理论是对政府公务员职务违法责任实现乃至全部公共行政责任及其实现具有本源性指导价值的理论。例如，人民主权论、法治理论等就属于本源性理论。

所谓政府公务员职务违法责任实现的派生性理论，则是指直接或者间接源于本源性理论，即在本源性理论中形成或者从本源性理论中派生，并随着社会文明的演进而得到充实、发展与创新的理论。例如，权力制约理论、责任政府理论、行政法治理论、委托代理理论等就具有派生性理论的特点。当然，要试图将对政府公务员职务违法责任及其实现具有指导意义的各种思想、理论、学说作出全面的阐释，几乎是不可能的，本书只从中国传统文化、近现代思想理论两个方面对政府公务员职务违法责任及其实现最为重要的、最具有指导意义或者价值的思想理论基础作简要论述。

第二节 职务违法责任实现的传统文化基础

有了国家政权，便会有代表国家履行治国理政职责的官府或者衙门，有了官府或者衙门，自然就会有官吏，而有了官吏，当然就会产生以管理监督官吏勤勉廉洁履职为核心的吏治思想和吏治制度。故在人类数千年政治文明发展史上，无论是古代东方文化还是古代西方文化，都蕴含了较多与官吏管理相关的思想理论或者观点。相对而言，中华民族在历史悠久的国家管理过程中，尤其是在漫长官僚制度的实践中，所孕育的与官吏管理相关的思想观点、历史文化更是久远而丰富。自夏商以来，中华民族逐步形成了越来越丰富、完善的政治法律思想，并最终形成了对人类文明发展深具影响力的中华法系，其中的吏治思想、监察思想、依法治国思想等是对中国当代政府公务员职务违法责任及其实现最具历史养分、最具有指导意义的优秀历史文化。人类社会的发展，同其他客观事物的发展一样，也是一个辩证发展的过程。辩证地发展就是一方面否定旧事物中消极、过时、腐朽、失去存在必要性的东西，另一方面则是吸收、继承并发展旧事物中积极、合理、有发展前途的因素和成分，即辩证地否定。我们现在致力于新时代中国特色社会主义公务员制度、监察制度的改革完善，加强公权力制约监督，不但需要学习借鉴域外适合我国国情的有益的文化制度，更需要学习和吸收中国传统法律文化和政治制度中的合理精神文化。只有这样，我们才能够真正把握中国社会从古到今几千年历史发展过程中形成的固有特质，继承发扬优秀的传统文化，不断推进国家治理体系与治理能力现代化建设，实现中华民族伟大复兴的中国梦。

一、我国传统吏治思想

作为曾经构建了最为发达的官僚制度的文明古国，我国古代关于吏治的思想观点历史久远、颇为丰富。从奴隶制社会开始，尤其是封建官僚制度形成以后，从官员的选拔任免到官员日常管理，再到退休退职后的管理等各个方面，逐渐形成了越来越丰富的吏治思想，并对吏治制度的建立和完善发挥了重要指导作用，吏治思想也因此而成了中国传统政治法律思想的重要组成部分，也是具有鲜明民族特色的优秀传统文化的重要组成部分。在传统的吏治思想中，与官吏责任及其实现最为相关的思想观点主要表现在以下几个方面：

1. 关于官员伦理道德修养的思想与实践。中国古代各朝各代的政治思想家都十分重视官员的道德伦理修养，把官德视为官员立身修命、为官理政和尽职尽责的前提基础。儒家思想认为官员的贤德程度在国家管理中具有决定性的意义，要求官员时刻加强自身的道德修养，模范遵守法律道德。孔子认为官员施政管理的核心是守正、行正道，此即所谓“政者，正也”。官员“其身正，不令而行；其身不正，虽令不从”，[①] 只有官员行得正、坐得端，才能成为天下百姓楷模，才能身体力行引领百姓走行正道。为了加强官员的道德伦理建设，中国早在奴隶社会就开始有了礼法并用、德法结合的制度实践。到了西汉时期，中国封建正统政治法律思想形成以后，德政、礼制思想和封建道德伦理入法，并形成了鲜明的德主刑辅、礼法结合的法律制度特色。封建统治者对官员的道德修养要求，也因而被广泛转化成了对官员管理的正式制度。马克思主义哲学告诉我们，起决定作用的是事物的内因而非外因。要想有效实现政府公务员职务违法责任，如果离开了公务员对法律道德的普遍性地模范遵守，政府公务员职务违法责任任何时候都不可能得到真正有效地实现。因此，中国古代关于官员道德伦理建设的思想观点理应是政府公务员职务违法责任实现的历史文化基础。

2. 关于官员才能职守考课的思想与实践。考课是中国古代以督促官员忠实履行工作职责为核心的重要官吏管理制度。所谓考课，亦称考绩、考功，在中国古代是指朝廷根据事先确定的标准、程序和方法，定期与不定期对现任官员的德、勤、能、绩进行考核评查，并据此对官员进行奖惩的人事管理制度。古代先贤在治国理政的实践中，深刻认识到了官员考绩与惩戒之间的内在联系，以及制度化的工作业绩考核对督促官员履行工作职责的重要意义，很早就建立起了与官员奖惩密切联系的考课制度，[②] 即所谓“有官必有课，有课必有赏罚。有官而无课，是无官也；有课而无赏罚，是无课也”[③]。中国古代官吏考核思想及其制度建设，对于我们建立健全基于科学考核之上的行政问责制度，建立健全激励机制与惩戒机制密切结合的政府公务员奖惩制度等具有重要的学习借鉴意义。

---

① 《论语·子路》。
② 据史载，早在《尚书·舜典》中便提出“三载考绩，三考黜陟幽明”。
③ 《嘉佑集》卷九《上皇帝书》。

3. 关于加强职务廉洁性的廉政思想与实践。中国古代政治思想家重视官吏廉政建设，把官员廉政建设视为治国之根本，逐步形成了以惩贪促廉为核心的丰富的廉政思想。与此同时，各朝各代也对如何预防腐败、打击腐败现象进行了相应的制度建设。在中国封建社会，政治思想家们虽然在国家权力观上重点关注、研究的问题是专制君权及对臣民的有效管理、驾驭、控制，但在有效捍卫君权、极力维护君主专制统治这个大前提下，不同历史时期的政治思想家也形成了内容比较丰富的、对包括君主权力在内的国家权力进行必要制约的思想。春秋战国时期法家学派的法治理论实际上表达了用法律制约权力的思想,[①] 先秦时期儒家的德治、仁政、人治的理论则着重表达了“以道德制约权力”的思想。[②] 自汉以来，封建正统政治法律思想家们在重点主张“以道德制约权力”思想的同时，也阐发了不少以法律制约权力的思想,[③] 至明末清初中国启蒙思想家已经有了用权利或者社会制约权力的思想内容。[④] 与廉

① 比如：李悝认为，“为国之道，食有劳而禄有功，使有能而赏必行，罚必当”（《说宛·政理》），要求当政者在行使权力、实施赏罚之时，赏当其功，罚当其罪，严格依法办事。吴起要求统治阶级成员厉行法治，行使权力要做到“使私不害公”。慎到认为法是规范人们行为的准则和衡量是非功过的唯一标准，其最大效用就在于“存公去私”，上至君王下到各级官吏治理国家必须严格依法办事，不得以私害公，并明确指出，“有法而行私谓之不法”（《艺文类聚》卷五四引《慎子》）。西晋刘颂认为，为使百姓人人守法，君主也必须以身作则、带头守法，“人君所与天下共者，法也”（《晋书·刑法志》）。

② 先秦儒家主张德治、仁政、人治，要求君王及各级官吏在国家与社会生活中必须加强自身的道德修养，良好地遵守社会伦理道德，做天下百姓的表率与榜样。例如，先秦儒家代表人物孔子即要求统治者“修己以安人”“修己以安百姓”“为政以德”，十分看重并强调当权者的以身作则，他认为，“政者，正也。子帅以正，孰敢不正”（《论语·颜渊》）；“不能正其身，如正人何”（《论语·子路》）；当权者“其身正，不令而行；其身不正，虽令不从”（《论语·子路》）。

③ 例如，唐初李世民、魏徵等人不但主张以德治国，以仁义待民，强调“若损百姓以奉其身，犹割股以啖腹，腹饱而身毙”（《贞观政要·君道》），而且明确主张君主立法应“以天下为公，无私于物”（《贞观政要·公平》），要“设法与天下共之”，带头克己从法、“守文奉法”，在国家管理中明正赏罚，一断于律，不能求情于法外。

④ 例如，黄宗羲针对传统的君权神授理论，提出“天下为主君为客”的国家观。主张用“公天下之法”代替传统的反映君王一家一姓私利的“一家之法”。他又进而提出意图改变国家权力集于君主一人状况、借臣权分割君权并对君权进行制约的“君臣共治”论，并主张用“君臣共治”的政体来代替君主专制政体。其具体设想就是恢复宰相制并加重相权，加强宰相为代表的群臣对皇权的制约以及皇权与宰相之间的互相制约。与此同时，他还提出了“学校议政”主张，要求赋予学校评判政治是非、约束权力的政治功能。

政思想的形成发展相适应，中国古代封建王朝也逐渐建立健全了古代行政法律制度（比如完善的中国古代文官制度、官职制度）、刑事制度（集中表现在惩治贪腐的刑事立法方面）、监察制度等与反腐倡廉密切相关的法律制度。

中国古代的廉政思想及其制度实践从不同角度体现了官员职务违法责任及其实现的重要性、必要性，揭示了有效实现官员职务违法责任的路径与方法，对于我们科学理性地思考研究当代政府公务员职务违法责任实现问题，构建政府公务员职务违法责任有效实现的体制机制等具有重要的启发或者借鉴意义。

二、中国传统监察思想

“中国古代监察思想以其丰富的内涵和鲜明的特色，傲然自立于世界政治法律思想史之林”,① 并在其指导下建立起了具有鲜明特点及较大文化影响力的监察制度。中国古代政治思想家们早就认识到了官员守法廉洁程度与国家治乱安危的深刻内在关系，认为“国家之败，由官邪也”②。要治理好国家必须采取有效措施防范、清除官员的作奸犯科和腐败问题，即所谓“治天下之要，存乎除奸；除奸之要，存乎治官”③。先秦时期法家思想家认为，“闻有吏虽乱而有独善之民，不闻有乱民而有独治之吏。故明主治吏不治民”④，主张建立专门的国家机关用以纠察百官，并系统设计、阐发了君王治理国家应当将法、术、势三者密切结合、交相为用来驾驭群臣的思想，这些思想为监察制度的建立和完善提供了重要的理论根据。秦汉以来，各朝各代统治者和政治思想家无不重视监察制度在国家治理尤其是吏治方面的重要作用，并围绕完善相关监察律令、优化监察方式方法和程序、提高监察制度的实施效

① 张晋藩：《中国古代监察思想、制度与法律论纲——历史经验的总结》，载《环球法律评论》2017 年第 2 期。

② 左丘明：《左传·桓公二年》，岳麓书社 1988 年版，第 15 页。

③ 高诱注：《吕氏春秋》卷十七《审分览第五·知度》，上海古籍出版社 1986 年版，第 208 页。

④ 王先慎：《韩非子集解》卷十四《外储说右下》，中华书局 1998 年版，第 332 页。

果、加强对检察官选任监督管理等论题发表了大量颇具见识的观点或见解，形成了越来越丰富的监察思想，监察制度也因此得到不断地加强和改革完善。

我国古代监察制度是封建王朝为监察政府官员、维护统治秩序、保证国家机器正常运转而设立的制度，是传统政治制度的重要组成部分。中国古代监察制度的主要职责是监督法律法令的实施、维护国家法制的统一、纠举不法官员、参与并监督中央和地方司法机关对案件的审理活动，核心是推行政令、整肃官吏、查办官员违法犯罪行为。我国监察制度萌芽于先秦，① 形成于秦汉，发展于魏晋南北朝，至隋唐达于完备，在宋元明清不断延续变革。早在秦王朝时期就设立了听命于皇帝的御史大夫作为纠察百官之最高监察官员。② 汉承秦制，在中央机构中设置御史台作为监察百官之机构。③ 明朝以前，各个封建王朝均设御史台作为监察机构，以御史大夫为最高监察官员。唐朝的监察制度，是经过众多思想家的引导，并在总结汉以来监察制度的经验基础上，建立的比较成熟和定型的一台三院的监察体制，该监察制度在中央最高监察机关御史台之下设立台院、殿院、察院分别管辖中央监察业务，在地方分为十道（后增至十七道）监察区监察地方官吏，形成了从中央到地

① 进入战国以后，顺应君主专制制度的发展和官僚制度的形成，为了确保君主的最高支配者地位，政治思想家们特别是法家人物系统地阐发了“法、术、势”相结合的吏治思想，论证了加强对官僚系统的监督和控制的必要性，为建立独立的监察机构和有效的权力监督机制提供了理论上的依据。以此为据，魏、韩、秦等一些诸侯国不但在中央设置了随侍君主左右，并负责记言记事、掌管法令图籍的御史之职，还在郡县地方机构设置御史对中央和地方官员进行监察监督。

② 公元前221年，秦兼并六国，建立起了中国历史上第一个统一的中央集权制封建国家。也正是这一时期，封建制的监察制度开始真正地确立起来。秦朝在中央建立三公九卿的官僚体制，其中设立御史府作为中央监察机关，长官为位列三公的御史大夫。御史大夫作为御史府的长官，不仅可以代表皇帝纠弹内外百官，而且可以司察丞相非法，弹劾丞相。并在御史大夫之下设立御史中丞、御史丞和侍御史作为御史大夫的主要属吏，负责协助御史大夫完成其主要职责，御史中丞和御史丞实际上主要负责御史府的具体事务。秦代还在地方设了监御史，负责地方的监察事务。监御史与中央的监察机构一道，初步形成了一套从中央到地方的监察体制。

③ 汉承秦制，汉代的监察制度从本质上说是与秦代一脉相承的，但也有改革和发展。如果说中国封建监察制度在秦朝尚处在初创阶段，那么到了汉代则已基本形成和确立。其主要标志是：出现了以专职监察官御史中丞为首脑的专门的中央监察机构御史府（东汉为御史台）。两汉中央主要监察机构的御史府经历了大夫制向中丞制的变化，即原来有位列三公的御史大夫执掌的监察全责发展到由原来御史大夫的副手御史中丞主持御史台的具体事务，成为御史台的最高长官，而御史大夫则脱离了御史系统，成为行政长官。与此同时，在地方也建立了固定专职的监察官刺史制度。

方的严密监察网络。到了明代，为了适应中央集权和加强皇权的需要，对监察权力逐步进行了一体化改革，由传统御史台的三院制演化改制成为都察院的一院制。由此可见，中国古代监察制度，随同封建制度的产生而萌发，伴随封建专制主义中央集权的建立而诞生，又随着封建君主专制的不断强化而发展、完备。

中国古代监察思想和监察制度主要有以下几个特征：一是以维护皇权为根本目的和基本价值取向。皇帝作为监察体制的最高存在，监察机构、监察官员是皇权的御用工具。监察的根本目的是维持君权、维护君主专制体制，并非着眼于维护民权、抑制君权、防止专制独裁。在专制制度下最高监察权归属皇帝，整个监察过程及重要的监察活动都必须得到皇帝的旨意，最后由皇帝裁决。因此，皇帝的个人喜好对于监察制度的存废和作用发挥具有决定性的影响。监察的效果往往取决于君王的品质修养与治国理政能力。监察官员也依赖于皇权的保护，这也是导致监察机构弊病的源泉。二是强调监察机构及其权力的独立性和权威性。监察制度历来被视为“天子耳目风纪之司”。监察机构及其监察官员听命服务于皇帝，监察工作直接关乎君王的颜面和权威。因此，为了强化监察的权威性与实效性，逐渐对监察机构实行独立设置并对其进行垂直监察。中国古代的监察机构经过漫长的发展过程，逐渐由品格不高甚至没有独立衙门的一般监察机关，跃升为与最高行政机关、最高军事机关并列，直属于皇帝的极具权威性的机关。成熟后的中国古代监察制度，为发挥监察制度的权威性和有效性，对监察机构实行独立设置并对其进行垂直监察。这种体制使中央监察机关独立于其他行政机构设置，不受其他行政机关的管领；地方监察机构通常独立建署，并直属中央，与地方衙门不存在隶属关系；中央监察机关及监察官直接听命于皇帝，直接向皇帝汇报工作，对皇帝负责。三是监察事项和对象的覆盖面较广泛。与监察制度发展完善的历史过程相同步，监察机关的职掌范围不断地扩大，权威性不断地提高，以至无所不监、无弊不察（既察官又察事；既纠举查办违法，又保举贤才；既察行政事务，又察司法事务），对于发挥官僚机构的职能、提高官吏的素质、整肃吏治、贯彻朝廷既定的方针政策与法令，起着一定的积极作用。四是重视监察制度的规范化与法制化建设。由于监察制度在维护专制皇权、整肃吏治、保障国家正常活动等诸多方面发挥着重要作用，因而历代统治者都十分注重强化监察机关的监督效能及其运行机制的制度化和法律化建设。各朝各代在高度关注监察制度及其作用发挥的同时，也十分重视对监察制度的规范化、制度化和法制化建设，重视对监察权力运行的制约监督，并逐渐形成了较为严密的监察制度体系。为了对监察权力的组织和运行进行全方位的规范和控制，历代统治者都有针对性地制定了相应的监察律令制度。从汉代的《监御史九条》《六条问事》，到明清的《宪纲总例》《钦定台规》《都察院则例》，形成了一脉相承的监察法律制度传统。监察制度的法制化，不仅使监察官奉法行事，将监察权力的行使纳入法律的基本轨道，而且保证了监察制度的稳定性，对于庞大的官吏群起到心理上的震慑和实际上的防范与惩戒作用。它不仅反映了中国本土法文化的鲜明色彩，而且在世界监察法史上也占有重要的地位，是凸显中华法系特殊性的重要方面。中国古代监察法是中华法系的重要组成部分。如果说中华法系在世界法系中具有独树一帜的特点，那么中国古代监察法，无论是它所确认的监察体制还是基本原则、基本规范，以及体系的建构、立法技术的成就、实际运行的可操作性等，都是世界古代法制史上所少有的。

古代的监察思想和监察制度虽然不可避免地有其历史局限性，有其诸多不足或者弊端，但是在封建专制制度下，其对整肃吏治、促进廉政建设等仍然具有重要的积极意义和效果。正是由于这项制度及其作用的发挥，才“使官吏的腐败速度与皇权的滥用受到一定控制。延续二千多年的御史谏官监察系统，是中国古代王朝官吏制度的重大创造与重要历史经验”①。古代监察体制在某种程度上是适应当时中国社会的政治和文化传统的，在缺乏民主机制的古代社会，官员的权力不受人民的约束，如果没有监察机构的严格监督，

---

① 谢元鲁：《论中国古代国家监察制度的历史经验》，载《社会科学辑刊》2004 年第 3 期。

官员之腐化将会快速蔓延，严重威胁皇权统治。因此，皇帝赋予监察官吏较大监督权，在一定程度上抑制了官员的违法和贪腐行为。同时，中国古代监察制度也深刻体现了权力制约的思想，是将权力关进法律“笼子”的伟大实践，诠释了权力制约与监督的一定规律性，也体现了监察制度的一定制度理性，符合国家治理、官吏管理的一定规律。因此，中国自古以来就重视吏治，建立独立监察机构并且赋予其整肃贪官之权，成为符合中国政治实践的法文化传统，值得我们今天理性地思考与辩证地继承。新时代我国国家监察制度显然是有深厚的历史文化根基的。新时代国家监察制度的建立既有可参照、借鉴的传统思想观念、制度建设与运行蓝本，又有本民族独特监察制度实践的成败得失可借鉴，是接地气的体制和国家制度创新，是对中国优秀的传统监察文化的继受和与时俱进的改革发展，必将会为政府公务员职务违法责任的有效实现发挥积极而重要的功能和作用。

三、中国传统法治思想

中国传统文化中的法治思想源远流长。产生于中国本土的法治思想并非西方近现代意义上的法治思想，对中国封建官僚社会的有效治理发挥了重要的思想指引作用。中国传统文化中关于依法治国的思想观念属于人类法治文明、法治理论的重要组成部分，对于建设具有中国特色的社会主义法治国家，思考认识诸如政府公务员职务违法责任实现此类问题同样具有积极的参考价值或意义。

早在先秦时期，从春秋时期的法家思想先驱者管仲、子产、邓析，到战国初期、中期的法家代表人物李悝、吴起、商鞅、慎到和申不害，再到战国后期法家思想的集大成者韩非，都阐发了关于法治的思想，其中以商鞅、韩非的法治思想最为系统、最具代表性。法家学派在其著作中不但论述了法的起源，而且论述了依法治国的必然性、必要性与重要性，还特别对立法、执法、守法等法治问题作了比较系统的研究。秦汉以后各朝各代的政治思想家均根据治国理政的实际需要，阐发了对法律现象以及依法治国、依法治吏等方面的思想观点，形成了中华法系独特而深具影响力的政治法律思想。

当然，法治是人类文明之树上的硕果之一，是人类所探寻到的驾驭国家政治权力、良好管理社会的重要思想武器与国家治理模式。法治思想不只是中国古代社会的独特存在，在西方古代社会为适应经济社会发展需要也形成了各具特色的不同法律文化，其中以古希腊罗马法学家的法律思想对后世，尤其是对资本主义法律思想理论的形成与政治法律制度的建立影响最大。“早在古希腊，法治思想的火花就已闪现在当时的一些政治家和思想家的理论学说中。柏拉图是古希腊明确提出法治的第一人，但他的法治思想尚未形成系统的理论。亚里士多德继承老师的法治思想，并将其演绎成系统的学说，‘良法之治’理论正式形成”[①]。柏拉图在早期，倾向于“人治”，他把城邦的完善、公民的幸福寄托在统治者个人身上，把防止统治者的腐败和权力滥用寄托在个人较高的道德水准和优秀品质上。但到了晚年，他以“性恶论”为基础并基于现实社会生活中几乎没有那种能够一心为公、可以实现人治理想目标的统治者的判断，在其对话体著作《法律篇》中明确阐发了与“人治”思想相对立的法律思想。他认为，“假若让一个人，或若干寡头，或民主政体下只想快乐、贪得无厌的人们统治城邦，践踏法律……城邦就无法摆脱灾难”，并主张官吏是“法律的仆人”，只有那些具备遵守国家法律品德的人才有资格担任国家官吏。为此，在该著作中他还对法律的权威、法律的遵守等问题给予了高度关注。亚里士多德则指出法治应包含两重含义：已成立的法律秩序获得普遍的服从，而大家所服从的法律本身又应该是制定的良好的法律。[②] 他以善恶同属但“恶性普存”的人性论为基础，认为“人治”难免使政治陷于兽性的因素，而法治则是理性的统治，“凡是不凭感情因素治事的统治者总比感情用事的人们较为优良，法律恰恰是没有感情的；人类的本性使谁都难免有感情”，[③] 故“法律是最优良的统治者”“法治应当优于一

① 张华：《西方法治理论的历史演变及其借鉴意义》，载《晋中学院学报》2007 年第 1 期。

② 参见［古希腊］亚里士多德：《政治学》，吴寿彭译，商务印书馆 1981 年版，第 199 页。

③ ［古希腊］亚里士多德：《政治学》，吴寿彭译，商务印书馆 1981 年版，第 163 页。

人之治”“法律应该在任何方面得到尊重而保持无上的权威”。[1] 到了罗马时代，源于古希腊的法治思想被思想家们继承、传播并进一步发展，其中最具代表性的是著名的政治家与思想家西塞罗。西塞罗秉承亚里士多德的法治思想，主张在共和政体下应反对“人治”而实行法治，认为法律本身具有超越一切世俗的力量，是人类是非曲直的最高标准，是高于一切权威的权力，人们与国家的行为都受法律的约束，国家政治权力的行使应当有法理依据，国家行政权力的运作必须正当而合法。以亚里士多德为代表的罗马时代的古希腊“法治”理论，对以后的思想家、法学家及其法学名著产生了深远影响，他们的法治思想大致有以下四个方面特点：一是无论是亚里士多德还是西塞罗都阐发了对人治、法治及其相互关系的认识，均认为法治优越于人治，并主张在共和政体下要法治而反对人治。二是他们都主张法治应是“良法”之治，即法治须以制定良好而完备的法律为前提。三是他们都要求所有社会成员包括国家官员均有遵守执行法律的当然义务，认为树立法律权威，严格遵守并执行法律是法治的关键所在。四是亚里士多德与西塞罗都深受柏拉图《法律篇》的法律思想与混合政体的影响。

中国先秦时期法治思想与古希腊罗马法学家的法治思想相比，大致有以下几个方面的共同点：一是都主张依法治国。例如，慎到就指出法是治理国家、规范人们行为的准则和衡量是非功过的唯一标准，“法者，所以齐天下之动，至公大定之制也”[2]，“治国无其法则乱”。他主张“事断于法”，要求君主首先要做到“无法之言，不听于耳；无法之劳，不图于功；无劳之亲，不任于官。官不私亲，法不遗爱，上下无事，唯法所在”[3]。在慎到看来，治国不能没有法律，对于国家治理而言，“法虽不善犹愈于无法”[4]。商鞅也认为只有“垂法而治”或“缘法而治”，才能使“国富兵强”。二是都主张治

---

① ［古希腊］亚里士多德：《政治学》，吴寿彭译，商务印书馆1981年版，第192页。

② 《慎子·逸文》。

③ 《慎子·君臣》。

④ 《慎子·威德》。

国之法应当是“良法”。例如，申不害主张君主应因天之道，设衡平之法，只有这种本于民情、顺乎自然的“衡平”之法，才能够“使民安乐其法也”①，君王在治理国家之时也才能够“衡设平无为，而轻重自得”②。又如，商鞅认为，“故圣人之为国也，观俗立法则治，察国事本则宜。不观时俗，不察国本，则其法立而民乱，事剧而功寡”③，同时他还要求立法应当做到明白易知、概念准确，即所谓“故圣人为法，必使之明白易知，名正，愚知遍能知之”④。三是都主张法律及其作用应当是为“公”而非为某个个人之“私”。在中国法律思想发展史上，吴起较早地提出了“公”与“私”的概念，主张“明法审令”，力行“使私不害公”的“法治”。慎到也认为，“立天子而贵之者，非以利一人也”⑤，他认为君主仅仅是为了服务于天下、服务于国家而设立的，因而国家并不是为了君主个人的利益而存在的，“立天子以为天下，非立天下以为天子也；立国君以为国，非立国以为君也；立官长以为官，非立官以为长也”。⑥ 而“法者，所以齐天下之动，至公大定之制也”。⑦ 在慎到看来法的最大功用就在于“存公去私”，即所谓“法制礼籍，所以立公义也，凡立公所以去私也”，⑧ 又说“法之功莫大使私不行”⑨“有法而行私谓之不法”⑩。四是都主张法律应当得到社会成员普遍、平等的遵守及良好的执行，强调法律的权威。例如，商鞅主张从最高统治者的君王到臣下都必须要严格依法办事，统治者在行赏施罚时要做到“赏必行，罚必当”⑪

---

① 《申子·佚文》。
② 《申子·大体》。
③ 《商君书·算地》。
④ 《商君书·定分》。
⑤ 《慎子·威德》。
⑥ 《慎子·威德》。
⑦ 《慎子·逸文》。
⑧ 《慎子·威德》。
⑨ 《慎子·威德》。
⑩ 《慎子·逸文》。
⑪ 《说宛·政理》。

“刑过不避大臣，赏善不贵匹夫”，[①] 适用刑罚时“刑无等级，自卿和将军以至大夫庶人，有不从王令、犯国禁、乱上制者，罪死不赦”；[②] 进行赏赐或奖励应做到该赏则赏，“不失疏远，不违（避）亲近”。[③] 商鞅还特别强调，进行赏罚不但要做到“信赏必罚”，还要重视赏罚与社会效果之统一，做到“赏誉同轨，非诛俱行”[④]，即施赏行罚必须要顺乎社会（舆论），使社会舆论的誉毁与法律的赏罚相吻合，做到使受赏者必须在社会上有好的影响和好的榜样，而使“有重罚者必有恶名”[⑤]，从而通过法治刑赏起到教育臣民的作用，减少或者禁止人们犯罪。五是都主张法治，而反对人治。在法家思想家看来，法治是治理国家的有效甚至是唯一有效的工具，即便是君王也应当“存公去私”，不应当背法而行，否则就不可能治理好国家。六是都以人性论为重要的理论基础论证法治问题。法家普遍认为人人都有“好利恶害”或“就利避害”的本性。《管子·禁藏篇》说，“夫凡人之情，见利莫能勿就，见害莫能勿避。……故利之所在，虽千仞之山，无所不上，深渊之下，无所不入焉”。《商君书·算地》说，“羞辱劳苦者，民之所恶也；显荣佚乐者，民之所务也”。韩非则进一步把“好利恶害”的人性发展为自私自利的“自为心”，他认为“人皆挟自为心”，不但父母对于子女有着“自利”之心，而且君臣、臣民之间也是一种互相利用的关系。法家还认为人自私自利的欲望是没有穷尽的。既然人性好利恶害，要限制人们的无穷私欲，要使臣民服从现存的统治秩序，靠“德教”“仁政”是不可能实现的，就只有依靠以“势”为后盾的刑赏进行实现。他们认为，人性既然“好利”，适当的赏赐就可以让臣民为了获得一赏之利“尽死力”为君主效力，人性既然“恶害”，只要颁布刑罚，人们害怕大刑加身自然就会“畏威远罪”，不敢起来反抗统治者，因此，唯有实行“法治”才能治理好国家。总之，古希腊时代与中国

① 《韩非子·有度》。
② 《商君书·赏刑》。
③ 《商君书·修权》。
④ 《韩非子·八经》。
⑤ 《韩非子·八经》。

的先秦时期大致处于同一时期，都处于社会大转变与大改革的时代，而且两国的思想文化发展均已达到很高的水平，法律文化作为思想文化的重要组成部分，表现为各自形成了较为系统而完备的‘法治’理论。在西方，最早提出系统的‘法治’理论的当属亚里士多德，而在中国是先秦法家人物，他们分别代表了该时期两国法治理论的最高水平。[①] 中西方古代的法治思想，为近现代法治提供了精神和理论养分，对于建立健全政府公务员职务违法的法律责任制度，以及建立健全政府公务员职务违法责任有效实现的法律机制等具有重要的指导意义和价值。

第三节 职务违法责任实现的近现代理论基础

一、近现代理论基础的含义

人类历史发展到近代资本主义时代，政治文明、法治文明、社会文明达到了前所未有的新高度。资产阶级政治思想家从丰富灿烂的优秀历史文化中汲取养分，并根据资本主义社会进步发展的实际需要形成了社会契约论、人民主权论、资产阶级法治理论等思想理论。这些理论及由其派生的委托代理理论、权力制约理论、责任政府理论、行政法治理论等，提供了政府应当是责任政府、法治政府、有限政府的理论根据，从本源上回答了公务员为什么要负责，以及应当为谁负责、负什么责、如何负责等重要理论命题，为资本主义公务员职务违法责任及其实现提供了深厚的理论养分和基础。

资本主义及其以前社会形态中对政府公务员职务违法责任实现具有指导性的思想理论或者观点，都是人类政治制度文明发展史上继往开来形成的重

① 参见时显群：《中西古代“法治”思想之比较——评析亚里士多德与法家法治理论的异同点》，载《江西社会科学》2002 年第 2 期。

要精神文明成果。其中蕴含的适合我国国情的思想理论或者观点，对于我们思考研究并科学构建具有中国特色的社会主义政府公务员职务违法责任制度等仍然具有积极的参考、借鉴价值或者一定程度上的理论指导意义。但我国政府公务员职务违法责任制度毕竟是不同于资本主义的、具有社会主义性质的人事行政管理制度，它只能在马克思主义尤其是马克思主义中国化的相关思想理论直接指导下建立起来并得以健康发展。因此，马克思主义的相关思想理论才是我国政府公务员职务违法责任及其实现最直接和最具根本性的理论基础。

与任何精神文明成果的历史形成和发展规律一样，马克思主义思想理论不是凭空产生的。马克思主义思想理论也是在扬弃、继承和发扬前人的思想理论成果基础上形成并发展的，“马克思的学说本身就是对以往西方哲学思想家的继承与发展”①。在政府公务员职务违法责任及其实现的理论基础方面，马克思主义经典作家在肯定资产阶级社会契约论、人民主权论和法治理论对社会进步的积极作用的同时，也对其作了不同程度的批判，并阐发了马克思主义的人民主权论、法治理论等理论，为社会主义国家政府公务员职务违法责任制度奠定了坚实的政治思想理论基础。因论题及篇幅所限，本书仅对政府公务员职务违法责任实现具有本源性理论特性的社会契约论、人民主权论、法治理论作简要的阐述。

二、理论基础之社会契约论

（一）资产阶级社会契约论

社会契约论是西方资产阶级关于国家和国家权力起源的学说，其基本要义是国家起源于人们相互之间的契约。社会契约论源远流长，自古希腊哲学家伊壁鸠鲁和古罗马的塞涅卡提出社会契约的思想之后，从西塞罗到格劳秀斯、霍布斯、斯宾诺莎、普芬道夫，再到洛克、孟德斯鸠和卢梭、康德等众多处在不同时代的思想家，都阐发了各自对社会契约不尽相同的观点，并提出了诸如天

① 付涵、谭鸿顺：《论马克思对卢梭政治思想的超越》，载《信息化建设》2016 年第 2 期。

赋人权、自由平等、民主法治等思想。在西方政治思想发展史上，“社会契约论为近代资本主义国家的建立、政权的巩固和法律体系的完善提供了理论基础”。[①]

在众多的社会契约论者中，对社会契约作较系统、集中论述的代表性学者当属英国的霍布斯、洛克与法国的卢梭。他们均从预设的自然状态[②]和人的自然本性出发，认为人们只有通过订立契约并将自然权利转让，交付给能够代表大家利益的有权威的主权者或者管理者，才能够结束自然状态（卢梭所言的“社会状态”）下的种种不幸，最大限度地维护、保障社会秩序与自身安全。三位思想家关于社会契约论的理论本质相通，主要表现在以下几方面：一是都把政府权力的正当性奠定在了社会契约基础之上，都是关于国家起源及政府权力来源、正当性基础的理论；二是都关注自然人的权利、自由及其保护问题；三是都是以人性论为基础，并沿着“自然状态—社会状态—理想状态”的逻辑思路而展开；四是都对西方政治制度的建构发展具有重要意义和价值。他们关于社会契约论的理论也存在差异，其主要不同表现在以下几个方面：一是人性论基础不同。霍布斯社会契约论的人性论基础是“性恶论”，洛克社会契约论的人性论基础是“性无善无恶论”，卢梭社会契约论的人性论基础是“性善论”。二是契约主体及其关系有所不同。霍布斯所言社会契约是由自然人相互之间所缔结的，主权者或者政府并非契约一方当事人，而是获得契约授权的受托人。洛克则认为政府并非授权委托的第三者，而是与公民缔结社会契约的对方当事人。卢梭所言社会契约则包括了自然人之间缔结的用以结成社会共同体，形成“公意”的契约和自然人与政府之间缔结的授予政府社会治权的契约。三是对主权者或者政府授予权利的范围不同。霍布斯、卢梭均认为基于社会契约的授权应是无所保留的，即应当将人

① 林建华、于诗琪：《马克思恩格斯对社会契约论的批判》，载《党政干部学刊》2014年第9期。

② 霍布斯所理解的自然状态是一种人与人因自私自利本性而导致的和平、安定没有保障的“战争状况”；洛克所理解的自然状态是一种缺乏共同权威维护自然秩序的“完备无缺”的自由状态；卢梭则将自然状态与文明社会相对立，认为自然状态是人类发展的“黄金时代”。进入社会状态，人在自然状态下的原始平等遭到了破坏，贫困和奴役才相随而来。

们的全部自然权利授予主权者，他们都认为主权是不可分割的，但他们在主权归属问题的认识方面是存在明显不同的。霍布斯认为主权者是君主，具有至高无上的绝对权力，卢梭认为主权者就是人民自己，人民主权是至高无上的。洛克则认为，公民在与政府签订契约时并没有、也不应当放弃全部的自然权利，所授予或转让给政府的权利应限于承担自然法执行人的权利和要求罪犯赔偿损害的权利，而生命、自由和财产是不可让渡的权利。但卢梭极力反对洛克的这种分权学说，他认为最高权力即人民主权是不可分割的，如果进行分权，那么在分权之后公意就成了代表私人利益的“众意”，并不代表公共利益。四是对被授权者权力运用的要求不同。霍布斯主张“主权者”权力的绝对性，所授予主权者的权力应当无条件服从且不得收回，洛克则将政府权力严格限制到公民与政府契约的范围与目标之内，主张政府基于契约所获得的权力不能超越公民生命与社会公共幸福，更不得侵犯私有财产权。他还主张，政府既然是基于与公民的契约而产生，并为了维护公民的自由、保护公民的财产和生命安全为责任，如果其不能有效承担责任，人们就有权推翻现有的统治而建立一个新的真正为他们所满意的政府。卢梭的观点与洛克的观点基本相同，在他看来，既然人民是政府或主权者权力合法性的源泉，当政府行为违背“公意”时，政府的权力就是“非正义的”，人民有权追究政府的责任。五是契约论产生的结果不同。霍布斯社会契约论所产生的结果是具有绝对权力的“利维坦”，即君主专制国家；洛克社会契约论所产生的结果实质上是有限政府，即君主立宪制国家；卢梭社会契约论所产生的结果是集强制的权力和自由的权利于一身的“公意”，即人民主权制国家。

（二）马克思主义经典作家对社会契约论的批判

马克思肯定了社会契约论在否定君权神授、封建专制制度以及提升社会成员人格独立等方面的积极作用，认为社会契约论“已经用人的眼光来观察国家了”，已经从“理性和经验中而不是神学中引申出国家的自然规律”①。

① 《马克思恩格斯全集》（第1卷），人民出版社1995年版，第128页。

与此同时，马克思也从唯物主义历史观出发，对社会契约论的自然状态的理论假设及基于其上的理论构造作了深刻的分析批判，他认为用社会契约论来解释国家的起源是不科学、不真实的。在此基础上，马克思也阐发了其关于国家产生与消亡的历史唯物主义国家观，他认为国家是私有制下阶级斗争的产物，其最终必将随着私有制的消亡和共产主义社会的建立而消亡。因此，作为资产阶级政治学说的社会契约论，可以是资本主义政府公务员职务违法责任及其实现的理论基础，并不能成为我国政府公务员职务违法责任及其实现的理论基础。

（三）社会契约论对职务违法责任实现的意义

资产阶级的社会契约论虽然不是我国政府公务员职务违法责任及其实现的理论基础，但是其思想观点仍然对我国政府公务员职务违法责任及其实现问题的研究、制度建构等具有积极的参考、借鉴意义或者价值。尽管社会契约论是违反马克思主义唯物主义历史观的虚构而不真实的理论，但是其所阐发的相关思想观点仍然有不少积极的内容。概而言之，社会契约论提供了政府应当是责任政府、有限政府的理论根据，从而在理论上为建立健全受托履行政府职能的政府公务员职务违法责任及其实现制度提供了必要性、重要性、正当性基础。从社会契约论派生出来的委托代理理论、责任政府理论，明确了公务员与人民、公务员与国家、公务员与政府行政机关、政府责任与政府公务员职务违法责任等的相互关系，揭示了公务员及其责任的应然性、代理性、法律性等属性，阐明了在委托代理关系形态下构建激励与控制相结合的公务员管理机制的一般机理，为理解认识政府公务员职务违法责任及其实现，以及构建政府公务员职务违法责任有效实现的机制等提供了积极的理论引导和支持。

三、理论基础之人民主权论

（一）资产阶级人民主权论

主权概念是西方社会近代社会政治文明发展的产物，不同文化、不同时期的思想家或学者对其有不尽相同的解释。但无论思想家们对主权概念如何具体定义，主权多被理解为最高的意志和权力，且在宪法及法学意义上，主权通常是指国家的最高权力，即一国固有的处理其国内、国际事务而不受他国干预或限制的最高权力。

所谓人民主权，通俗地理解就是主权在民、国家主权属于人民，其思想可上溯至雅典民主时期，论者多认为雅典在公元前462年的改革之后，就曾形成过以“主权在民”为特征的民主政体，① 古希腊历史学家希罗多德在《历史》一书中最早把雅典的政治制度称为“民主政治”，雅典著名政治家伯里克利说，“我们的制度之所以被称为民主政治，因为政权是在全体公民手中，而不是在少数人手中”。但在古雅典时期，尚未形成主权及人民主权的概念范畴，雅典思想家们所称的“人民”、“多数人”或“公民”是指奴隶主，并不包括奴隶，他们所谓的民主是少数奴隶主的民主，广大奴隶并不享有任何的民主权利。较严格意义上的人民主权理论或者思想是近代资产阶级思想家在反对封建专制制度和进行资产阶级革命时提出来的，其主要代表人物是斯宾诺莎、卢梭、潘恩和杰斐逊等，“斯宾诺莎是人民主权论的倡导者，卢梭是人民主权论的集大成者，潘恩和杰斐逊是人民主权论的实践者”②。其中作为人民主权论的集大成者或者首次正式完整提出者——卢梭，基于社会契约论的人民主权思想，③ 对近代和现代政权建设及宪法的制定产生了重大影响，并在法国首先变成了一种直接的政治实践，法国大革命时所发布的《人权和公民权宣言》第3条即明确规定，“整个主权的本源主要是寄托于国民。任何团体、任何人都不得行使主权所未明白授予的权力”。

人民主权理论是人类社会政治文明发展与进步的巨大成果，是与封建专

① 参见顾銮斋：《论雅典奴隶制民主政治的形成》，载《历史研究》1996年第4期。

② 韩承文、徐云霞：《近代人民主权论述评》，载《文史哲》1989年第1期。

③ 有学者将卢梭人民主权思想的主要观点归纳为：(1) 主权来自人权的全部让与。人民通过社会契约全部转让了自己的人权，不再保留任何权利。(2) 主权高于人权。人民在国家中的任何权利都来自主权、从属于主权，除此之外人民就不再有权利。(3) 主权无限。主权是绝对的、不受任何限制，即使是形成它的社会契约本身。(4) 主权是公意的运用。公意就是全体人民的共同意志，也就是国家意志，主权是公意的运用并表现为立法权。参见胡肖华：《走向责任政府——行政责任问题研究》，法律出版社2006年版，第77页。

制、“君权神授”的思想相对立的理论。其理论核心是国家权力来源于人民、属于人民，政府等国家机关基于人民的授权委托、按照人民意志行使权力，并对人民负责。

（二）马克思主义人民主权论

马克思主义经典作家是社会主义人民主权论的开创者。他们“吸收了卢梭、康德的人民主权思想，批判黑格尔的‘国家’主权理论，重新在德国确立了人民主权的崇高地位，并为其赋予了社会主义条件下新的内涵”。马克思以唯物主义历史观法哲学为基础，不仅批判了黑格尔的国家或者君主主权观，指出“人民主权不是凭借君王产生的，君王倒是凭借人民主权产生的”①，而且揭露了资产阶级人民主权的虚伪性，认为“一切旧的政府形式在本质上都是压迫性的”②，只有实行无产阶级专政才能真正实现人民主权。在此基础上，马克思提出并阐发了人民当家作主、无产阶级专政、民主选举、“议行合一”、民主监督、建立廉洁低成本的“廉价政府”等社会主义人民主权思想理论，而人民当家作主则是其人民主权论的核心和基础。马克思认为，人民不仅是主权和国家政权的主体，而且还是社会历史发展、社会实践活动的主体以及社会价值和财富的创造主体。

马克思主义人民主权论是社会主义中国民主政治的指导思想与制度基础。中国共产党始终坚持马克思主义人民主权论，坚持人民的主体地位，并将其宪法法律化。我国第一部《宪法》就明确规定，“中华人民共和国是工人阶级领导的、以工农联盟为基础的人民民主国家”；“中华人民共和国的一切权力属于人民。人民行使权力的机关是全国人民代表大会和地方各级人民代表大会”；“一切国家机关必须依靠人民群众，经常保持同群众的密切联系，倾听群众的意见，接受群众的监督”；“一切国家机关工作人员必须效忠人民民

① 参见《马克思恩格斯全集》（第3卷），人民出版社2002年版，第37页。

② 孙宇、栾亚丽：《论马克思人民主体思想的哲学意蕴及时代价值》，载《中共山西省委党校学报》2021年第3期。

主制度，服从宪法和法律，努力为人民服务”①。与此同时，中国共产党还结合中国社会主义革命、建设和改革的实际需要，不断丰富马克思主义相关理论，不断推进马克思主义中国化的理论创新，在每个历史时期都形成了指导革命事业取得新成就、新胜利的创新性理论成果。党的十八大以来，我们坚定不移地坚持人民立场，坚持人民主体地位，并对人民主体地位作了更加深入的论述，丰富了马克思主义人民主体论的思想内容，从而将马克思主义人民主体论发展到了新境界。在此基础上，党的十八大报告还首次把“坚持人民主体地位”确立为全党全国各族人民必须牢牢把握的共同信念。党的十九届六中全会所作的《中共中央关于党的百年奋斗重大成就和历史经验的决议》把“坚持人民至上”作为中国共产党百年奋斗的宝贵历史经验之一，并要求全党要“坚持一切为了人民、一切依靠人民，坚持为人民执政、靠人民执政，坚持发展为了人民、发展依靠人民、发展成果由人民共享，坚定不移走全体人民共同富裕道路”。

（三）人民主权论对职务违法责任实现的意义

人民主权理论，从权力尤其是民权与国家公权力的相互关系入手，阐明了公务员所拥有职权的人民性、公共性，从本源上回答了政府公务员职务违法责任及其实现的必要性和重要性，论证了作为公权力拥有者的公务员向人民负责的正当性和合法性，提出并论证了加强公权力制约监督的重要命题，指出了构建以人民监督为核心的公权力制约监督机制的主要路径。从人民主权理论等本源性理论中派生出来的权力制约理论，更是将人民主权理论中关于权力制约监督的思想展开并进行了系统化构建，对于正确理性认知公权力特性与社会公权力现象，掌握公权力制约监督的机理，把握包括政府公务员职务违法责任在内的公共行政法律责任设定与实现的规律性，科学构建包括法律责任在内的公权力制约监督机制等具有积极而重要的指导意义和价值。

① 《宪法》（1954 年）第 1 条、第 2 条、第 17 条、第 18 条。

四、理论基础之法治理论

（一）资产阶级法治理论

资产阶级的法治思想起源于古代社会，尤其是古希腊、古罗马时代，萌生并奠定于资产阶级启蒙运动时期，历经漫长的历史积淀而逐步达于成熟。在西方封建专制统治危机和资产阶级革命时期，涌现出了霍布斯、洛克、伏尔泰、孟德斯鸠、卢梭、潘恩、杰弗逊等一大批启蒙思想家，他们以符合"理性"的自然法理论、自然权利观等为武器，高扬"理性""民主""法治"的旗帜，猛烈抨击封建专制统治、宗教神学统治，论证资产阶级政治、经济的合理性，并对何为法治、为什么需要法治、如何实行与实现法治作了系统的理论探究和论证，"他们促使法治观念成为占支配地位的意识形态，并推动了法治理论的制度化和现实化"。①

资产阶级近代启蒙思想家、古典自然法学派法治理论的主要观点及特征表现在以下几个方面：一是将法治视为治理国家的必由之路与理性方略，旗帜鲜明地主张依法治国，强调良法之治，反对违背人类理性的人治，并论述了推行法治的必要性与重要性。二是提出法律至上的观点，重视并强调良好法律的制定与执行，重视法律尊严与权威的树立、维护。例如，关于立法或法律的制定，孟德斯鸠不但主张"立法权应该由人民集体享有"②，而且对立法与本民族实际、立法与民族精神、立法与政体、立法与自然条件、立法与社会条件等问题做了研究，并对做好立法提出了具体要求。关于法律的执行与法律权威的树立，洛克认为，"法律不是为了法律自身而被制定的，而是通过法律的执行成为社会的约束，使国家各部分各得其所，各尽其能；当这完全停止的时候，政府也显然搁浅了……如果法律不能被执行，那就等于没

---

① 彭博、孙静然：《略论西方法治理论的发展历程》，载《哈尔滨市经济管理干部学院学报》2004 年第 3 期。

② ［法］孟德斯鸠：《论法的精神》（上），商务印书馆 1961 年版，第 154 页。

有法律”[1]。因此，他主张，“法律一经制定，任何人也不能凭他自己的权威逃避法律的制裁；也不能以地位优越为借口，放任自己或下属胡作非为，而要求免受法律的制裁。公民社会的任何人都是不能免受它的法律的制裁的”[2]。三是明确提出了法律面前人人平等的法治原则，并在资产阶级革命取得胜利之后写进宪法，成为了重要的宪法原则。例如，洛克主张“法律不论贫富、不论权贵和庄稼人都一视同仁，并不因特殊情况而有出入”[3]；卢梭认为，法律作为一种社会公约，其“在公民之间形成了这样一种平等，以致他们大家全都遵守同样的条件并且全都应该享有同样的权利”[4]。四是主张用权力制约权力、分权制衡，提出了“三权分立”原则。例如，洛克提出为了保障人们的生命、自由和财产权，防止权力的滥用，国家权力应当分为立法权、执行权和联盟权。孟德斯鸠认为，“一切有权力的人都容易滥用权力，这是万古不易的一条经验。有权力的人们使用权力一直遇到有界限的地方才休止”，“要防止滥用权力，就必须以权力约束权力”，[5] 为此他提出了国家权力的立法权、行政权与司法权“三权分立”的理论。孟德斯鸠的“三权分立”理论将“法治由一种治国的思想演变为一种治国的体制。三种权力同归治于法律之下，从体制上解决了法律至上的问题，并为以后美国等一些国家的分权制衡型政府体制奠定了坚实的基础”。[6] 五是阐发了他们关于民主与法治、法律与自由、法律与人权、公意与个人利益、法律与道德、法律与正义等相互关系的理论，倡导人民主权与人权，并把保障人权作为法治的出发点与归宿。格劳秀斯、伏尔泰、卢梭、康德都在其代表作中阐发了关于人权、人民主权、主权在民的思想，其中以卢梭的思想最具代表性。卢梭认为人生而自由，天赋人权，国家主权不仅出于民众，而且不可分割。[7] 进入垄断资本主

① ［英］洛克：《政府论》（下篇），商务印书馆1982年版，第89页。
② ［英］洛克：《政府论》（下篇），商务印书馆1982年版，第59页。
③ ［英］洛克：《政府论》（下篇），商务印书馆1982年版，第22页。
④ ［法］卢梭：《社会契约论》，商务印书馆1982年版，第44页。
⑤ ［法］孟德斯鸠：《论法的精神》，商务印书馆1961年版，第154页。
⑥ 卓姗姗：《浅析法治理论的历史进程》，载《理论学习》2008年第7期。
⑦ 参见［法］卢梭：《社会契约论》，商务印书馆1982年版，第51页。

义时代，新自然法学派、实证主义法学派、社会法学派和自由主义法学派在法学理论中占据了主导性地位，“都在不同程度上继承和发展了近代启蒙思想家们关于法治的理论，都主张国家应保障个人合法权利，同时在立法、司法和行政过程中都要体现法治原则”①。从20世纪初开始，社会法学派强调法律的社会效果，并与其他学派的观点汇合形成“法律社会化”的思潮，从而使法律的本位或精神，由个人权利本位演变为社会本位。

（二）马克思主义法治思想理论

马克思主义法治思想是在批判继承西方古代和近代法治思想的基础上，在特定的社会历史条件下，经过马克思主义者艰苦卓绝的理论探索，总结无产阶级革命斗争经验的基础上逐步形成的。马克思、恩格斯以历史唯物主义法哲学为基础，认为法律所体现的是统治阶级的意志，阶级性是法律的本质属性，法律作为上层建筑的重要组成部分，对其起决定作用的是统治阶级的物质生活条件即经济基础。马克思主义经典作家对法本质的科学论断，颠覆了资产阶级唯心主义法学观，批判和揭露了资产阶级法治的虚伪性。在马克思、恩格斯看来，资产阶级法治只是形式上的法治，是为社会上的少数人即资产阶级利益服务的法治。因此，只有推翻资产阶级的统治，建立起无产阶级领导的社会主义政权，才可能有真正体现主权在民，真正为广大人民群众利益服务的社会主义法治。马克思主义经典作家还对法的起源、法的价值、国家与法、民主与法治、法与自由、法与其他社会现象、法律监督、社会主义民主与法治等重要问题做了深入探讨和精辟论述，形成了内容丰富的社会主义法治思想理论。

中国共产党从登上中国社会的历史舞台，就担负起了在中国传播马克思主义理论，不懈探索社会主义法治道路和科学规律的责任和使命。在中国革命、建设、改革的历史进程中，马克思主义法治理论随同马克思主义理论学说一起通过与中国实际相结合，形成了符合中国具体国情的中国特色社会主

① 李晓峰：《略论西方法治理论的发展及其思想渊源》，载《法学评论》2000年第4期。

义法治理论。在2012年前的社会主义革命和建设时期，我们坚持马克思主义唯物主义历史观，传承和发展了马克思主义经典作家的传统法治思想，分析总结了社会主义法治建设的经验教训，研究探索了符合中国国情的法治建设规律，初步构建起了具有中国特色的社会主义法治理论体系。自2012年以来，我们开启了中国社会全面改革发展的新时代，全面分析总结中国社会主义法治建设的经验教训，探索中国特色社会主义法治建设的重大理论，为在改革发展中面临的诸多重大问题谋划依法应对和治理方案，研究部署全面建设并推进依法治国的政策方略。

（三）法治理论对职务违法责任实现的意义

政府公务员职务违法责任属于法律责任，因此，法治理论对遵循法治精神、原理、规律、规范，对科学设定与有效实现政府公务员职务违法责任具有直接指导意义和作用，法治理论以及在其基础上所派生的行政法治理论、法治政府理论等理所当然也是政府公务员职务违法责任及其实现不可或缺的理论基础。从依法治国的实践角度来看，包括政府公务员职务违法责任在内的公共行政法律责任的设定与实现，既是行政法治、法治政府建设的必然要求和逻辑起点，也是实现依法行政、法治政府建设目标不可或缺的路径选择。离开了法治理论、行政法治理论等的指导与实际运用，就很难依法构建起科学的政府公务员职务违法责任及其实现的制度、机制，也难以切实保障政府公务员职务违法责任的有效实现。

第三章

政府公务员职务违法责任实现原则论

第一节　职务违法责任实现原则的界定

一、职务违法责任实现原则的概念

“原则”，在汉语语境上，通常是指说话、行事所依据的准则，即最一般的标准、规则。在管理学意义上，“原则”是指人们观察问题、处理问题的准则。法学意义上的“原则”即法律原则，通常是指法律的基本要素之一，“是可以作为众多法律规则之基础或本源的综合性、稳定性的原理和准则”。法律原则可以被划分为基本原则（体现了法律的基本精神，是在价值上比其他原则更为重要，在功能上较其他原则的调整范围更广泛的法律原则）与具体原则（以基本原则为基础，并在基本原则指导下适用于调整某一特定领域的法律原则）、公理性原则与政策性原则、实体性原则与程序性原则等类别。[①] 基本法律原则贯穿国家整个法治建设领域或者特定的部门法领域，并对立法、执法、司法、守法以及法律监督等各个重要的法治环节发挥指导作用，是开展各项法治工作均须严格遵守与执行的基本行为准则。与人们对法律原则的通常理解相适应，所谓政府公务员职务违法责任实现原则，就是拥有政府公务员职务违法责任实现职能的有关国家机关，在作为责任主体的政府公务员以及其他有关各方参与下，依法实现政府公务员职务违法责任必须

① 参见张文显主编：《法理学》（第3版），法律出版社2007年版，第121页。

遵守和执行的基本行为准则。

二、职务违法责任实现原则的标准

"原则"虽然在本质上也属于一种特殊的行为"规则"，但行为"规则"并不一定能够成为"原则"。能够作为规范某类或者某个领域内的社会现象的"原则"，理应具备以下几个方面的基本标准、条件或规格：一是价值取向的基本性。"原则"应当能够较深刻地反映特定事物或社会现象矛盾运动的内在规律性，能够较稳定地表达人们在特定社会行为中的基本的、一般性的、共同性的价值取向。二是行为准则的一般性。从法学、行政管理学等学科意义上所论及的"原则"，就其实质而言，是对人们在特定社会生活领域的一种基本行为准则要求。但这种行为准则，通常并不直接表现为"行为规范—行为后果"（或者"假定—处理—制裁"）被具体化了的特定社会规范结构，而是对人们行为的一般性、方向性、引导性的行为准则表达。就法律原则而言，其应当是符合法治理念与精神，体现法律或法治基本价值与目标，反映法律或法治规律的基本行为准则，是对各类具体法律规范的制定及实施具有直接指导作用的层次较高的行为准则。三是行为准则的普遍适用性。所谓普遍适用性，主要是指行为准则作为基本原则之"原则"，应当是可以适用于其所调整对象的各个主要环节、各方行为主体、各方行为主体的主要行为的一般性的行为准则，而非是仅对调整对象的某个环节或方面、某部分行为主体及对其行为发挥指导作用的具体的、个别性的行为规范。四是行为准则的高度概括性。被作为原则之"原则"的行为准则，应当是人们在主观上对"原则"所调整对象的基本特性、本质及规律性进行科学思考并高度提炼、概括的产物，是主观见于客观，并对客观实在的社会活动产生重要调整作用的内涵丰富、辐射面广、包容性强的基本行为准则。五是原则体系的可分层性。由于法律、政策、理论等对人们行为的要求往往是多方面的，其中既有比较宏观的要求（思想、理念、原则等的要求），又有比较微观的要求（具体规则、制度等的要求），既有直接性的要求，又有间接性的要求。例如，从行政法及部门法对人们行为的规范与要求而言，就既有“面”上的要求（比如行政法原则之要求），又有“片”上的要求（比如行政法上的行政责任原则的要求），还有“点”上的要求（比如行政处分的原则要求）。因此，如果“原则”不是针对某个学科、领域整体性的“面”上而言，而是针对某个学科、某个领域的特定问题，其就应当具有层次性，即基本原则之“原则”可以根据“原则”本身的地位、作用及相互关系，合理划分为若干层次。如果对“原则”不作合理的层次之分，就不能准确地揭示研究对象的一般性与特殊性，就难以解决关于各类基本原则认识上的观点分歧，就无法克服将实质上分属于不同层次的原则相混同的思维乱象。

基于对“原则”本身的如上文的理解和界定，本书所称政府公务员职务违法责任实现原则，就是指对政府公务员职务违法责任实现具有普遍指导意义、一般性约束效力的法律原则，即政府公务员职务违法责任实现主体在依法实现政府公务员职务违法责任过程中应当遵守和执行的基本行为准则。

第二节　职务违法责任实现原则的分层体系

在法学领域，政府公务员职务违法责任的实现是一个微观性问题。从部门法划分的视角来看，政府公务员职务违法责任的实现主要属于行政法问题，主要属于行政法上的法律责任问题；从法学问题的研究领域来看，政府公务员职务违法责任的实现属于法律责任问题研究的范畴。因此，指导、支配政府公务员职务违法责任实现的原则就不可避免地具有可分层的特点，即政府公务员职务违法责任实现的原则实际上是一个由直接与间接、宏观与微观等相关法律原则构成的多层次原则体系。在这个多层次原则体系中，较高层次的原则对较低层次的原则具有支配性、规范性、指导性，较低层次的原则对较高层次的原则具有从属性、体现性、贯彻性，较低层次的原则在较高层次的原则的基础上派生，且不得违反较高层次的原则要求。从不同层次的原则对政府公务员职务违法责任实现发挥作用的实际情况来看，与政府公务员职务违法责任实现的特有原则的层次越近，其对政府公务员职务违法责任实现的规范作用、指导作用就会越直接、越具体。反之，与政府公务员职务违法责任实现的特有原则的层次越远，其对政府公务员职务违法责任实现的规范作用、指导作用就会越间接、越宏观。在这些原则中，既有行政法原则，又有法律责任原则，既有公共行政的行政法律责任原则，还有其他与政府公务员职务违法责任实现密切相关的其他原则。了解这些原则，对于正确认识政府公务员职务违法责任实现的法律机理，对于科学合理地归结和界定政府公务员职务违法责任实现原则，无疑是十分必要和重要的。

一、行政法原则

行政法原则是指贯穿于整个行政法之中，体现行政法各种规范制度及其实施的内在关系，指导所有行政活动的基本方向和基本过程，调整基本行政关系的共同性行为准则。政府公务员职务违法责任的实现，作为因主要违反行政法而产生的法律责任的实现问题，理所当然要接受行政法原则的指导、规制，行政法原则是政府公务员职务违法责任实现关系各方主体都应遵守执行的基本行为准则。

行政法原则，亦称行政法基本原则，它是行政法学教科书中几乎无一不论的重要问题。中外行政法学者普遍承认行政法应有其最高层次的规则，即行政法的原则或者基本原则。由于我国尚无统一的对行政实体与行政程序的专门立法，行政法原则及其精神仅零散体现在了相关法律法规和国家政策中，关于行政法究竟应当有哪些基本原则尚无统一明确的立法规定。因此，迄今为止，关于行政法的原则仍然主要限于学理性解释和表达。在进入 21 世纪前后，行政法学界对行政法原则曾做了较多的研究，也发表了不尽相同的多种观点。例如，有学者将依法行政（也称行政法治）作为行政法唯一的基本原则，并认为依法行政原则包括职权法定、法律优先、法律保留、依据法律、职权与职责统一等具体原则；[①] 有学者将行政法的基本原则划分为行政法的实体性基本原则与程序性基本原则，并认为行政法的实体性基本原则包括依法行政原则、尊重和保障人权原则、越权无效原则、信赖保护原则、比例原则等五项原则，行政法的程序性原则包括正当法律程序原则、行政公开原则、行政公正原则、行政公平原则等四项原则；[②] 有学者认为我国行政法的基本原则包括行政法定原则、正当程序原则和行政效益原则三项原则；[③] 还有学者认为行政法的基本原则包括权责统一原则、行政公开原则、利益平衡原则三项原则。[④] 近年来，为适应我国行政法治建设快速发展的需要，行政法学者开始对行政法原则在传统观点基础上进行重构或者创新，提出了一些有别于传统观点的见解。例如，有学者主张将"依法行政"等确定为我国行政法的总原则，以便对行政法规则发挥指导意义；[⑤] 有学者将行政法基本原则概括为权益保障、行政法定、行政均衡、行政正当和行政效能五大类原则。[⑥]

无论相关学者对行政法原则具体作何种归结，被相关学者作为行政法原则之"原则"都会不同程度地对政府公务员职务违法责任的实现具有指导意义。无论是建立健全政府公务员职务违法责任实现的制度机制，还是履行好政府公务员职务违法责任实现职责，都应当首先符合并体现行政法原则。

二、法律责任原则

法律责任原则是所有法律责任的设定和实现等应当一体遵从的基本法律

① 参见应松年：《行政法学新论》，中国方正出版社 1999 年版，第 37～42 页。

② 参见姜明安主编：《行政法与行政诉讼法》，北京大学出版社、高等教育出版社 1999 年版，第 64～79 页。

③ 参见杨海坤、章志远：《中国行政法基本理论研究》，北京大学出版社 2004 年版，第 113～118 页。

④ 参见刘广登：《政府法治论与行政法的基本原则》，载《学海》2003 年第 6 期。

⑤ 参见关保英：《行政法原则与行政法规则关系的实在法向度》，载《甘肃社会科学》2016 年第 2 期。

⑥ 参见周佑勇：《行政法总则中基本原则体系的立法构建》，载《行政法学研究》2021 年第 1 期。

准则。政府公务员职务违法责任属于法律责任，其实现当然也要遵循法律责任原则的要求。

“法律责任原则”一词在有关文献中使用的频度并不是很高，尤其是近年来研究一般法律责任原则的文献也不多见。在可检索到的有关文献中，法律责任原则大致在以下两种意义上使用：一是作为法律责任原则的属概念或者本体性概念使用。例如，有学者认为，“法律责任的原则是在实施或追究法律责任过程中所必须遵循的基本准则。由于在法律责任的实施或追究过程中，所涉及法律责任的依据、法律责任的主体、法律责任的认定、法律责任的程度、法律责任的承担五个方面的问题，因此，在确定所谓法律责任的原则时也必须同时兼顾以上五个方面，否则，所谓的原则也就不可能是全面的。……法律责任的原则应当有五条，即责任法定的原则，法律责任平等的原则，主观责任和客观责任相结合的原则，违法行为与法律责任相适应的原则，责任自负的原则”①，还有学者认为法律责任原则应分为法律责任的设定原则和司法中的归责原则。② 二是作为表述某种法律制度或者法律活动应当遵循的基本准则使用。比如《论跨国界环境污染的法律责任原则》③、《浅论经济法律责任的原则和形式》④ 等文章中的“法律责任原则”就是从这种意义上所使用的。

就法律责任原则的研究上来看，上述观点明显存在着不足：一是主观责任和客观责任通常是在行政管理学、行政伦理学意义上对行政责任所作的分类。主观责任一般是指公务人员基于对其任职所产生的职责和义务的认识，形成的责任意识和责任行为，其意指忠诚、良心以及认同，它是行政人员对责任的感受，主观责任的实现有赖于行政人员的内驱力，即行政人员的伦理

① 杜飞进：《试论法律责任的原则及根据》，载《学习与探索》1991 年第 4 期。
② 参见张恒山：《法理要论》，北京大学出版社 2006 年版，第 27 页。
③ 参见董华峰：《论跨国界环境污染的法律责任原则》，载《现代商业》2008 年第 36 期。
④ 参见张宇霖：《浅论经济法律责任的原则和形式》，载《当代法学》1988 年第 2 期。

自主性。[①] 而法律意义上的责任，属于客观责任，并非主观责任。因此，将“主观责任和客观责任相结合”作为法律责任的原则有失妥当。二是合法性、合理性等原则实质上属于作为各个部门法均应当一体遵循的法律原则，虽然也可以将其直接作为法律责任的原则，但是难免会出现与其他相关法律原则简单混同的问题，不利于合理界分不同层次或者类型的原则。

法律责任原则是由调整对象有所不同的若干具体法律原则有机构成的原则体系。法律责任原则是属概念，是支配法律责任设定、归结、追究以及实现等环节的最基本行为准则。在法律责任原则之下，还包括了更为具体的法律责任设定原则、法律责任归责原则、法律责任实现原则（其在内涵外延上包括了法律责任追究原则等原则）等既相互区别，又相互联系、相互作用的原则。法律责任的设定原则，是指通过一定的立法程序并借助于特定立法形式创制法律责任规范及制度应当遵循的基本行为准则，其主要作用于法律责任立法领域。法律责任的归责原则，通常是指判断、确认、追究以及免除法律责任时必须遵循的原则，它体现了立法者的价值取向，是责任立法的指导方针，也是指导法律适用的基本准则，[②] 其主要作用于法律责任的判断、归结与认定领域。简而言之，法律责任的归责原则，主要是解决法律设定的违法行为与法律责任之间的内在逻辑联系，以及判断、认定违法行为是否应承担法律责任的根本性准则。法律责任的实现原则，是指贯穿于法律责任实现的各个环节，反映法律责任实现的内在规律与基本要求，调整法律责任实现过程中所发生的法律关系，并要求法律责任实现关系各方主体在实现法律责任过程中必须遵循的基本行为准则，其主要作用于法律责任规范及制度的贯彻执行领域。法律责任的设定原则、归责原则、实现原则，与法律责任原则具有逻辑上的属种关系以及包含与被包含关系。同理，法律责任设定原则、

---

① 参见陈钢、刘祖云：《论公共行政客观责任的类型与作用》，载《南京社会科学》2007 年第 3 期。

② 参见张文显主编：《法理学》（第 3 版），法律出版社 2007 年版，第 199 页。

归责原则、实现原则与其各自的具体原则之间，同样具有逻辑上的属种关系以及包含与被包含关系。

三、行政法律责任原则

行政法律责任原则是法律责任各项原则在行政法领域的具体化。政府公务员职务违法责任主要属于行政法律责任范畴，其设定与实现当然要严格遵循行政法律责任原则的要求。

与法律责任原则一样，行政法律责任原则也是由调整对象有所不同的若干具体法律原则有机构成的原则体系。行政法律责任原则，应是指对行政法律责任的设定、归责、追究以及实现等各个环节发挥指导作用的最基本行为准则。它具体包括行政法律责任设定原则、行政法律责任归责原则、行政法律责任实现原则（其在内涵外延上包括了行政法律责任追究原则等原则）等既相互区别，又相互联系、相互作用的原则。行政法律责任原则是设定、认定、实现行政法律责任的基本原则要求，是其他关于行政法律责任的具体原则的基础与基本思想来源，离开行政法律责任原则的指导，其他关于行政法律责任的具体原则就会失去内在的统一精神与逻辑，也就不可能发挥其应有的作用。因我国行政程序立法及行政法律责任立法明显滞后，无论是对于行政法律责任的原则，还是对于与行政法律责任相关的行政法律责任设定原则、行政法律责任归责原则、行政法律责任实现原则等，迄今为止并无相关法律规范的明确规定，而且关于这些原则的理解尚处于学理认知阶段，故在相关文献中，无论是对这些原则的含义及特征的把握，还是对原则的具体内容的归纳与阐释，学界见仁见智，观点不尽相同。

在行政法学界，虽然先后出版了一些专门或主要探究行政法律责任设定、归责、追究等原则的文献，但对整体意义上的行政法律责任本身的原则进行理论探究的研究成果还较为少见。行政法学界对行政法律责任原则本身的研究还明显薄弱。在可检索到的为数不多的相关研究成果之中，对行政法律责任原则（有时亦称行政责任原则）[①] 的具体原则就有不尽相同的认识和总结。例如：有学者认为行政责任原则包括责任法定原则、责任公正原则、违法与责任相当原则、惩罚与教育相结合原则、“一事不再罚”原则[②]；有学者把我国行政法律责任制度的基本原则归结为公开性、错责相一致、权责统一、领导问责四项原则；[③] 还有学者在研究反垄断法的行政法律责任问题时，将反垄断行政法律责任的基本原则概括为依法定责原则、行为责任相称原则、成本效益分析原则、严格程序法定原则等。[④]

值得特别说明的是，在国家监察制度建立之后，监察机关的政务处分就成为了一种独立于行政法律责任的特定法律责任形式。但这并不意味着行政法原则、行政法律责任原则等对监察机关作出政府公务员政务处分就不再具有指导意义。由于监察机关给予政府公务员政务处分的法定事由，主要是政府公务员在履行职责过程中违反了相关的行政管理法律法规的违法行为，因而监察机关对政府公务员政务处分的事由及其责任的认定仍然需要遵守并执行相关行政管理法律法规，行政法原则等相关法律原则也当然对政务处分的适用具有直接的指导性和约束力。由于监察制度毕竟已非行政法上的法律制度，因此政府公务员政务处分责任的实现，同时还需要遵守监察法律法规的规定以及其所确立的法律原则。[⑤]

---

① 行政责任是与行政法律责任概念同时被广泛使用的概念范畴。其通常在以下两种意义上使用：一是在行政法学上作为行政法律责任的同义词使用，行政责任就是指行政法律责任。二是在行政学、行政管理学上作为行政法律责任的属概念使用，即行政责任包括但又不限于行政法律责任。

② 参见沈开举、王钰：《行政责任研究》，郑州大学出版社2004年版，第55～60页。

③ 参见翟月玲：《我国行政责任法律制度的基本原则》，载《行政论坛》2007年第2期。

④ 参见石英、蒋亚男、吴默琳：《试论反垄断行政法律责任的基本原则》，载《辽宁大学学报（哲学社会科学版）》2016年第3期。

⑤ 例如，《监察法》《公职人员政务处分法》就确立了开展监察工作或者作出政务处分应当遵循的原则。《监察法》第5条规定，“国家监察工作严格遵照宪法和法律，以事实为根据，以法律为准绳；在适用法律上一律平等，保障当事人的合法权益；权责对等，严格监督；惩戒与教育相结合，宽严相济”；《公职人员政务处分法》第4条规定，“给予公职人员政务处分，坚持党管干部原则，集体讨论决定；坚持法律面前一律平等，以事实为根据，以法律为准绳，给予的政务处分与违法行为的性质、情节、危害程度相当；坚持惩戒与教育相结合，宽严相济”。

四、其他相关法律原则

有些学者在对行政问责、行政责任追究等问题进行研究的过程中，也对行政问责、行政责任追究的原则做了论述，提出了不尽相同的观点见解。例如：有学者认为追究国家行政机关及其工作人员违法失职的行政责任应当遵循过责法定原则、过罚相当原则、责任自负原则、惩教结合原则等；① 有学者把领导干部问责原则归纳为责任内容明确原则、权力与责任相应原则、问责主体多元化原则、问责信息公开原则、问责程序明定原则、问责依据规范化原则等。② 类似这些关于行政问责或者责任追究的原则与政府公务员职务违法责任的实现关系密切，在不同程度上表达或者折射出了政府公务员职务违法责任实现的一般法律要求，甚至在某种意义上完全可以说是对政府公务员职务违法责任实现原则的另类表达。

第三节　职务违法责任实现的具体原则

政府公务员职务违法责任实现不同层次的原则虽然都对责任实现具有规范作用、指导作用，都属于政府公务员职务违法责任实现应当遵循的原则甚至是首先要遵循的原则，但政府公务员职务违法责任实现作为特定法律责任实现活动或者制度，自然还有更直接体现其内在精神、法则的具体原则，诸如依法实现原则、合理适当原则、重在落实原则、配合制约原则、协调衔接原则、公众参与原则等。

一、依法实现原则

依法实现原则是法治理论、行政法治理念以及行政法原则等在政府公务

① 参见冯涛、庞明礼：《有关行政责任的若干理论问题初探》，载《山东行政学院山东经济管理干部学院学报》2002 年第 5 期。

② 参见束顺民：《建立健全行政领导问责制的六项原则》，载《领导科学》2009 年第 17 期。

员职务违法责任实现领域的集中体现。所谓依法实现，就是要求政府公务员职务违法责任实现法律关系主体及其他有关各方，在实现政府公务员职务违法责任的全过程中，在每一个工作环节或者方面均需遵守并执行相关法律法规的规定，所作所为均需合法的原则。依法实现是政府公务员职务违法责任实现首先必须严格遵循的原则。政府公务员职务违法责任作为法律责任，如果实现主体或者其他相关组织在实现政府公务员职务违法责任的过程中不能严格依法办事，甚至违法行事，那么要合法、公正、有效实现政府公务员职务违法责任几乎是不可能的。

依法实现作为政府公务员职务违法责任实现应当遵循的首要原则，其核心要求有以下两个方面：一是政府公务员职务违法责任实现行为必须于法有据。按照现代法治社会责任法定的原则和精神要求，有关国家机关要追究特定公务员的责任，执行政府公务员职务违法责任追究决定，对政府公务员职务违法责任追究行为进行监督救济等，首先要有明确的法律依据。也就是说，应不应该针对公务员的特定行为追究责任，追究什么样的责任，如何去追究并落实责任，如何对责任追究进行监督救济等，均需有法律规范的明确规定，没有法律依据，就不得对公务员追究任何形式的法律责任。二是政府公务员职务违法责任实现行为必须遵守并严格执行法律。于法有据是实现政府公务员职务违法责任的前提，但仅有法律依据而不依法办事，政府公务员职务违法责任同样无法得到有效实现。因此，依法办事原则还明确要求，所有实现政府公务员职务违法责任的行为，以及与政府公务员职务违法责任实现密切相关的法律行为，都要严格按照相关法律规范的规定实施，不得出现违法现象。

依法实现作为政府公务员职务违法责任实现的重要原则之一，特别要求政府公务员职务违法责任实现主体在责任追究、责任执行、责任救济等环节重点做到以下几个方面：一是有责必究。其也可表述为有责必问，就是要求有权的国家机关在发现公务员实施了应当承担法律责任的职务违法行为后，必须依法立案并追究其相应的责任，不得违反法律规定不立案、不追究，或者在没有法律依据、事实根据的情况下免除公务员应当承担的责任。有责必究，是政府公务员职务违法责任有效实现的前提条件。有关国家机关如果在发现公务员职务违法行为之后，不闻不问甚至刻意袒护、包庇，政府公务员职务违法责任就失去了得以实现的可能性，已设立的政府公务员职务违法责任制度就会成为具文。因此，把好追究职务违法行为的立案关，加强立案工作的检查监督，对于做到有责必究，保证政府公务员职务违法责任的有效实现具有十分重要的意义和作用。二是及时处理。所谓及时处理，就是指有关国家机关在实现政府公务员职务违法责任的各项活动过程中，应当按照法定或者规定的时间、期限、时效等要求及时而有效率地开展工作，不得在无正当理由的情况下，故意拖延、推诿甚至随意延长处理时限。由于政府公务员职务违法责任的实现问题是一个自始至终的行为控制过程，只有这个过程中的每一个环节能够及时、合法地推进，才有可能保障政府公务员职务违法责任及时、合法、有效地实现。同时，政府公务员职务违法责任的实现问题，往往涉及公务员自身的重要权益，有时还有可能会得到社会有关方的高度关注，如果对有关工作事项不及时、依法作出处理，不但会直接影响公务员的权益及公务员管理秩序，而且还有可能在行政系统内部，甚至在社会上产生不同程度的负面影响。因此，及时处理就成为了政府公务员职务违法责任依法实现原则的重要要求之一。其具体要求就是无论是责任追究主体、责任执行主体，还是监督救济主体，都应当在履行政府公务员职务违法责任实现职责的过程中严格按照法定期限、时间办事，最大可能地提高工作效率，非有法定事由并依法批准不得随意延长办事期限、时间，更不得对工作事项久拖不办。

二、合理适当原则

合理适当是政府公务员职务违法责任实现的内在精神与价值要求。如果政府公务员职务违法责任实现行为仅在形式上合乎法律规定，而在内容上存在明显的不合理、不适当甚至有失公平公正的问题，政府公务员职务违法责任就不可能得到有效的实现。因此，政府公务员职务违法责任的实现必须遵循合理适当原则。合理适当是体现政府公务员职务违法责任实现的内在精神、价值与质量需求的重要原则。其基本要求就是，作为国家机关的政府公务员职务违法责任实现主体及其公职人员在实施可能影响公务员权益的行为时，应当做到客观、适度、符合理性，且正直公平，没有偏私，不存在以权谋私、人情执法、歧视性执法、滥用自由裁量权等违法或者不当情形。其核心和实质就是政府公务员职务违法责任的实现行为应具有公正性，做到行为正当、平等对待、合理适度。

（一）行为正当

行为正当的基本要求就是有关国家机关应基于正当、正常的动机和工作需求而实施政府公务员职务违法责任实现行为，且其实施实现行为的目的只是依法履行工作职责，不存在挟私报复或者人情执法等不良动机或者目的。在其具体实施实现行为、作出相关决定时，只应考虑法律法规和政策规定应当考虑的因素，而不应考虑无关的或者法律法规和政策规定不允许考虑的因素。例如，拥有处分权限的国家机关作出是否对特定政府公务员给予处分的决定，只应考虑该公务员是否存在应当依法给予处分的违法违纪行为，而不应考虑其他无关因素；在对公务员作出具体处分决定时，确定责任的轻重及处分形式只应考虑公务员的主观过错、悔过程度以及违法行为的后果、危害性等法定情节或者因素，并做到处分与公务员违法行为的事实、性质、情节，以及社会危害程度相当或者相适应，而不应考虑被处分者的职位高低、社会影响力、与上级或者主管领导的关系程度以及案件有无领导“打招呼”等诸如此类可能直接或者间接影响处分正当性、公正性的因素。

（二）平等对待

平等对待是合理适当原则的核心要求。在政府公务员职务违法责任实现过程中，如果做不到平等对待，就不可能真正做到合理适当、公平正义。所谓平等对待，就是要求有关国家机关在实现政府公务员职务违法责任的过程中要公平待人、公正执法，在案件事实认定、法律适用等方面做到同等情况同等对待，不同情况依法区别对待，不得违反法律规定恣意地实施不公正的差别待遇，重点是要排除在政府公务员职务违法责任实现过程中存在的可以凌驾于法律之上的特权及特权人物，防控在政府公务员职务违法责任的实现方面对案件当事人进行非法的、不公正的差别待遇。对于作为责任主体的政府公务员，关键是不得因其民族、种族、性别、职业、社会出身、受教育程度、宗教信仰、社会影响力等的不同而作出因人而异、厚此薄彼的责任实现的相关决定。平等对待最为主要的要求有以下两个方面：一是在设定政府公务员职务违法责任时，除国家法律基于公正原则、人权保障原则等的要求，对责任的追究与承担作出有必要的差别待遇的规定外，应当对存在同样违法、违规行为的公务员设定无差别一体承担、形式相同、强度相统一的职务违法责任。因为，如果政府公务员职务违法责任设定不公平、不公正，就不可能在实践中做到合理适当，实现平等对待。二是在作出责任追究等实现政府公务员职务违法责任的相关决定时，要坚持以事实为根据、以法律为准绳的原则，文明办事、公正办事、依法办事，将责任法律规范统一、平等地适用于应当追究责任的公务员，不搞违背平等原则要求的偏袒、歧视、报复打击等差别待遇，尤其是要最大限度地防治政府公务员职务违法责任追究中的“同案不同判”和有悖法理、事理、情理的“长官意志问责”等问题。

从政府公务员职务违法责任实现的个案来分析，在不同类型的案件中，平等对待的具体要求也会相应地有以下几个方面的不同：一是在存在两个或者两个以上有可能承担责任的责任主体的同一案件之中，平等对待就是要求，对依法不应追究责任的政府公务员均不得违法追究责任，对依法应当追究责任的政府公务员均应追究与其违法行为相适应的责任，并且对违法过错、行为、情节、危害后果等大致相同的政府公务员，一般应当施加责任形式、责任强度大致相当的责任形式，不得在责任的确定与执行方面出现轻重失衡等差别待遇。责任追究主体及其公务员在办理政府公务员职务违法责任案件过程中，无论是从态度还是到行为，都应当给予当事人同等的、无差别的对待，不能厚此薄彼、“看人下菜”。二是在同一责任追究主体所办理的相同或者相似的不同政府公务员职务违法责任案件中，责任主体在追究责任的法律适用以及责任轻重的取舍方面，除了案件本身的特殊性及相关责任规范的特殊规定或者要求，一般应尽量保持责任强度适用的大致平衡与适应，不得出现此案处理过重而彼案处理过轻、“量罚”因人而畸轻畸重等有失公平公正的法律责任适用情况，更不得出于不良目的或动机而对相同或者相类似的案件作出截然不同的处理，不得对违法过错、行为、情节、危害后果大致相同或者相类似的责任主体作出差别十分明显的责任追究决定。平等对待之“平等”，即要求责任追究主体对同等情况进行同样对待，在处理公务员职务违法责任案件时，对作为责任主体的政府公务员应当不歧视、不偏袒，做到一视同仁、平等相待，在面对两个或者两个以上的多个责任主体时，应当从态度到行为做到表里如一、前后一致，不得反复无常。平等对待不仅限于形式意义上的平等，更要注重实质意义上的平等，即责任追究主体对两个或者两个以上责任主体的“量罚”，应当与其各自的违法、违规行为程度及其后果等相适应，做到依法合理、公平设定与裁量责任，不得对一责任主体作出较其他责任主体明显过轻或者过重的责任追究决定。

（三）处理适度

处理适度或者适当，是对政府公务员职务违法责任实现活动应符合比例原则等的要求。其核心就是要求政府公务员职务违法责任实现行为要做到目的和方式、手段与强度、形式和内容之间相互适应、平衡适度、分寸恰当，不能有失公正。具体要求有以下几个方面：一是对政府公务员非财产性责任的追究要做到责任的大小、轻重与公务员违法行为及情节相适应，责任形式使用合理，责任强度轻重适宜。二是对政府公务员财产性责任的追究，应在符合与非财产性责任追究共同遵循的原则或者要求的同时，还要与公务员的实际生活水平、经济条件以及财产性责任的实际责任能力相适应，公务员所承担的财产性责任（例如国家赔偿法上的行政追偿责任、扣罚工资奖金的经济责任等）不能与财产性责任能力明显不符。三是实施其他与政府公务员职务违法责任实现相关的行为，均应做到合乎事理情理、举措有度、行为适当，不滥用自由裁量权。

三、重在落实原则

（一）重在落实原则的涵义

有关国家机关依法作出责任追究等决定是政府公务员职务违法责任有效实现的前提条件。如果有关国家机关对政府公务员已经实施的职务违法行为，不依法及时立案调查并作出责任追究决定，那么行使救济监督职能的有关国家机关不能依法及时作出纠正违法或者有失公正的政府公务员职务违法责任追究决定，政府公务员职务违法责任就无从得到有效实现。如果有关国家机关虽然作出了旨在有效实现政府公务员职务违法责任的相关决定，但是对决定却没有付诸实际执行或者没有将决定的内容完全付诸实际落实，政府公务员职务违法责任同样不可能得到有效实现。试想，如果已经确定的政府公务员职务违法责任在实践中不能落到实处，不能得到全面、有效的执行，导致已经被确定了责任的政府公务员不能实际承担法律制度所规定的否定性的不利后果，那么政府公务员职务违法责任的设立及其追究还有什么实际意义和价值？因此对于政府公务员职务违法责任的实现而言，重在落实原则具有十分重要的作用。重在落实既是有效实现政府公务员职务违法责任的必然要求，更是政府公务员职务违法责任实现的重要标志与外在表现。

所谓重在落实原则，就是要求对于已经生效的旨在实现政府公务员职务违法责任的决定及其内容依法完全付诸具体贯彻落实的原则。重在落实，是贯彻落实政府公务员职务违法责任制度以及生效的政府公务员职务违法责任追究等有关决定，切实维护有关决定的严肃性、社会公信力乃至国家法律制度的权威性、严肃性和尊严的必然要求。重在落实虽然是对全面执行、实际执行所有旨在合法、公正、有效实现政府公务员职务违法责任决定的普遍性要求，但是其核心就是要求做到对政府公务员职务违法责任追究决定及其内容的实际执行、完全落实。具体而言，就是要求对已经生效的政府公务员职务违法责任决定或法律文书所确定的责任内容及时、全面、不折不扣地付诸实施，基本目的就是将政府公务员职务违法责任追究决定或法律文书所确定的否定性、不利后果实际施加于责任主体。所谓“全面”，就是指将政府公务员职务违法责任追究决定或法律文书所确定的责任形式、责任义务毫不保留、不折不扣地予以实际落实，不得对政府公务员职务违法责任追究决定或者法律文书违法违纪作出变通执行、部分执行或者不执行行为。

（二）重在落实原则的具体要求

重在落实原则的具体要求主要有以下几个方面：

1. 无作为义务的政府公务员职务违法责任决定确定的不利后果得到实际落实。对于责任主体无直接作为义务的政府公务员职务违法责任决定，有关国家机关应当通过及时办理有关责任追究手续等途径予以实际执行。所谓无直接作为义务的政府公务员职务违法责任，是指有关国家机关所作出的政府公务员职务违法责任追究决定，并没有给责任主体创设新的作为义务，而仅限于给责任主体确定了某种并不需要通过责任主体自己的行为来实现的否定性不利后果。例如，行政机关、监察机关对公务员所作处分就属于无直接作为义务的责任。此类处分责任虽然没有为责任主体设定新的作为义务，也不直接需要作为责任主体的公务员自己执行，但作为责任主体的公务员仍然负有因责任追究而自然派生的服从与配合执行义务。此类处分责任，通常由作出公务员处分决定的国家机关及其相关工作机构来负责执行。以行政处分为例，根据《行政机关公务员处分条例》的规定，行政处分自处分决定作出之日起生效。当行政处分生效之后，如果处分是警告、记过、记大过，则处分决定一经送达或者告知被处分人，即视为执行完毕；如果处分是降级、撤职、开除，则还需要作出或者负责执行行政处分决定的行政机关及其相关工作部门办理相关人事、财务等手续，并在办理完毕相关手续之后才能视为该处分得到了实际执行。例如：给予公务员降级处分的，需要办理公务员工资福利待遇的变动等手续；给予公务员撤职处分的，需要办理工资福利变动、办公场所及设施、工作交接等相关手续；给予公务员开除处分的，需要办理解除公务员身份及职务关系、停止相关福利待遇、收回有关办公设施与工作材料等相关手续。特别需要说明的是，即便行政机关及其相关部门已经办理了执行生效行政处分的有关手续，实际执行原则还要求在行政处分执行完毕的一定期限之内，有关国家机关不得作出与行政处分决定内容不相适应的、在实质上否定或者变通已经给予的行政处分的行为。例如，《行政机关公务员处分条例》第7条规定了行政机关公务员受处分的期限（警告的处分期限为6个月；记过的处分期限为12个月；记大过的处分期限为18个月；降级、撤职的处分期限为24个月），并在第8条明确规定，“行政机关公务员在受处分期间不得晋升职务和级别，其中，受记过、记大过、降级、撤职处分的，不得晋升工资档次；受撤职处分的，应当按照规定降低级别”。据此规定，行政机关即便对已经生效的行政处分决定作了实际执行，但如果在规定的处分期限内违法违纪给公务员晋升职务和级别、晋升工资档次（给予警告处分的除外），或者对给予撤职处分的公务员，不按照规定降低其行政级别，也应视为对行政处分没有实际执行。

2. 有作为义务的政府公务员职务违法责任追究决定所确定的作为义务得到全面实际履行。对于责任主体有直接作为义务的政府公务员职务违法责任决定，责任主体应当主动履行义务，并在其不主动履行义务的前提下，由有权的国家机关依法强制履行。对此类职务违法责任而言，只有生效的责任决定所设定的作为义务得到实际履行，才能够说政府公务员职务违法责任得到了实际执行。有作为义务的政府公务员职务违法责任通常通过以下两种途径来实现：一是责任主体自己履行。责任主体自己履行的责任主要限于金钱给付、恢复原状以及消除不良影响等具有金钱给付内容或者积极作为义务内容的责任。例如，公务员支付国家赔偿引致的行政追偿费用，以及向受害人赔礼道歉、恢复名誉、消除影响等，均应由作为责任主体的公务员根据职务违法责任追究决定的要求主动履行。二是有权的国家机关依法强制责任主体履行。对于国家机关作出的有作为义务的职务违法责任决定，作为责任主体的公务员应当按照重在落实原则要求主动履行，在其无法律所规定的正当理由而又逾期拒不履行的情况下，应当由拥有强制权的行政机关强制执行或申请人民法院依法强制执行。因政府公务员职务违法责任主要表现为无直接作为义务的行政处分责任，一般不需要借助强制执行措施或途径来执行。但在政府公务员基于职务违法责任承担某些作为义务的前提下，如果该公务员在法定或者规定期限之内拒不履行作为义务，也有可能通过强制执行来迫使其履行义务。例如：政府公务员因故意或者重大过失造成行政赔偿后果，需要依法承担国家赔偿费用的追偿责任，如果该公务员不履行所在行政机关作出的追偿决定，作出追偿决定的机关就可以依法强制执行或者申请人民法院依法强制执行；某个政府公务员已经被开除，但拒不按照规定或要求交还归自己使用的办公电脑等公共财物，该公务员所在单位也可依法诉请有强制执行权的国家机关依法采取强制措施，迫使其履行交还公物的义务。

无论是作为责任主体的政府公务员对职务违法责任义务的主动履行，还是有权的国家机关对职务违法责任义务的强制执行，重在落实原则都要求其既要按照依法实现原则做到及时、合法，又要做到适当且不做违法变通执行。所谓“适当”，就是要求责任主体以及强制执行主体对政府公务员职务违法责任追究决定所确定的义务应当采取适宜的、能够实现履行目的方式、方法，进行有效地履行或者强制执行。所谓“违法变通执行”，是指强制执行主体在没有任何法定事由并经过依法准许的情况下，对政府公务员职务违法责任追究决定所确定的义务进行违法变通履行或者执行的情况，主要包括对政府公务员职务违法责任内容的非法变通执行、责任实现方式的非法变通执行、责任期限的非法变通执行、责任后果的非法改变等。关于责任内容的非法变通执行，例如，对政府公务员职务违法责任决定所确定的金钱给付义务，在责任主体不具备法定减免事由并在未经依法批准的情况下做减免的执行。关于责任实现方式的非法变通执行，例如，在作出对政府公务员的处分决定后既不向受处分人送达处分决定书，也不宣布、公开处分决定，甚至不实际执行处分决定等。关于责任期限的变通执行，例如，对政府公务员虽然作出了记过的处分，但将法定的记过处分期限由 12 个月改为 6 个月，或者将处分期限实际按照 6 个月执行；虽然作出了记大过的处分，但将法定的记大过处分期限由 18 个月改为 12 个月，或者将处分期限实际按照 12 个月执行。关于责任后果的非法改变。例如，根据《行政机关公务员处分条例》的规定，对于依法给予降级、撤职、开除处分的行政机关公务员，应当按照规定相应降低或者取消其享受的待遇，行政机关公务员在受处分期间不得晋升职务和级别。如果行政机关给予了某个公务员降级、撤职的行政处分，不但不按照规定相应降低或者取消其享受的待遇，而且还在法定的 24 个月处分期尚未满的情况下，对该公务员晋升职务或者行政级别就属于非法改变责任后果的情形。

3. 其他旨在实现政府公务员职务违法责任的生效决定得到实际执行或者落实。虽然追究政府公务员职务违法责任的决定是实现政府公务员职务违法责任的最为重要的决定，但并非政府公务员职务违法责任实现的唯一决定。在政府公务员职务违法责任实现过程中，有关国家机关还有可能依法作出以下决定或裁定，如不追究政府公务员职务违法责任、减免政府公务员职务违法责任，以及责令有关行政机关依法作出公务员职务违法责任追究决定、撤销违法的政府公务员职务违法责任追究决定、强制执行具有给付内容的生效公务员职务违法责任追究决定等。这些决定或者裁定一经生效，均需要也应当得到实际执行。

四、配合制约原则

（一）配合制约原则的涵义

配合制约原则理应是政府公务员职务违法责任实现不可或缺的重要原则。所谓配合制约，就是要求作为政府公务员职务违法责任实现主体的国家机关在履行政府公务员职务违法责任实现职能时，既要分工负责、相互制约、相互监督，又要依法彼此协同、相互配合。之所以要将配合制约确立为政府公务员职务违法责任实现应当遵循的原则之一，其主要原因和理由有以下三个方面：

1. 是保障政府公务员职务违法责任有效实现的客观需要。政府公务员职务违法责任的实现是一个涉及多主体、多环节、多行为、多要素的复杂系统控制问题。从作出责任追究决定，到责任追究决定的执行，再到对责任追究行为的监督救济，既需要各个相关国家机关的分工负责、相互配合，也需要其他社会有关各方的有序参与。如果在实现政府公务员职务违法责任的多环节中有一个重要环节，或者在承担政府公务员职务违法责任实现职责的多机关中有一个机关，在实施政府公务员职务违法责任实现行为时，没有依法办事、公正办事，政府公务员职务违法责任要切实得到合法、公正、有效实现几乎是不可能的。

2. 是维护和保障政府公务员合法权益的客观需要。政府公务员职务违法责任的实现，涉及公务员个人的合法权益，关乎社会的公平正义，事关重要。只有建立健全政府公务员职务违法责任追究的相互制约和救济机制，才有可能有效防控以权谋私、滥用职权等对公务员违法违规问责情形的发生，并在违法违规问责情形发生后能够依法得到及时纠正，切实维护和保障公务员的合法权益免受不法问责的侵损，维护人权和社会公平正义。

3. 是加强对实现政府公务员职务违法责任的公权力监督的需要。政府公务员职务违法责任的实现深具复杂性，有关国家机关在行使实现政府公务员职务违法责任的国家公权力时，往往会受到来自于内部外部的强大压力或者干预，易出现不严格依法办事的情形，问责不力、问责不严和违法严问责、乱问责等问题时有发生。因此，只有建立健全对问责权力的有效监督制约机制才有可能最大限度地防控权力腐化，保障政府公务员职务违法责任的有效实现。

（二）配合制约原则的内容和要求

1. 相互配合。所谓相互“配合”，就是要求正确协调处理好政府公务员职务违法责任实现过程中所形成的各种社会关系（包括有关行政问责关系、监督与被监督关系、制约与被制约关系等），建立或者优化政府公务员职务违法责任实现过程中有关国家机关及其公务员依法办事的协调、联动与配合机制，促成政府公务员职务违法责任依法、公正并富有效率的实现。“配合”的关键是通过建立低成本、高效率、高质量的实现政府公务员职务违法责任的联动、合作机制，防控有关国家机关在实现政府公务员职务违法责任方面相互掣肘、推诿、拖延等现象的发生，切实保障政府公务员职务违法责任制度能够在国家行政管理与现实社会生活中得到有效贯彻执行。政府公务员职务违法责任实现过程中的配合，既包括有关国家机关在实现政府公务员职务违法责任过程中的协调配合，也包括责任实现过程中各个步骤、环节及其主要活动方面的协调配合，其需要建立健全的工作协调配合机制，主要包括以下几个方面：一是建立健全有关国家机关内部不同部门或者机构之间在履行政府公务员职务违法责任实现职责方面的协调、配合、联动机制。二是建立健全履行政府公务员职务违法责任实现职能的相关国家行政机关（例如公务员所在的行政机关与公务员管理机关）之间的协调、配合、联动机制。三是建立健全履行政府公务员职务违法责任实现职能的行政机关与其他相关国家机关（例如公务员行政问责机关与监察机关、人民法院、人民检察院）之间的协调、配合、联动机制。四是建立健全与有关企事业单位（例如公务员行政问责机关与有关银行金融机构等）等相关单位或者组织的协作配合机制。

2. 相互制约。相互制约是对有关国家机关在履行政府公务员职务违法责任实现职能过程中，加强内部外部权力制约监督机制构建的要求。其主要目的就是防范公权力在政府公务员职务违法责任实现领域被倦怠化使用或者滥用，监督有关国家机关及其公职人员依法办事、清廉办事，切实维护政府公务员的合法权益，维护政府公务员职务违法责任法律制度的公正性、权威性和有效性。相互制约，主要包括以下两个方面的要求：一是建立健全履行政府公务员职务违法责任实现职能的国家机关内部制约机制。以享有对公务员行政问责职权的行政机关为例，既需要建立健全相关机构之间的分工负责、相互制约监督的体制机制，例如政府公务员职务违法责任追究的立案调查机构、案件审查机构、法律咨询机构、审理机构、决议经办机构、申诉复议机构、责任追究决定执行机构等相互之间的分工负责、相互制约监督的体制机制，更需要建立健全政府公务员职务违法责任实现的不同阶段或者各个主要环节依法办事的程序制度。例如，在政府公务员职务违法责任追究的立案调查阶段，应当建立健全公务员职务违法线索及时受理处置制度、社会公众对公务员职务违法行为的举报反馈与奖励制度、公务员职务违法行为追究时效制度、立案督查制度、证人保护制度、办案回避制度、办案时限或期限制度等；在政府公务员职务违法责任案件的决定与执行阶段，应建立健全案件听证制度、完善会议议决制度、案件质量评查制度、人大代表与政协委员甚至公民列席会议制度、必要的公众评议与专家论证制度、督促与协助执行制度等。二是建立健全履行政府公务员职务违法责任实现职能的国家机关之间的外部制约机制。以对政府公务员职务违法责任追究机关的监督为例，首先，要建立健全上级国家机关对下级国家机关政府公务员职务违法责任追究行为进行日常监督的制度，防控下级国家机关作出不合法或者有失公正的政府公务员职务违法责任追究决定，或者督促下级国家机关对已经作出的不合法或者有失公正的公务员职务违法责任追究决定依法得到及时纠正，责任追究主体及其公务员在履行行政问责职责过程中的违法行为能够依法得到及时查处。其次，明确将政府公务员职务违法责任追究纳入监察监督的事项范围，建立健全相应的工作制度和机制，为公务员提供监察救济途径。最后，还应逐步将行政处分等具备了司法可诉性条件的公务员惩戒行为纳入行政诉讼的受案范围，对政府公务员职务违法责任追究行为进行司法审判监督，切实维护和保障公务员的合法权益。

五、协调衔接原则

（一）协调衔接原则的涵义

协调衔接，是对做好政府公务员职务违法责任实现过程中相关责任及其形式相互之间的协调与衔接的原则要求。之所以在政府公务员职务违法责任实现问题上具有这个原则要求，主要是因为政府公务员的同一个违法行为通常会引致不同性质责任的发生，且不同性质的责任又有多种多样的具体责任形式，因此有关国家机关在针对政府公务员作出职务违法责任追究决定时，自然会产生不同性质的责任乃至同一性质的责任中的不同责任形式彼此之间如何合理承接、合理衔接的问题。例如，因党员公务员的职务违法行为，可能既构成了行政法意义上的行政处分等行政责任，又构成了监察法上的政务处分责任，还构成了执政党的纪律处分责任，甚至有可能因其职务违法行为达到犯罪的程度而构成相应的刑事责任。在责任主体的同一职务违法行为牵连多种性质的法律或者非法律责任的情况下，如何协调各种性质的不同责任的适用，显然就成为了一个对政府公务员职务违法责任能不能得到有效实现具有重要意义的问题，相关理论研究及制度供给必须为正确解决、处理这些问题提供基本的行为准则。因此，所谓协调衔接原则，就是要求在实现政府公务员职务违法责任过程中，做好政府公务员职务违法行为所涉及的行政责任与其他不同性质的责任、行政责任的不同责任形式之间的协调和衔接，切实做到不同责任及其形式既相互区别又相关联，轻重强度分配合理适当，适用次序安排符合逻辑，适用程序有机衔接。

从国家机关追究政府公务员职务违法责任的具体实践来看，责任及其形式的协调衔接主要有行政责任不同形式之间的协调衔接和行政责任与其他性质责任的协调衔接两种情形。在行政责任与其他性质责任的协调衔接方面，又包括了行政责任与党的纪律责任、行政责任与监察责任、行政责任与刑事责任等不同责任在适用中的协调衔接。协调衔接原则虽然也调整不同性质的责任在立法或者制度创设方面的衔接问题，但是其调整的重点是不同性质的责任及其责任形式在具体适用中的协调衔接问题。

（二）不同行政责任形式的协调衔接

所谓不同行政责任形式的协调衔接，就是要求有关国家行政机关在针对公务员的职务违法行为作出行政责任追究决定时，要做好行政责任不同形式之间的协调与衔接，正确、合理、适当适用行政责任形式。其具体要求有两个方面：一是对于不适宜或者不能合并适用的行政责任形式应当按照其责任轻重程度的不同依次分别合理设定，做到轻重之间的有机衔接，不得设定合并适用，更不得实际合并适用。例如，《行政机关公务员处分条例》所规定的警告、记过、记大过、降级、撤职、开除的行政处分形式，是根据责任主体职务违法行为的轻重程度而相应地由轻及重而设置的，其彼此之间具有轻重不同的逻辑划分及在具体适用上的不可替代性与不可合并适用性，故对责任主体的一个职务违法行为只能给予一种形式的处分，而不能同时给予两种或两种以上的行政处分；对于公务员同时存在两个或者两个以上的职务违法行为的，行政处分决定机关需先分别确定应当给予的处分形式，然后再决定执行其中最重的处分形式，而不能同时给予两个或者两个以上不同形式的行政处分。对此，《行政机关公务员处分条例》第 10 条第 1 款即明确规定，“行政机关公务员同时有两种以上需要给予处分的行为的，应当分别确定其处分。应当给予的处分种类不同的，执行其中最重的处分；应当给予撤职以下多个相同种类处分的，执行该处分，并在一个处分期以上、多个处分期之和以下，决定处分期”。二是对于可以合并适用的行政责任形式，应本着有助于更好、更为合理实现政府公务员职务违法责任之目的设定合并适用，并依法合并适用。如果公务员的职务违法行为同时导致了两种或者两种以上的行政责任形式的同时适用，而责任形式之间又不存在内在责任轻重的逻辑划分，以及其在具体适用上的不可替代性与不可合并适用性，且责任形式之间实际存在责任履行的主从性、互补性，即可依法合并适用。例如，根据《国家赔偿法》的有关规定，作为国家赔偿义务主体的国家行政机关，在向受害人履行行政赔偿责任的同时，如果给受害人名誉权、荣誉权造成损害，还应当同时承担为受害人消除影响、恢复名誉、赔礼道歉的责任，如果行政赔偿责任是因公务员的故意或者重大过失造成，在给予该公务员相应的行政处分的同时，还应当责令其向行政机关偿还全部或者部分行政赔偿费用。

（三）不同性质责任的协调衔接

所谓不同性质责任的协调衔接，是指政府公务员职务违法行为在引致行政责任，以及其他性质不同的责任同时发生的情况下，有关国家机关需要依法做好政府公务员职务违法行政责任与其他不同性质责任在适用中的协调衔接的原则要求。在政府公务员职务违法责任追究过程中，不同性质责任的协调衔接，主要是指公务员行政处分与政务处分、公务员的法律处分与党纪处分、公务员法律处分与相关刑事责任之间的协调衔接。

1. 行政处分与政务处分的协调衔接。在我国《监察法》赋予了监察机关“对违法的公职人员依法作出政务处分决定”的职责权限之后，对于由行政机关给予公务员的传统行政处分与由监察机关给予政府公务员的政务处分两者的相互关系，就产生了不同的理解和认识，相关学者由此提出了用政务处分替代行政处分说①与两种处分共存说②等不同观点。对于行政处分与政务处分的关系，现行相关立法实际上表现出了趋同的立法倾向。因为，《公职人员政务处分法》不但规定了与传统行政处分完全相同的处分种类，而且在第2条第2款明确规定，该法第二章“政务处分的种类和适用”与第三章“违法行为及其适用的政务处分”，适用于公职人员任免机关、单位对违法公职人员的处分。由此可见，对行政公务员的传统行政处分与政务处分，除了处分机关、处分的程序等有所不同，其他方面都是相同的。无论是用政务处分替代行政处分，还是行政处分与政务处分两者并存，由于处分主体不同，因而在对行政公务员追究责任时，都不可避免地会出现两类不同处分主体针对政府公务员的同一职务违法行为实施处分时的彼此协调衔接问题。根据《公职人员政务处分法》等相关立法的规定精神及行政机关、监察机关给予政府公务员处分的实际情况，行政处分与监察机关政务处分的衔接与协调应坚持以下几项基本要求：一是不得重复处分。不得重复处分，就是要求对于政府公务员的同一职务违法行为只能由一个机关给予一次处分，不得由同一机关或者不同机关给予两次以上的处分。对此，《公职人员政务处分法》第16条即明确规定：“对公职人员的同一违法行为，监察机关和公职人员任免机关、单位不得重复给予政务处分和处分。”二是处分管辖立案优先。所谓处分管辖立案优先，就是对政府公务员的同一职务违法行为，两个或者两个以上的行政机关、监察机关同时依法享有处分权时，应由最先立案的机关行使处分

① 参见朱福惠：《国家监察法对公职人员纪律处分体制的重构》，载《行政法学研究》2018年第4期。

② 参见徐继敏：《监察委员会政务处分行为探究》，载《河南社会科学》2018年第10期。

管辖权，并依法作出处分决定。其他机关不得重复立案查处。但根据《公职人员政务处分法》第 17 条“公职人员有违法行为，有关机关依照规定给予组织处理的，监察机关可以同时给予政务处分”的规定精神，不得重复处分及处分管辖立案优先的要求，仅限适用于行政机关、监察机关依法给予政府公务员行政处分或者政务处分的情形，并不包括政府公务员所承担的非行政处分的“行政处理”或者“行政问责”的责任。也就是说，即便政府公务员已经被所在行政机关作出了通报批评、扣罚奖金等非行政处分的责任追究决定，监察机关仍然可以同时给予该公务员政务处分。

2. 法律处分与党的纪律责任的协调衔接。法律处分是责任追究主体依照法律法规规定的条件、程序和权限，对实施了职务违法行为的政府公务员作出的行政处分或者政务处分。党的纪律处分则是各级党组织依据党员管理权限，对违反党的纪律规范的党员所实施的警告、严重警告、撤销党内职务、留党察看、开除党籍等惩戒措施。由于党的纪律处分也适用于党员公务员，在政府公务员中的党员出现职务违法行为的情况下，就有可能引致法律处分责任、党的纪律处分责任的同时发生，故在实践中就会产生两种责任如何协调衔接的问题。法律处分与党的纪律处分毕竟是性质不同的两种责任形式，因此两者的具体责任形式、适用对象与范围、责任追究后果等诸多方面存在显著区别，两种处分责任之间并不能互相替代。政府公务员中的党员受到法律处分，但处分较轻且不涉及违反党的纪律问题或者违反党的纪律的情节很轻微，就可以不再给予其党的纪律处分。同样，政府公务员中的党员受到党的纪律处分，但处分较轻且不涉及违反行政法律规范、监察法律规范，或者违法情节轻微，也可以不追究其法律处分责任。只有在政府公务员中的党员的职务行为既违反了相关法律规范的规定，又违反了党的纪律规范的情况下，才应当同时追究该公务员的法律处分责任与党纪处分责任。

法律处分与党的纪律处分的合理衔接，主要包括以下几个方面的具体要求：一是在设定法律处分责任与纪律处分责任时，应当使两者所设定的具体责任的轻重程度与党员公务员违法违纪的轻重程度相衔接，做到两种责任的具体责任形式的责任强度彼此之间相适应；在追究党员公务员两种责任时，也应当使所确定的两种责任中的具体责任形式在责任强度上做到必要的合理衔接。例如，党的组织给予党员公务员撤销党内职务、留党察看、开除党籍等较重的纪律处分的，法律处分机关通常也应当相应地给予撤职以上的较重的处分。同理，法律处分机关给予党员公务员以撤职、开除的处分的，一般也应给予其撤销党内职务、留党察看或者开除党籍等的纪律处分，被法律处分机关给予开除公职处分的党员公务员必须开除党籍。而不应在追究法律处分责任与纪律处分责任时，出现针对同一种违法违纪行为，一种责任过轻，另一种责任过重的情况。二是党的组织对党员公务员在先作出撤销党内职务、留党察看、开除党籍等处分的条件下，应当建议尚未作出处分决定的法律处分机关给予该党员公务员撤职的处分，法律处分机关应当根据人事管理或者处分权限作出撤职的处分；如果党员公务员已经依法被追究了法律处分责任，党的组织认为应对其根据规定追究纪律处分责任的，可以根据已生效的法律处分决定认定的事实、性质和情节，经核实后依照有关规定给予其相应的纪律处分。

3. 法律处分、党的纪律处分与刑事责任的协调衔接。法律处分、党的纪律处分与刑事责任是性质不同的责任类型，党员公务员违反行政法律规范、党的纪律规范等的行为，只有在超过了一般违法或违纪的界限并达到严重违法即犯罪时，才要承担相应的刑事责任。由于政府公务员的职务违法行为有可能在构成法律处分责任、党的纪律处分责任的同时构成刑事责任，因此在实践中就有可能涉及三种责任形式的协调衔接问题。这种协调衔接主要表现在以下几个方面：

（1）责任制度设立或者责任立法方面的衔接。这需要在制度上明确规定，在三种责任针对公务员的同一职务违法行为或同一责任主体出现竞合的情况下，对责任进行合理适用的原则及制度。对于责任主体的同一职务违法行为涉及上述三种责任同时发生的情况下，法律处分责任与党的纪律责任也可以合并适用，学界并无太多歧见。但在法律处分责任等违法责任与刑事责任竞合的情况下，究竟依照什么原则来适用却有不尽相同的观点。例如，在处理行政法律责任与刑事法律责任竞合问题时，相关文献有“选择适用、吸收适用和合并适用”三种理论。笔者认为，法律处分与刑事责任作为不同性质的责任形式，彼此的适用范围与对象、所解决的问题、产生的法律后果等有明显的区别，法律处分责任中的不少责任形式并不能够被强度较重的刑事责任吸收。在政府公务员被追究了刑事责任之后，通常还需要通过追究法律处分责任甚至党的纪律责任，而对因其担任公职所形成的特定法律关系或社会关系予以变动，刑事责任并不能直接解决也不适宜解决诸如行政职务关系、党籍关系、党内职务关系的变动等问题。例如，政府公务员因行政而犯罪，除了依法追究其相应的刑事责任，还需要按照人事管理、党员管理权限撤销其职务（党内外）、开除公职（党籍）等。此类行政责任、党纪责任不可能直接通过追究刑事责任来替代或实现，还需要借助相应的法律处分、纪律处分形式来实现。因此，对上述三种责任应当在立法或者制度创设上确立以合并适用为主，吸收适用为辅，并进行合理衔接的原则。

（2）具体适用中的协调衔接。在政府公务员法律处分的行政责任、刑事责任等不同责任的适用方面，还需要特别做好以下几个方面的协调衔接：一是财产给付性责任的衔接。如果行政责任确定了政府公务员的财产给付性责任（比如扣发奖金、责令支付国家赔偿费用等），司法机关在对该公务员作出新的金钱给付义务的刑事处罚即罚金、没收财产时，应当充分考虑公务员已经承担了金钱给付行政责任这一情节与事实，对其在作出罚金、没收财产的刑事处罚时应当对扣发的工资奖金、已经承担的国家赔偿追偿金等予以折抵或者免于财产性刑事处罚。我国相关法律也有与此要求相类似的规定，例如，《行政处罚法》第 35 条第 2 款规定，“违法行为构成犯罪，人民法院判处罚金时，行政机关已经给予当事人罚款的，应当折抵相应罚金”。二是剥夺政治权利与处分责任的协调衔接。剥夺政治权利是我国《刑法》规定的以剥夺政治权利这种资格为内容的资格刑、附加刑之一。《刑法》第 54 条规定，剥夺政治权利是指剥夺犯罪分子的选举权和被选举权；言论、出版、集会、结社、游行、示威自由的权利；担任国家机关职务的权利；担任国有公司、企业、事业单位和人民团体领导职务的权利。根据《刑法》第 56 条、第 57 条的规定，适用附加剥夺政治权利的对象主要包括危害国家安全的犯罪分子；故意杀人、强奸、放火、爆炸、投毒、抢劫等严重破坏社会秩序的犯罪分子；被判处死刑和无期徒刑的犯罪分子。根据 1997 年最高人民法院《关于对故意伤害、盗窃等严重破坏社会秩序的犯罪分子能否附加剥夺政治权利问题的批复》的规定，对故意伤害、盗窃等其他严重破坏社会秩序的犯罪，犯罪分子主观恶性较深、犯罪情节恶劣、罪行严重的，也可以依法附加剥夺政治权利。因剥夺政治权利属于资格刑，剥夺政治权利的内容也就包括了剥夺犯罪分子担任国家机关职务的权利，所以在国家公务员违法犯罪并被判处管制、拘役、徒刑等主刑及剥夺政治权利的附加刑后，其所担任的国家行政职务自然会被撤销，但仍然需通过行政处分、党的纪律处分程序办理免职手续，需要开除公职、党籍的还要依法给予相应的党纪政纪处分。三是责任追究程序上的衔接。法律处分责任、党的纪律责任与刑事责任在责任追究程序上的衔接，一般应当遵循刑事优先原则。刑事优先，是指某个政府公务员的职务违法行为案件在同时构成法律处分案件、纪律处分案件以及刑事案件时，原则上应当先由司法机关按照司法程序规定追究其刑事责任，待刑事责任确定后，然后再依法作出法律处分、纪律责任的决定。其具体要求是：如果有关国家机关或者党的组织在查处案件时发现政府公务员的行为涉嫌犯罪，应当先依法将案件移送监察机关或者司法机关追究该公务员的刑事责任，待刑事责任确定之后再依法依规追究其法律处分责任、纪律责任；如果对于公务员的职务违法行为案件，有职务犯罪侦查权的国家机关做了刑事立案，有关行政机关、党的组织同时也做了违法违纪案件的立案，有关行政机关、党的组织应当中止对案件的办理，由作出刑事立案的机关及其他国家机关先依法调查确定公务员的刑事责任，待刑事责任确定之后，有关行政机关、党的组织再恢复对案件的处理。刑事优先原则，不但有助于更好地衔接法律处分责任、纪律责任与刑事责任的相互关系，保持三种责任在责任强度等方面的相互适应与协调，而且有助于提高政府公务员职务违法责任案件查处、办理的效率和质量，还有助于有效防控以罚代刑、以党纪代替法律责任等不良现象的发生，切实保障政府公务员职务违法责任的有效实现。

六、公众参与原则

（一）公众参与原则的涵义

政府公务员职务违法责任的实现虽然主要依赖于有关国家机关及其公务员的依法履职，但也离不开社会公众的依法有序参与。公众参与是政府公务员职务违法责任实现不可或缺的重要路径与原则。所谓公众参与，就是指公民、法人或者其他组织通过各种正当、有序的方式直接或间接参与到政府公务员职务违法责任实现的全过程之中，通过行使法律所赋予的知情权（知政权）、参与权、监督权等权利，有效地监督有关国家机关在政府公务员职务违法责任的追究方面忠实履行法定职责，促成政府公务员职务违法责任的有效实现。

公众参与是人民主权理论、法治理论以及权力制约理论在政府公务员职务违法责任实现领域的重要体现，它既是民主行政、依法行政的必然要求，也是对政府公务员职务违法责任实现的全过程进行外部控制、社会控制的主要途径。政府公务员职务违法责任的实现之所以需要公众参与，还在于政府公务员职务违法责任的设定权、决定权、执行权均掌于有关国家机关手中，要保证政府公务员职务违法责任实现方面的这些重要公权力的合法、正当、有效行使，固然需要通过建立健全相关国家机关依法办事的体制机制予以保障和控制，但更需要来自于国家机关外部的社会力量，尤其是社会公众的支持、理解与有效监督。如果没有社会公众的有效参与、监督，不但有可能增加政府公务员职务违法责任追究与实现的难度，增加政府公务员职务违法责任追究的执法成本，而且还有可能因失去社会公众的有效监督而出现公务员责任设定权、决定权与执行权等公权力滥用或者不作为等不良现象的发生，从而影响政府公务员职务违法责任的有效实现。概括而言，政府公务员职务违法责任实现中的公众参与有以下两个方面的主要功能：

1. 对实现政府公务员职务违法责任公权力的监督和控制功能。政府公务员职务违法责任的有效实现有赖于公务员职务违法责任设定权、责任决定权、责任执行权等相关公权力的依法正当行使。公众通过对政府公务员职务违法责任实现全过程的有效参与，能够对与政府公务员职务违法责任实现直接相关的国家公权力形成持续性的监督，既有助于监督、推动相关国家机关及其公务员依法运用这些公权力忠实履行实现政府公务员职务违法责任的职责、义务，更有助于防范、控制相关国家机关及其公务员不履行或者怠于履行实现政府公务员职务违法责任的职责、义务等不良现象的发生，从而切实保障政府公务员职务违法责任的有效实现。

2. 对实现政府公务员职务违法责任的助成与支持功能。公众参与政府公务员职务违法责任实现的过程，所发挥的功能与作用并不仅仅表现在对公权力的监督与控制方面，还表现在对政府公务员职务违法责任实现的助成与支持方面。公众通过依法有序参与政府公务员职务违法责任实现的全过程，不但可以为公务员责任制度的建立或完善提供必要的智力支持，协助有关国家机关构建优良的公务员责任及其有效实现的制度，而且还能够为公务员职务违法责任案件的查处、执行等提供证据材料等优质信息，为有关国家机关、党的纪律检查部门高效地查处公务员职务违法违纪行为及执行生效的责任决定提供重要保障。因此，公众参与制度建设对于政府公务员职务违法责任及其实现有十分重要的意义和价值，在某种程度上，可以说公众参与就是政府公务员职务违法责任实现的度量表。公众在政府公务员职务违法责任实现与制度建设过程中的参与状况，不仅直接决定着政府公务员职务违法责任实现或者可能实现的程度，而且还充分反映着一个国家或者地区的政治民主状况。公众参与在推动对政府公务员依法追究责任、依法实现责任等方面的作用越大、越明显、越有效，在很大程度上就表明该国整个国家、社会的民主化、法治化程度越高，权利与权力关系愈加和谐。

（二）公众参与原则的内容和要求

从政府公务员职务违法责任实现的特性与规律，以及公众参与的性质、任务、功能、途径等方面来审视，政府公务员职务违法责任实现的全过程公众都应当参与，都应当建立健全相应的公众参与制度。具体而言，政府公务员职务违法责任实现过程中的公众参与及其要求主要表现在以下几个方面：

1. 政府公务员职务违法责任制度建设方面的公众参与。设定政府公务员职务违法责任是责任实现的前提与基础，也是责任实现的重要构成要素。因此，能不能制定出好的政府公务员职务违法责任制度，直接关乎政府公务员职务违法责任能不能得到有效实现。现代法治应是“良法之治”，就关于政府公务员职务违法责任立法而言，其是否属于“良法”，在本质上并不是看其是否符合作为责任主体的公务员的愿望与需要，而主要是看其是否能够真正体现广大人民群众的意志，是否能够合理有效规范公务员手中的公权力，是否能够在现实生活中切实可行。同时，关于政府公务员职务违法责任的立法实际在于界定、平衡权力与权利关系，直接涉及公权力与私权利的合理配置问题。因此，如果在进行公务员责任立法或者建立公务员责任制度时，只反映或者主要反映政府行政机关及其公务员的利益表达，而不能充分反映广大人民群众的意愿与诉求，就很难说所立之法是好的立法。而要充分表达广大人民群众的意志与愿望，除了发挥好权力机关在立法中的主导性作用，还需要广大社会公众在立法活动中的直接而有效的参与，并将人民群众对于政府公务员职务违法责任的正确、合理意见充分表达在立法或制度设计中。在我国关于行政法律责任的相关立法中，之所以存在重行政相对人责任而轻行政主体及其公务员责任，对行政主体及其公务员责任规定存在稀缺、空化、过于原则化等问题，除了与权力制约观念淡薄、官本位与权力本位意识强，以及行政机关主导型立法模式等因素有关，还与公众参与不力、公众参与实效性差等有密切的关系。因此，要制定出好的政府公务员职务违法责任法律制度，就必须建立健全保障社会公众有效参与的机制。

2. 政府公务员职务违法责任案件调查处理与执行方面的公众参与。政府公务员职务违法责任案件的调查处理包括立案、调查取证、决定等诸多环节，政府公务员职务违法责任案件的执行则是对已经生效的责任决定付诸实施的活动。在政府公务员职务违法责任案件的调查处理与执行方面，公众参与主要表现在公民、法人和其他组织通过行使法律赋予的控告、申诉、检举、揭发等权利，为政府公务员职务违法责任案件立案提供线索，并对是否立案进行监督；协助、配合有关国家机关调查收集案件证据；理性、有序地表达对政府公务员应当追究或者不应当追究相应法律责任、纪律责任的要求与愿望；对不追究或者不严格按照法律规范、纪律规范追究政府公务员职务违法责任的责任追究机关及其公务员，或者对不执行或者不严格执行生效责任追究决定的政府公务员职务违法责任执行主体及其公务员提出批评、建议，或者控告、检举、揭发等。

第四章

政府公务员职务违法责任实现要件论

政府公务员职务违法责任实现要件，即政府公务员职务违法责任实现的构成要件，它主要包含以下两层涵义：一是指政府公务员职务违法责任实现不可或缺的必要条件。如果离开其中的任何一个条件，政府公务员职务违法责任都无从实现。二是指对政府公务员职务违法责任实现具有决定性意义或者实质性影响的核心因素。它们其中的任何一个因素，都会对政府公务员职务违法责任实现的可能性、有效性以及内在质量产生最为直接的根本性影响。根据政府公务员职务违法责任实现的特性及规律，可将其要件归结为主体要件、规范要件、行为要件。

第一节　职务违法责任实现的主体要件

一、职务违法责任实现主体的界定

政府公务员职务违法责任的实现，既是政府公务员职务违法责任实现主体（以下简称责任实现主体）的权力，更是其职责、义务。政府公务员职务违法责任实现关系，是因责任实现主体实现政府公务员职务违法责任的活动而形成的法律关系。离开了责任实现主体，政府公务员职务违法责任的实现将无从谈起。

与政府公务员职务违法责任实现的广义和狭义界定相适应，责任实现主体也可以作广义和狭义的理解。狭义上的责任实现主体，就是指作出了政府公务员职务违法责任追究决定的国家机关和作为责任主体的公务员。换言之，狭义上的责任实现主体就是指因政府公务员职务违法责任的追究而形成的法律责任关系主体，具体包括因追究行政处分等法律责任而形成的行政责任法律关系主体、因追究政务处分而形成的政务处分法律关系主体，即行政责任追究主体与作为责任主体的公务员。广义上的责任实现主体则是指所有依法履行政府公务员职务违法责任实现职能的组织或者个人。其除了包括狭义上的责任实现主体，还包括通过行使法律赋予的监督权、司法权等督促或者协助责任追究主体依法有效实现政府公务员职务违法责任的其他国家机关，以及向其他国家机关依法行使救济权的作为职务违法责任主体的公务员等。无论是相关的国家机关，还是公务员，要成为责任实现主体，必须具备以下两个基本条件：一是具有实现政府公务员职务违法责任的法律资格或者地位，即具有实现政府公务员职务违法责任的法定权利能力与行为能力。具体而言，要成为责任实现主体，要么必须具备对政府公务员职务违法行为进行调查、认定、决定、执行、监督、救济的法定职责权限与行为能力，要么必须具备履行政府公务员职务违法责任实现决定所确定的义务，以及寻求法律救济的法定资格与权利。二是实际实施了旨在实现政府公务员职务违法责任的行为，即基于法定资格与权能实施了对政府公务员职务违法行为的调查认定权、责任追究决定权、责任追究决定执行权、对责任追究行为的监督救济权，以及其他实现政府公务员职务违法责任的法定义务的行为。任何组织和个人如果没有实际实现政府公务员职务违法责任，或者依法实施助成政府公务员职务违法责任关系、职务违法责任实现关系产生、变更或消灭的行为，就不可能成为实然的责任实现主体。作为责任主体的公务员因履行已经生效的职务违法责任决定所确定的义务，或者因不服已经生效的职务违法责任决定而依法行使救济权等都可以成为相关国家机关以外的特殊的责任实现主体。

责任实现主体与政府公务员职务违法责任法律关系主体、政府公务员职务违法责任实现法律关系主体虽然有内在的逻辑联系，但是它们并非同一概念。狭义上的责任实现主体，肯定属于政府公务员职务违法责任法律关系主体和政府公务员职务违法责任实现法律关系主体，但广义上的责任实现主体并不一定属于政府公务员职务违法责任法律关系主体。在政府公务员职务违法责任法律关系、政府公务员职务违法责任实现法律关系中，只有能够行使法律责任追究权的国家机关才是恒定的、不可或缺的主体，其他行使政府公务员职务违法责任执行权、监督权、救济权等的国家机关并非恒定的主体，他们只有在实施有关政府公务员职务违法责任实现行为时，才能够成为实际上的责任实现主体。

二、职务违法责任实现主体的类型

根据责任实现主体在实现职务违法责任过程中发挥作用的不同，可以将其划分为直接实现主体与间接实现主体。所谓直接实现主体，是指拥有政府公务员职务违法责任追究权限，能够依法针对公务员作出责任追究决定，以及依法负责执行生效责任追究决定的责任实现主体，主要包括享有政府公务员职务违法责任追究权限的国家行政机关和国家监察机关。所谓间接实现主体，则是指不直接享有政府公务员职务违法责任追究权限，无权直接针对公务员作出责任追究决定，但可以以其相应的法律行为督促责任追究主体依法有效实现政府公务员职务违法责任的实现主体，主要包括对责任追究主体的责任追究行为依法行使法律赋予的监督救济权的相关国家机关和对职务违法责任追究决定进行司法强制执行的国家机关，以及对政府公务员职务违法责任追究事项依法行使救济权并引致相应监督救济法律关系产生、变更或者消灭的作为责任主体的政府公务员。

由此可知，责任实现主体包括了有关国家机关和作为责任主体的公务员两类。作为责任实现主体的有关国家机关主要包括以下几类：一是作为责任追究主体的国家机关，即在政府公务员实施了应当承担法律责任的职务违法行为之后，能够依法对该公务员作出责任追究决定的国家机关，具体包括拥有政府公务员职务违法行为追究权的国家行政机关和监察机关。二是作为政府公务员职务违法责任追究决定执行主体的有关国家机关，即负责对已经生效的政府公务员职务违法责任追究决定及内容付诸执行、予以落实的国家机关。在通常情况下，谁对公务员作出责任追究决定，就由谁负责执行责任追究决定，政府公务员职务违法责任的追究主体和执行主体多为同一主体。如果政府公务员职务违法责任追究决定系上级国家机关或者监察机关作出，也可以由作出责任追究决定的机关宣布，并由作为责任主体的公务员所属机关或组织具体负责执行。对于具有给付义务的责任追究决定的执行，在必要时还需申请人民法院依法强制执行。当人民法院对有给付义务的政府公务员职务违法责任追究决定予以司法强制执行时，就成了政府公务员职务违法责任实现的一类特殊主体。三是作为对政府公务员职务违法责任追究行为进行监督救济主体的有关国家机关，即根据有关法律法规规定对政府公务员职务违法责任追究活动是否合法依法实施监督救济的国家机关。例如，基于行政层级监督，上级行政机关有权对下级行政机关所作的政府公务员职务违法责任追究行为依法进行监督，并在发现违法情形后依法责令其予以改正，或者依法依职权撤销下级行政机关违法的责任追究决定。又如，根据《监察法》第 49 条等的规定，在公务员因不服监察机关针对自己所作的政务处分而提出复审、复核申请时，对公务员的申请依法进行复审、复核的监察机关就成了职务违法责任实现的监督救济主体。作为责任主体的公务员，是指在被有关国家机关作出追究决定之后并被追究责任的公务员，其既是责任主体，同时也有可能成为责任实现主体，在其因不服有关国家机关针对自己所作责任追究决定而提出救济监督申请时，还可以成为特定的监督救济法律关系的主体。

三、国家机关实现主体的履职能动性

从政府公务员职务违法责任实现的特性、规律来分析，即便是国家立法机关预设了相应的职务违法责任，特定公务员也实际实施了应当承担相应责任的职务违法行为，但如果离开了作为责任实现主体的国家机关的能动作用的发挥，政府公务员职务违法责任同样也难以得到有效实现。而作为责任实现主体的国家机关能动作用发挥的关键，就是其能否及时、合法作出有关政府公务员职务违法责任实现决定，尤其是能否依法、及时作出追究政府公务员职务违法责任的决定。这就是说，仅有职务违法责任法律规范的预设，还不能直接实现政府公务员职务违法责任，要实现政府公务员职务违法责任，还必须由有权的国家机关积极发挥其能动作用，依法及时作出旨在实现职务违法责任的决定。因为，“徒法不足以自行”，即便已经预先建立了政府公务员职务违法责任制度，但其如果不能得到实际的执行，就仅系具文而已。因此，政府公务员职务违法责任的实现还有赖于有关国家机关依法针对公务员的职务违法行为，作出具体实际且已经生效的责任追究决定。被生效的行政决定、监察决定等确定的、已经具体化到特定法律事实、特定责任主体的政府公务员职务违法责任的存在，毫无疑问是政府公务员职务违法责任有效实现的前提条件。从政府公务员职务违法责任实现的意义上来看，有关国家机关针对公务员作出具体的责任追究决定虽然是实现职务违法责任的前提条件，但仅仅作出责任追究决定，还不是对职务违法责任在终极意义上的实现。政府公务员职务违法责任，在终极意义上得以实现的基本标志是：已经确定的职务违法责任被毫无保留地实际施加于实施了职务违法行为的公务员。就行政决定、监察决定等生效的法律文书对职务违法责任的确定而言，从形式意义上来看，一旦有关国家机关作出了追究政府公务员职务违法责任的决定，且决定的内容已经实际付诸执行，就表明职务违法责任得到了实现。但从实质意义上来看，生效的政府公务员职务违法责任追究决定即便已经得到实际执行，也未必意味着职务违法责任得到了有效实现。例如，如果国家机关所作的政府公务员职务违法责任追究决定违法或者严重不当，即便该决定已经得到了执行，也与职务违法责任实现的实质性要求相去甚远。这种情况不但不能被视为对职务违法责任的有效实现，反而是对现行政府公务员职务违法责任制度的实质性践踏与破坏。因此，在具体的行政决定等生效法律文书中确认的、具体化了的政府公务员职务违法责任也应当是具备合法、公正等特性的法律责任。由此可见，责任实现主体能动作用的发挥无疑是有效实现政府公务员职务违法责任不可或缺的重要条件。

“能动”一词，亦称“能动性”或“主观能动性”，在汉语语词学意义上通常指人的自觉主动，在哲学意义上一般是指人们对外界或内部的刺激或影响作出的积极的、有选择的反应或回答，它是人的意识所特有的积极反映世界与改造世界的能力和活动。本书所称政府公务员职务违法责任实现主体的履职能动性，有以下两个方面的涵义：一是主观意识上的“能动”状态，即责任实现主体对实现政府公务员职务违法责任问题所具有的内在的主观意愿、主观态度、精神追求、价值取向等精神状态，其核心是在主观上想不想实现政府公务员职务违法责任，有无信心、决心与愿望实现政府公务员职务违法责任，以及按照什么理念、价值观实现政府公务员职务违法责任。人们的行为都是在其主观意识支配下实施的，是主观认识与态度形之于客观的过程，有什么样的主观意愿就相应会有什么样的行为表现和特征，因此，如果离开政府公务员职务违法责任实现主体正确、合规律的主观能动意识，设定再好的政府公务员职务违法责任制度也都不可能得到有效实现。例如，作为责任实现主体的国家机关及其公务员，如果怀有对公务员违法违纪行为进行袒护甚至包庇的主观动机，其在实践中就不可能及时、依法查处公务员的违法行为；如果怀有借机打击报复公务员的主观意图，即便追究了该公务员的职务违法责任，其责任追究也有可能违法或者不当，从而加重政府公务员职务违法责任，背离责任实现的正当原则与目的；如果怀有得过且过、不愿意得罪人的主观思想，在政府公务员职务违法责任实现过程中就有可能放弃或怠于行使权力，出现不作为或者不严格按照法律规定作为的情形。政府公务员职务违法责任也因此得不到实现或者有效实现。二是客观行动上的“能动”状态，即政府公务员职务违法责任实现主体在履行职责过程中所表现出来的具体实在的行为状态，其核心或者关键是责任实现主体是否能够发挥其主观能动性，在实践中积极、主动、合法、适当、有效实施了为政府公务员职务违法责任实现所需要的各项活动。如果责任实现主体不实施、不依法实施政府公务员职务违法责任的立案调查、决定、执行、监督救济等行为，政府公务员职务违法责任的有效实现就难以得到保障。责任实现主体的主观“能动”是客观“能动”的精神来源、内在动力与行为前提，而客观“能动”则是主观“能动”的外在表现与必然结果。因此，要保证政府公务员职务违法责任的有效实现，责任实现主体必须做到主客观相统一，将主观“能动”实际转化为现实生活中的客观“能动”。为此，要强化、优化对责任实现主体的行政伦理、行政法治、核心价值观教育，培育其依法履职、公正履职、诚信履职、创新履职等行政观念或意识，建立健全相关的权力监督制约运行机制和必要的激励机制，这是保证责任实现主体在政府公务员职务违法责任实现方面能动执法的重要路径选择。责任实现主体之“能动”的实质就是要求作为实现主体的有关国家机关及其公务员，在追究并实现政府公务员职务违法责任的过程中，依法高质量地履行职责，最大限度地把政府公务员职务违法责任依法落到实处。

第二节　职务违法责任实现的规范要件

一、职务违法责任实现规范的界定

法律责任是国家通过立法形式对违法者设定的责任。责任法定是所有法律责任共同遵循的基本原则。政府公务员职务违法责任作为法律责任的一种，当然需要依法实现，“以事实为根据、以法律为准绳”是认定、归责、追究、落实政府公务员职务违法责任的必然要求，离开政府公务员职务违法责任法律规范的预先设定，政府公务员职务违法责任的实现就无从谈起。法律规范作为政府公务员职务违法责任实现的构成要件，有以下两层涵义：一是只有在国家法律法规等立法文件对公务员在履行职责过程中的某些行为预先确定、宣布为应当追究法律责任的违法行为，并且对该违法行为的责任及其形式作出了明确规定的情况下，有关国家机关才能在公务员实施了此类违法行为之后，依法追究公务员相应的法律责任，而公务员也只有在实施了此类违法行为之后才能够成为被合法追究责任的法定责任主体。二是在政府公务员职务违法责任实现的全过程中，有关国家机关实施具有法律效果的责任实现行为，尤其是那些对公务员合法权益、国家与社会公共利益产生或者可能产生影响的职务违法责任实现行为时，都必须做到“于法有据”“法无授权不可为”。

当然，责任规范作为政府公务员职务违法责任实现的要件、前提或者基础，意味着责任实现主体只要在实施责任实现行为时，能够做到“于法有据”且符合法律规范的规定，其行为通常就会具有合法性。但有了预先设定的关于政府公务员职务违法责任及其实现的法律规范，并不一定就意味着政府公务员职务违法责任必然能够在现实生活中得到有效的实现。这是因为，从形式意义上来看，虽然在立法上预设了政府公务员职务违法责任规范，但预设的政府公务员职务违法责任规范没有被实际执行或者没有被严格依法依规执行，或者有关国家机关虽然已经作出了追究政府公务员职务违法责任的决定，但并没有实际付诸执行等，都不可能有效实现政府公务员职务违法责任；从实质意义上来看，虽然在立法上预设了政府公务员职务违法责任规范，但预设的政府公务员职务违法责任规范如果不符合相关责任理论与原则等的要求，不科学、不可行，或者有关国家机关违法作了错误的、不公正的责任追究决定，即便这种错误决定已经得到了实际执行，也不能说政府公务员职务违法责任就得到了实质上的有效实现。能够在实践中从形式到实质意义上实现的政府公务员职务违法责任，首先应当要有符合“良法”标准的责任规范或者制度的存在。所谓“良法”，应当是指符合法治精神、原则与责任理性，体现社会公平正义价值，充分体现广大人民群众的共同意愿和绝大多数公务员的合理诉求，具有科学性、规范性，并能够在现实社会生活中得到切实贯彻执行的法。因此，“良法”是善治之基，要保障政府公务员职务违法责任的有效实现，首先应当建立健全政府公务员职务违法责任法律规范、法律制度，合乎“良法善治”的要求。对于政府公务员职务违法责任规范的设定，除了要符合上述“良法”的一般特性，还应当遵循政府公务员职务违法责任规范设定原则的要求，并符合相关立法技术标准。

二、职务违法责任实现的法律规范

从政府公务员职务违法责任依法追究、依法实现的具体情况来看，作为政府公务员职务违法责任实现依据的法律规范主要包括以下 4 类：

1. 公务员管理方面的相关法律规范。其主要限于公务员惩戒或者纪律处分方面的法律规范。例如，我国《公务员法》第九章“监督与惩戒”对公务员违法违纪行为、处分机关、处分形式、处分后果、处分的合法性要求、处分期限、处分解除等作了具体规定；第十五章“申诉与控告”对公务员不服处分的复核、申诉等的程序、基本要求作了规定。此外，《行政机关公务员处分条例》还用 7 章 55 条对行政机关公务员的处分从实体到程序作了具体的规定。由于政府公务员职务违法责任的基本责任形式是《公务员法》所规定的惩戒处分责任，因此国家关于公务员惩戒处分的立法就成了政府公务员职务违法责任实现最基本的法律规范依据。

2. 监察制度及其相关的法律规范。在国家监察制度建立后，国家监察已经不再是传统的作为行政机关内部专门监督方式的行政监察，而是具有独立属性的可以依法给予国家公职人员政务处分的国家监察监督行为。因此，监察机关的政务处分成为政府公务员职务违法责任有效实现的重要途径，相关的监察法律规范也就成了政府公务员职务违法责任实现的重要规范要件。目前，涉及政府公务员职务违法责任实现的监察类法律只有以下两部：一是《监察法》。《监察法》作为我国监察制度的基本法律，对监察制度及其重要事项作了规定。《监察法》与政府公务员职务违法责任密切相关的法律规范，主要限于监察职权、监察范围、监察程序、对监察权的监督等方面的规定。二是《公职人员政务处分法》。该法用 7 章 68 条对监察机关给予包括政府公务员在内的公职人员的政务处分从实体到程序作了全面的规定。特别需要说明的是，该法第 2 条第 2 款规定，“本法第二章、第三章适用于公职人员任免机关、单位对违法的公职人员给予处分。处分的程序、申诉等适用其他法律、行政法规、国务院部门规章和国家有关规定”。据此规定，行政机关给予公务员的行政处分也应当以该法第二章“政务处分的种类和适用”和第三章“违法行为及其适用的政务处分”的规定作为法律依据。但其行政处分程序、申诉程序仍然适用《公务员法》《行政机关公务员处分条例》等有关法律法规的规定。由此可见，监察机关的政务处分也是政府公务员职务违法责任实现的重要途径。

3. 行政管理的相关法律法规。对于政府公务员而言，《公务员法》第59条规定的“违法违纪”行为和《公职人员政务处分法》第三章所规定的“违法行为”，虽然有时可能也涉及违反宪法、刑法、民法、诉讼法等相关法律的行为，但主要是指违反了相关行政法律法规的行为。政府公务员职务违法责任主要是指违反了行政法律规范而应当依法承担的责任。而所谓“违反了行政法律规范”的行为，主要就是指违反了公务员所在单位或者部门所负责执行的行政管理法律法规，或者公务员在履行职责过程中应当遵守执行的相关行政管理法律法规。违反行政法律规范是公务员承担职务违法责任的前提，而行政处分责任、政务处分责任乃至《国家赔偿法》所规定的行政追偿责任，都是公务员因实施了职务违法行为而应承担的法律责任。受实体规范与程序规范并存的行政法、监察法的特性所决定，作为政府公务员职务违法责任实现的规范构成要素中的行政法律规范、监察法律规范，既有实体性规范，也有程序性规范。公务员违反这两类法律规范，都可能被追究相应责任，从而引致政府公务员职务违法责任实现法律关系的产生。

4. 政府公务员职务违法“行政问责”类法律规范。所谓政府公务员职务违法“行政问责”类法律规范，是指除前文所述公务员法律法规、监察法律法规之外的以政府公务员职务违法行为追究或者问责为主题的立法性文件中的法律规范。此类法律规范主要体现在以下两类立法文件之中：一是关于政府公务员职务违法行为追究的地方性法规。例如，《河北省错案和执法过错责任追究条例》[①] 等就属于涉及政府公务员职务违法行为追究的地方性法规。迄今为止，在地方立法中专门规定行政问责，或者政府公务员职务违法责任追究的法规并不多见。二是关于政府公务员职务违法责任追究等方面的行政规章。这是关于行政问责的立法文件中数量最多，存在问题最多的部分。其中，以地方政府规章数量为多，国务院部门规章相对较少。例如，《财政部行政执法过错责任追究办法》[②]、《建设部机关行政许可责任追究办法》[③]、《济南市行政过错问责暂行办法》[④]、《湖北省行政问责办法》[⑤]、《四川省重大行政决策责任追究暂行办法》[⑥]、《海南省行政执法过错责任追究办法》[⑦]、《青海省行政执法过错责任追究办法》[⑧] 等就属于行政问责或者行政责任追究方面的行政规章。在我国行政规章虽然是层级最低的立法形式，但也是行政机关实施行政管理常用的重要法律依据。因此，行政规章中的行政问责或者责任追究方面的法律规范，也是政府公务员职务违法责任实现规范要件中的重要组成部分。

三、职务违法责任实现的特殊规范

由于政府公务员职务违法责任属于法律责任的范畴，实现政府公务员职务违法责任的规范要件中的“规范”，理所当然是指享有立法权的国家机关借助法律、法规、规章等立法形式设定的法律责任及其实现的法律规范。在我国政府公务员职务违法责任及其实现的实践中，还有一些虽在性质上不具有法律规范属性，但对政府公务员职务违法责任的实现实际发挥规范作用，

---

① 1997 年 9 月 3 日河北省第八届人民代表大会常务委员会第二十八次会议通过，2015 年 7 月 24 日河北省第十二届人民代表大会常务委员会第十六次会议修正。

② 中华人民共和国财政部财法〔2004〕5 号。

③ 中华人民共和国建设部建法〔2004〕109 号。

④ 济南市人民政府令 2013 年第 247 号。

⑤ 湖北省人民政府令 2016 年第 386 号。

⑥ 四川省人民政府令 2016 年第 314 号。

⑦ 海南省人民政府令 2020 年第 291 号。

⑧ 青海省人民政府令 2020 年第 125 号。

甚至有时被直接作为政府公务员职务违法责任追究依据的行为规范。此类行为规范是由有关党政机关制定的、具有普遍约束力的非立法性的规范性文件所设定的关于政府公务员职务违法责任追究方面的行为规范。其主要体现在以下几类规范性文件之中：一是行政规范性文件。所谓行政规范性文件，是指各级各类行政机关所发布的不具有立法属性的规范性文件。例如，《龙湾区环境保护局政府公务员职务违法行为追究管理办法（试行）》①、《邯郸市违法违规用地行为监察问责暂行办法》②、《隆安县耕地保护领导干部问责制度》③ 等即属此类文件。二是党内规范性文件。所谓党内规范性文件，是指中国共产党的领导机关及其相关部门所制定发布的党内法规以及其他党内规范性文件。按照党管干部的政治原则与法律原则的要求，为了加强对公务员尤其是党员领导干部的管理监督，党组织从中央到地方先后制定发布了一大批以党员公务员问责为主题的党内法规等规范性文件。例如，在中央层面有《中国共产党问责条例》（中共中央 2019 年修订）、《公务员辞退规定》（中共中央组织部 2020 年修订）、《公务员回避规定》（中共中央组织部 2020 年修订）、《党政领导干部生态环境损害责任追究办法（试行）》（中共中央办公厅、国务院办公厅 2015 年印发）、《海域使用管理违法违纪行为处分规定》（监察部、人事部、财政部、国家海洋局 2008 年发布）等与政府公务员职务违法责任实现密切相关的党内法规或者规范性文件；在地方层面有《广西壮族自治区党政领导干部环境保护过错问责暂行办法》（2012 年发布）、《青岛市环境保护局行政问责暂行办法》（青岛市环境保护局党组 2012 年发布）、《关于形式主义、官僚主义突出问题问责办法（试行）》（中共吉林省委办公厅 2020 年印发）等一批与政府公务员职务违法责任实现相关的党内或者党政联发的规范性文件。

在上述两大类规范性文件之中，行政规范性文件一般依据相关法律法规

① 浙江省温州市龙湾区环境保护局龙环〔2013〕95 号。

② 邯郸市人民政府办公厅邯政办规〔2019〕3 号。

③ 隆安县人民政府办公室隆政办发〔2019〕37 号。

尤其是行政规章制定，大多属于对所依据的行政规章乃至相关法律法规作出具体执行性规定的文件，其在针对政府公务员的问责或者责任追究的主体、事由、形式、程序等方面所作的规定总体符合相关立法性文件的规定，对贯彻执行好相关法律文件关于政府公务员职务违法责任追究等的规定发挥了积极的作用。但其中也有一些文件在没有法律法规依据或者授权的情况下，设定了不少非行政处分的责任追究或者问责形式，涉嫌越权行政，应对此问题予以高度重视，切实加强政府公务员职务违法责任设定与实现的法治化建设。党内法规以及其他党内规范性文件，依据国家宪法、法律和中国共产党党章制定，适用于党员公务员，是追究党员公务员的党纪责任的基本依据。其与国家相关法律法规在实现政府公务员职务违法责任方面既有明确的分工，又有内在的联系，实现政府公务员中的党员公务员的职务违法责任需要做好国家相关法律法规与党内法规、规范性文件的有机协调与衔接。

第三节 职务违法责任实现的行为要件

一、职务违法责任实现行为的界定

政府公务员职务违法责任的实现，实际上是由政府公务员的职务违法行为引起，并表现为有关国家机关实施的旨在追究、落实政府公务员职务违法责任的一系列行为的总称。从法律关系的视角来看，引起政府公务员职务违法责任实现法律关系的法律事实，通常只能是具有法律意义的行为，不可能是事件或者其他客体。例如，在行政管理领域内常会出现因地质灾害、安全事故、传染病等事件的发生而对公务员进行责任追究的事例，但追究责任的原因并不是事件本身，而是公务员所实施的与事件的发生具有因果关系或者关联性的职务违法行为。政府公务员职务违法责任的实现过程，就是通过有关国家机关所实施的责任追究、责任落实、责任监督救济等公权力行为，将预先设定的法律责任规范，具体适用于实施了职务违法行为的公务员的过程。因此，具有法律意义的行为或者相关法律行为既是政府公务员职务违法责任实现活动的逻辑起点，又是政府公务员职务违法责任实现的法律事实根据与基本方式，更是政府公务员职务违法责任实现的必要条件或者构成要件。离开了作为构成要件的相关法律行为的存在，政府公务员职务违法责任就无法实现。

从政府公务员职务违法责任实现活动的具体情况来看，作为其构成要件的行为是多种多样的。从政府公务员职务违法责任实现的行为主体的角度来看，除了作为责任主体的公务员的职务违法行为、主动履行责任追究决定所确定义务的行为、不服责任追究决定的告诉救济行为等，还有有关国家行政机关的行政行为、国家监察机关的监察行为甚至司法机关的特定司法行为等。从政府公务员职务违法责任实现行为的目的性来看，既有责任追究或者问责的行为，又有执行落实生效责任追究决定的行为，还有对责任追究行为依法进行监督的行为等。而在相关国家机关履行特定政府公务员职务违法责任实现职责的活动过程中，还包括了更为具体的多种法律行为。例如，行政机关针对特定公务员作出责任追究决定，还要有比如初查、立案、取证、审理、议决、执行、受理复审复核申请等多行为环节的多种具体法律行为。从政府公务员职务违法责任实现构成要件的角度来看，如此众多复杂的与政府公务员职务违法责任实现有关的法律行为，可大致被抽象概括为政府公务员职务违法行为和政府公务员职务违法责任实现行为两大类。换言之，所谓政府公务员职务违法责任实现的行为要件大致包括政府公务员职务违法行为和政府公务员职务违法责任实现行为。

政府公务员职务违法行为与政府公务员职务违法责任实现行为两者既有明显的区别，也有深刻的内在联系。前者是公务员在履行行政职责过程中违反了相关法律规范的行为，后者则是对依法实现或者助成依法实现政府公务员职务违法行为所引致的法律责任的相关法律行为的统称，其中主要表现为相关国家机关的公权力行为。政府公务员职务违法行为是引起政府公务员职务违法责任实现法律关系产生、变更、消灭的法律事实，是政府公务员职务违法责任实现行为的先行为或者前提性行为，没有政府公务员职务违法行为就不可能产生对政府公务员职务违法责任的实现行为。而政府公务员职务违法责任实现行为则是围绕政府公务员职务违法行为的责任追究而发生的法律行为，是政府公务员职务违法行为所引致的后行为，是在政府公务员职务违法行为实施后才能依法实施的行为。

二、政府公务员的职务违法行为

政府公务员职务违法责任的实现，顾名思义就是政府公务员职务违法行为引致的行政法律责任的实现。政府公务员职务违法责任及其实现起因于公务员在国家行政管理过程中的职务违法行为。政府公务员职务违法行为是因，行政法律责任是果，政府公务员职务违法责任实现行为是依法确认这种因果关系，并将行政违法之“果”予以变现的法律举措。

与所有的违法行为一样，公务员要实际构成职务违法行为，当然也需要具备或者符合法定的必要条件，即所谓的违法行为构成要件。在行政法学理论上，对于行政违法行为的构成要件，大致有以下三种主要观点：（1）“四要件说”。即将行政违法行为的要件归纳为四项或者四个方面的观点。例如，有学者将行政违法的构成要件归纳为主体要件、客体要件、客观要件、主观要件四个要件；[①] 有学者将行政违法的构成要件理解为，行政违法的主体是行政主体及其公务员，行政违法是行政主体及其公务员主观上有过错的行为，行政违法是违反行政法律规范的行为，行政违法是行政主体及其公务员在行使行政权力、执行公务的过程中产生的，并且该项违法行为与行政权力的行使、公务的执行有内在的联系；[②] 还有学者认为，行政违法行为除具有一般的客观和主观要件外，还具有两类特殊的主客观要件，即意思表示要件和法

① 参见许海波：《略论行政违法的构成要件》，载《政法论坛》2003 年第 2 期。
② 参见魏赛娟：《行政法与行政诉讼法》，中山大学出版社 1996 年版，第 197～198 页。

律规范要件。[①]（2）“三要件说”。即将行政违法行为的要件归纳为三项或者三个方面的观点。不少行政法学者将行政违法的构成要件表述为行为人具有相关的法定义务、行为人有不履行法定义务的行为、不履行法定义务的行为是出于行为人的过错。但也有与这种观点不尽相同的观点，比如，有学者将行政违法的要件概括为有行政主体资格、有违法的行政管理行为、违法行政行为是出于行为人的故意或过失。[②]（3）“单要件说”。即将行政违法行为的要件归纳为一项的观点。比如，有学者将客观违法作为行政违法的构成要件，并认为，“只要行为人客观上违反了行政法律规范，就构成行政违法，而不必再过问主观是否有过错，除非法律另有规定”。[③] 上述关于行政违法构成要件的理解各有其理，对于认识行政违法事实的特性及认定政府公务员职务违法行为均有一定的参考价值。笔者认为，就政府公务员职务违法行为而言，将其基本要件或者一般要件概括为以下三个要件更为合理、适当：一是法律要件。行为人负有相关的法定义务即职责义务，即法律规范预先为行为人设定了在职务上的应当作为或者不作为义务。二是事实要件。行为人在履行职务过程中存在不履行或者违法履行法定义务的行为，即行为人具体实施了违反法定义务的作为或不作为行为。三是主观要件。行为人在履行职务过程中实施不履行或者违法履行法定义务的行为出于主观故意或过失，即行为人对职务违法行为的发生在主观上出于故意或者过失。

对于政府公务员职务违法行为，人们在理解认识方面一般不会有大的争议。但公务员的“违法”与“违纪”行为在有些立法文件及行政问责等方面的规范性文件中常被并称为“违法违纪”行为，因而就产生了如何正确理解公务员“违法”与“违纪”两者相互关系的问题。单从语词学意义上来看，既然“违法”与“违纪”并称，自然就意味着“违法”与“违纪”是两个有联系但又有明显区别的概念。据此可见，作为政府公务员职务违法责任实

① 参见余洪涛：《论行政违法行为的构成要件》，载《江西公安专科学校学报》2008 年第 4 期。

② 参见刘翰等：《依法行政论》，社会科学文献出版社 1993 年版，第 298～299 页。

③ 罗豪才主编：《行政法学》，中国政法大学出版社 1996 年版，第 319～320 页。

现行为要件之一的公务员“职务违法行为”似乎就难以包含公务员“违纪”行为。但从国家相关立法文件的规定精神与公务员“纪律”概念实际运用的情况来看，公务员“违法”与“违纪”既有相重合的情形，也有相分离的情况，两者之间的关系似乎又不能一概而论。在实践中，政府公务员的“违纪”与“违法”的关系主要有以下两种情形：一是“违纪”行为既属于违反行政纪律的行为，又属于违法行为。此类“违纪”行为实际上已经被相关法律、法规确认或者赋予了违法属性，其虽名为“违纪”而实为“违法”。“违纪”行为同时就成为应当承担实质上的法律责任的违法行为。我国公务员法律法规中称违反“纪律”、承担“纪律责任”实际就是在这个意义上使用的。例如，《行政机关公务员处分条例》将“严肃行政机关纪律”作为了立法目的之一，并在第2条第1款明确规定，“行政机关公务员违反法律、法规、规章以及行政机关的决定和命令，应当承担纪律责任的，依照本条例给予处分”。据此可见，该条例实则明确把公务员的违法行为视为公务员承担“纪律责任”的法定事由，将依据公务员法律、法规给予公务员违法行为的行政处分视为一种纪律处分。由于这种意义上的所谓纪律处分或者责任，显然是基于公务员构成违法的违纪行为而产生，“违法”与“违纪”实际在某种程度上成了同义词。本书认为这种意义上的违纪行为属于违法行为的范畴，所谓的违纪行为实质上就是职务违法行为，或者属于职务违法行为的一种类型。二是“违纪”与“违法”是不同的两类行为，两者在内涵外延上不存在包含关系。此类“违纪”行为主要包括政府公务员违反一般性内务纪律或者内部管理纪律以及违反党的纪律的行为。所谓公务员违反一般性内务纪律的行为，是指公务员违反所在行政机关基于内部行政管理的实际需要而通过内部规章制度所设定的普通纪律规则的行为。此类行为一般并不直接构成职务违法行为，通常不可能引致作为法律责任的行政处分、政务处分以及其他性质的法律责任的产生。但其可能会引致对违反纪律的公务员的内部惩戒性责任后果的发生。例如，行政机关对违反单位值班制度、财物管理制度等行政纪律的公务员予以内部警告、通报批评或者训诫等纪律惩戒。党的纪律简称“党纪”，是指中国共产党的领导机关及其部门通过党章及党内法规或者党的规范性文件所规定的党的各级组织和党员必须共同遵守的政治生活准则和言行规范。所谓违反党的纪律的行为，就是指党员公务员违反中国共产党的纪律规范的行为。在我国，党员政府公务员如果在行使行政公权力、履行行政管理职责过程中实施了违反党的纪律的行为，就要承担相应的党纪责任。《中国共产党纪律处分条例》第 3 条规定，“党的纪律是党的各级组织和全体党员必须遵守的行为规则”；第 7 条规定，“党组织和党员违反党章和其他党内法规，违反国家法律法规，违反党和国家政策，违反社会主义道德，危害党、国家和人民利益的行为，依照规定应当给予纪律处理或者处分的，都必须受到追究”。该条例还将违反党的纪律并应受到党纪处分的行为划分为违反政治纪律行为、违反组织纪律行为、违反廉洁纪律行为、违反群众纪律行为、违反工作纪律行为、违反生活纪律行为六类，并对其具体行为表现作了规定。虽然党员公务员违反了党纪的行为，有可能同时也构成了违反国家法律、法规的违法行为，有关国家机关也可依法追究其相应的法律责任，但从党的纪律处分的角度来看，违反党的纪律的行为只应当属于追究公务员党的纪律责任而非法律责任的“违纪”行为。正是由于在公务员问责事由中既有违法行为，又有不同于违法行为的违纪行为，且违法行为与违纪行为有时又交织在一起难以清晰甄别，因此在实践中常将“违法”与“违纪”两者并列使用，统称为“违法违纪”。①

违法行为的存在是政府公务员职务违法责任得以发生与实现的前提条件，但公务员即便在实施了违法行为后，有时也不一定必然引致法律责任乃至法律责任实现关系的发生。公务员要对其违法行为实际承担相应的法律责任，还必须成就实际能够也应当依法承担法律责任的条件，即所谓政

① 例如，2006 年原监察部和原国家环境保护总局联合发布的《环境保护违法违纪行为处分暂行规定》、原监察部和原国家安全生产监督管理总局发布的《安全生产领域违法违纪行为政纪处分暂行规定》，以及 2008 年原监察部、原人事部、财政部、原国家海洋局发布的《海域使用管理违法违纪行为处分规定》等规范性文件均使用了“违法违纪”的概念。

府公务员职务违法责任的构成要件。政府公务员职务违法责任的构成要件所解决的基本问题就是对行为人的行为是否应当追究法律责任，以及应当追究何种具体责任。简而言之，政府公务员职务违法责任的构成要件是确认公务员的行为是否应当承担法律责任的标准。政府公务员职务违法责任通常应具备以下三个方面的构成要件：一是行为人的行为已经构成职务违法。这是构成政府公务员职务违法责任的前提与基础。如果离开了职务违法行为的客观存在，政府公务员职务违法责任就无从发生、无从谈起。二是政府公务员具有承担职务违法责任的责任能力。所谓政府公务员承担职务违法责任的责任能力，是指公务员在法律上具有的以自己的名义、自己的实际行为承担职务违法行为责任的能力或者资格。例如，公务员精神病发作，在不能辨认或者不能控制自己行为时实施了职务违法行为，就不能追究其职务违法法律责任。三是政府公务员应承担法律责任的职务违法行为是法律规范预先明确规定的。这是责任法定原则在政府公务员职务违法行为及其责任构成与认定方面的具体体现。如果没有事先预设的政府公务员职务违法行为法律规范，就不得对政府公务员追究任何形式的政府公务员职务违法责任。

三、政府公务员职务违法责任实现行为

政府公务员职务违法责任实现行为，是指对责任实现主体依法实现政府公务员职务违法责任，以及督促责任追究主体等严格依法、合理、公正、正确履行政府公务员职务违法责任追究职能的法律行为的总称。简而言之，就是具有法律意义的实现或者督促实现政府公务员职务违法责任的行为。从政府公务员职务违法责任实现的特性、规律来分析，即便国家法律、法规预先设定了完善的政府公务员职务违法责任规范和制度，作为责任主体的公务员在履行行政管理职责的过程中也实际实施了应当承担相应责任的职务违法行为，但如果离开了实现主体，尤其是责任追究主体的职务违法责任实现行为，政府公务员职务违法责任就不可能得到实际实现。因此，政府公务员职务违

法责任的实现行为同样是政府公务员职务违法责任实现不可或缺的构成要素之一。

政府公务员职务违法责任实现行为作为一类特定的法律行为，具有以下几个基本特征：一是责任实现主体具有多元性。责任实现主体主要是指有关国家机关，作为责任主体的公务员有时也可成为责任实现主体。在作为责任实现主体的国家机关中既有有关国家行政机关，还有国家监察机关，甚至在特殊情况下还会有国家司法机关等。在任何政府公务员职务违法责任及其实现的法律关系中，有关国家行政机关或者国家监察机关都是不可或缺的一方主体，离开了有关国家行政机关或者国家监察机关作为责任实现主体的政府公务员职务违法责任实现关系不可能产生。二是政府公务员职务违法责任实现行为具有多样性。与责任实现主体的多元性相适应，政府公务员职务违法责任实现行为也具有多样性。这种多样性不仅体现在行为种类的多样性（例如，行政机关追究政府公务员职务违法责任，就有初查、立案调查、案件审理、议决、执行等多个行为环节多种多样的内部外部具体法律行为），而且还体现在行为性质的多样性。在政府公务员职务违法责任实现行为中，既有行政行为，又有监察行为，甚至还有司法行为、权力监督行为等。当然，在众多的实现行为中，有关行政机关或者监察机关的行为是不可或缺、具有前提性的行为。三是政府公务员职务违法责任实现行为发生原因具有特定性。政府公务员职务违法责任实现行为由公务员实施了依法应当追究法律责任的职务违法行为引发，公务员的职务违法行为是政府公务员职务违法责任实现法律关系产生的法律事实和前提条件。而政府公务员职务违法责任实现行为则是将针对公务员的应然法律责任转化为实然法律责任的法律事实和前提条件。离开了公务员的违法行为与有关国家机关实现政府公务员职务违法责任的行为，政府公务员职务违法责任实现法律关系就不可能形成。四是政府公务员职务违法责任实现的基本目的就是正确、全面落实政府公务员职务违法责任。所谓政府公务员职务违法责任的实现，实质上就是对法律、法规所规定的政府公务员职务违法责任的实现，是将法律责任规范正确、合法、合理且不折不扣地适用于实施了职务违法行为的特定政府公务员的活动。其既表现为政府公务员的职务违法行为得到了依法追究，也表现为针对政府公务员所作的违法、不公正的责任追究决定依法得到了纠正，还特别表现在对没有实施违法行为或者依法不应承担责任的政府公务员没有枉法问责。

政府公务员职务违法责任实现行为，可以根据不同的标准或者依据作不同的类型划分。举其要者，有以下几种基本类型：一是主动行为与被动行为。所谓主动行为，是指责任实现主体无须借助外力的促动而自行决定采取行动的职务违法责任实现行为。例如，行政机关对自己所作或者下级行政机关所作出的公务员职务违法责任追究决定，或者监督机关在发现职务违法责任追究决定违法后，依职权主动责令纠正或者撤销违法决定的行为，以及作为责任主体的公务员主动履行已经生效的责任追究决定所确定的给付义务的行为等就属于主动实现行为。所谓被动行为，则是指责任实现主体需要借助外力的促动才能够决定采取行动的职务违法责任实现行为。例如，享有监督救济职权的行政主体基于作为责任主体的公务员的申请而实施的对行政处分或者政务处分决定的复审、复核或者申诉等行为就属于被动实现行为。二是恒常行为与偶发行为。所谓恒常行为，是指任何政府公务员职务违法责任实现过程都恒定发生或者必不可少的责任实现行为。例如，行政机关或者监察机关对政府公务员职务违法责任的追究行为就属此类行为。所谓偶发行为，则是指在政府公务员职务违法责任实现过程中偶然发生的或者不一定都会发生的责任实现行为。例如，对公务员不服处分决定的复审、复核、申诉等行为，通常只有在公务员依法提出申请后，才有可能发生。如果公务员接受处分决定，不提出相应的申请，此类行为就不可能发生。此外，如果责任追究决定属于无执行义务内容的决定，就不可能发生作为责任主体的公务员对生效责任追究决定的执行行为。三是国家机关行为与公务员行为。由于政府公务员职务违法责任实现法律关系，是基于对政府公务员职务违法行为责任的追究而发生，故国家机关尤其是拥有责任追究职责权限的国家机关是政府公务员职务违法责任实现过程中最为主要的主体，相关国家机关的行为是实现政府公务员职务违法责任的行为要件中最具基础性和决定意义的法律行为。而作为责任主体的公务员，其实现行为通常限于主动或者被动执行生效的政府公务员职务违法行为追究决定所确定义务、依法行使法律赋予的告诉救济权等。

第五章

政府公务员职务违法责任实现过程论

过程，通常是指事情进行或者事物发展所经过的程序。在哲学意义上，过程就是物质由于其内在矛盾推动和外部条件制约而呈现的运动、变化、发展的次序，是事物阶段性与持续性相统一的状态，标明事物发展的道路、状态和趋势，[①] 具有动态性、时空性、层次性、次序性、阶段性、连续性或持续性等特性。人们的行为都具有过程性，即只有经过一定的时空过程，行为目的才有可能达到。政府公务员职务违法责任的实现过程，就是责任实现主体依法实现政府公务员职务违法责任的过程。对政府公务员职务违法责任的监督救济等法律行为，虽属广义上的政府公务员职务违法责任实现行为的范畴，但其功能主要在于依法督促政府公务员职务违法责任的合法有效实现，并非对政府公务员职务违法责任的直接追究行为。因此，对政府公务员职务违法责任监督救济程序的研究并非本书研究的重点。本书在此所探究的政府公务员职务违法责任实现过程，仅限于狭义上的政府公务员职务违法责任的实现过程，即作为责任追究主体的国家行政机关或者监察机关在责任主体的参与下，依法正确适用法律责任规范，有效实现政府公务员职务违法责任的过程。这个过程是责任追究主体实现政府公务员职务违法责任的各项活动在时间、空间上的表现与延续，是阶段性与持续性相统一的一种行为状态。其大致包括了职务违法线索的发现、职务违法的立案调查、职务违法责任的决定、职务违法责任的执行、职务违法责任的救济五个阶段或者步骤。

① 参见闫顺利、翟玉建：《过程哲学研究综述》，载《高校社科信息》2000 年第 1 期。

第一节 职务违法线索的发现

一、职务违法线索发现的含义

违法行为是追究政府公务员职务违法责任的事实根据。所谓职务违法线索的发现，即政府公务员涉嫌职务违法行为信息的发现，就是指责任追究主体通过群众举报、执法检查、其他国家机关移送等多种途径了解、知悉可能引致法律责任后果的政府公务员职务违法行为事实的活动。涉嫌违法事实的发现是实现政府公务员职务违法责任的逻辑起点，是政府公务员职务违法责任赖以实现的前提条件，也是整个政府公务员职务违法责任实现过程最前端的必经程序。由于公务员实施涉嫌职务违法行为时与责任追究主体具有时空、地域等方面的相对分离性，加之公务员涉嫌职务违法行为的实施往往具有隐蔽性、复杂性甚至反调查性等特性，如何及时发现公务员的涉嫌职务违法行为线索，就成了责任追究主体在实现政府公务员职务违法责任过程中所面临的首要的、关键性的问题。能不能及时发现公务员涉嫌职务违法行为，不但决定着政府公务员职务违法责任实现过程的发生能否合法、合逻辑地向前推进，而且直接决定着政府公务员职务违法责任在社会生活中能不能得到有效实现。

公务员涉嫌职务违法行为的客观性、可感知性、外部表现性等特征决定了，公务员涉嫌职务违法行为的发现过程实际就是责任追究主体获取公务员涉嫌职务违法行为信息的过程，而获取的公务员涉嫌职务违法信息则具体表现为案件线索。发现公务员涉嫌职务违法行为，实际就是发现政府公务员职务违法责任案件线索，即发现反映政府公务员涉嫌职务违法事实，且需由责任追究主体进一步查证的各种信息。这种信息通常具有下列特征：一是信息内容的关联性。所谓关联性是指作为政府公务员职务违法责任案件线索的信息，应当与待查证的政府公务员涉嫌职务违法行为或者违法事实有关联。换言之，所发现的案件线索应当是能够反映、表明某个政府公务员存在涉嫌职务违法行为事实的信息。如果所发现的信息没有这种关联性，就不可能成为案件线索。二是信息来源的多渠道性。作为政府公务员职务违法责任案件线索的信息，可以从责任追究主体内部与外部多途径获取，它既可以被责任追究主体自我感知、发现（如在工作过程中发现某个公务员存在涉嫌职务违法行为），也可以通过责任追究主体以外的公民、法人或者其他组织借助有形载体（如书面举报材料）或者无形载体（如口头举报）对公务员涉嫌职务违法行为事实的反映、表达、披露、议论等途径获取。三是信息真伪的待证实性。由于政府公务员涉嫌职务违法行为的复杂性、隐蔽性，以及案件信息制作者、提供者、传播者、获取者等对信息真伪的甄别能力与水平、对信息运用的动机与目的等的不同，作为案件线索的信息所反映的政府公务员职务违法事实未必真实可信，往往有真有假、有实有虚，有时还会出现真假难辨的情况。简而言之，之所以将发现的政府公务员职务违法行为加上“涉嫌”语词，就是表明被发现的政府公务员涉嫌职务违法行为有可能是客观真实存在的，也有可能是不真实、不存在的。这需要责任追究主体按照法定标准、程序对其真实性进行甄别、判定，并在此基础上依法作出相应的处理。

二、职务违法信息的获取与处理

从有关法律制度规定及政府公务员职务违法责任实现的具体实践来看，责任追究主体获取案件线索，发现公务员涉嫌职务违法事实信息的主要途径大致包括“内部”与“外部”两个途径。所谓“内部”途径，主要是指责任追究主体通过主动实施调研、调查、走访、办案、检查、监督等活动从本单位或者本系统内部发现政府公务员涉嫌职务违法案件线索或者涉嫌职务违法行为信息的途径。所谓“外部”途径，主要是指责任追究主体从本单位之外的公民、法人或者其他组织那里获得政府公务员涉嫌职务违法案件线索或者涉嫌职务违法行为信息的途径。"外部"途径主要包括：人民群众的检举、控告、揭发以及信访；上级责任追究主体的交办；其他国家机关的移送；涉嫌职务违法公务员的主动坦白交代、投案自首等。相对于"内部"途径，"外部"途径是责任追究主体获取案件线索、发现公务员涉嫌职务违法行为的最主要的途径。

根据查处政府公务员涉嫌职务违法案件的特性、规律及有关规定，对不同途径发现的案件线索有不同的处理方式。对"内部"途径发现的案件线索，应由责任追究主体的有关工作机构及其工作人员按照办案规程及时予以处理。对"外部"途径发现的案件线索，如果来源于上级责任追究主体的交办、其他国家机关的移送，责任追究主体必须接受，并按照办理此类案件的相应规程要求及时予以办理；如果案件线索来源于公民、法人或者其他组织的检举、控告、揭发、信访等，或者公务员本人的主动坦白交代、投案自首等，一般应当按照下列程序及时予以处理：

1. 受理。受理即接受办理之意。由于政府公务员职务违法责任案件线索或者信息，是责任追究主体决定是否对案件进行初查、进行立案调查的基础，且在不少情况下，初步获取的案件线索所反映的公务员涉嫌职务违法行为等事项的真伪尚待进一步证实，案件线索本身也会直接涉及有关公务员的声誉及权益。如果责任追究主体及其办案机构、办案人员对案件不按规定及时作出处理甚至泄露案件线索，不仅有可能会直接影响案件的及时查处，而且还有可能会给责任追究主体的办案工作、社会形象，以及涉嫌实施了职务违法行为的公务员的声誉等造成负面影响等不良后果。因此，案件线索的受理活动在政府公务员职务违法责任实现方面有着重要的意义和作用。案件线索受理的基本要求就是责任追究主体应当建立或者确定专门机构或者指派专人，负责接待群众来信来访以及公务员的主动坦白交代、投案自首，并对公民、法人或者其他组织所反映的，或者涉嫌职务违法公务员所交代的案件线索予以登记，同时对接收到的相关证据材料建档保管。

2. 报送。报送是指责任追究主体负责受理政府公务员职务违法责任案件线索的机构及其办案人员，在受理案件线索之后，对案件线索进行必要的分类整理，并按照办案规程的规定及时报送主管领导，以便按照有关规定作出相应决定。对按照要求需要报送上级机关的案件线索，还应及时按照规定报送上级机关。责任追究主体负责受理案件线索的机构及其办案人员在办理案件线索的受理、报送、管理等全过程中，要特别做到以下要求：必须严格遵守办案纪律，不得对外泄露、扩散与案件线索有关的信息、资料；不得向涉案人员及其他无关人员通风报信；不得压、瞒、漏、改案件线索信息，或者擅自处理案件线索；不得利用案件线索对有关人员进行敲诈勒索；不得因案件线索的管理而接受宴请、财物等；未经批准，不得擅自向其他任何部门和个人借阅案件线索材料。责任追究主体对于违反上述规定的人员应当建立健全必要的责任追究制度，切实保证办案质量与效率，保障政府公务员职务违法责任的有效实现。

三、涉嫌职务违法行为的初步调查

由于已经受理的政府公务员职务违法责任案件线索信息可能真假并存，责任追究主体对于那些具有真实性且有符合立案条件证据的案件，应当将政府公务员职务违法责任实现程序继续往前推进，即直接决定正式立案；对于那些真伪尚未判明或者有可能真实但尚无必要立案证据的案件线索，一般不应直接作出立案决定，应当在对有关涉案事实进行必要、初步的调查核实之后，再根据调查核实的具体情况决定是否立案。因此，在获取政府公务员职务违法责任案件线索之后至案件正式立案之前，对案件线索的调查核实是发现、证实公务员涉嫌职务违法行为是否客观存在的必要环节或重要措施，也是对案件正式立案的重要前提。

对公务员违法违纪案件线索或者行为事实的初步调查核实，通常被称为“初查”或“初步调查核实”。初查作为政府公务员职务违法责任案件立案之前对案件线索的一项专门调查审查活动，具有以下五个基本特点：

一是甄别性。甄别的本意就是审查辨别事物的优劣、真伪。所谓甄别性，是指初查的基本任务与目的主要在于审查、辨别案件线索真伪，核实案件线索所反映的公务员涉嫌职务违法行为是否有一定的真实性，是否有构成政府公务员职务违法责任的可能性。

二是初步性。初步性是指初查仅属于一种对于案件线索所反映的公务员涉嫌职务违法事实进行初始的、不一定全面的、不作最终责任追究结论的审查活动，其功能在于判定对案件线索所反映的公务员涉嫌职务违法事实是否有必要正式立案调查，而不是对案件线索所反映的问题或者情况作详细、全面的查证落实，更不是对涉案行为人应否追究职务违法责任作出最终的决定。

三是秘密性。为了防止泄露案件信息及因案件信息泄露可能引发的不利后果的发生，初查应当秘密进行，原则上不得公开初查人员、初查对象、初查目的、初查方法和泄露案件其他应当保密的线索信息。

四是前提性。由于初查的直接目的和任务是给责任追究主体作出是否立案决定提供立案根据。因此，对于那些线索复杂、涉嫌违法事实真伪不明的案件而言，初查不仅是责任追究主体在作出立案决定之前的一个必要的前置性程序，也是责任追究主体对此类案件作出立案决定的前提与基础。

五是非强制性。由于初查是对政府公务员职务违法责任案件在正式立案之前，责任追究主体对获取的案件线索进行的初步核实与审查，加之初查并非法定的必要程序，其在很大程度上属于责任追究主体的内部办案程序，因此责任追究主体在对案件进行初查过程中，非有法律的明确授权，一律不得采取强制性法律措施，只能通过走访、调查、核实等非强制性方式、方法进行。初查必须经责任追究主体领导的批准，未经批准，任何办案人员都不得实施初查行为。

“初查”作为一项法律制度，首先形成于人民检察院侦办国家工作人员职务犯罪案件过程中。1985 年 1 月召开的第二次全国检察机关信访工作会议文件谈到，“信访部门比较适合承办部分控告、申诉案件立案之前的‘初查’，以便能够为职务犯罪侦查部门提供准确性高一些的案件线索”[①]。此后，最高人民检察院所发布的多个文件、司法解释较广泛地使用了“初查”概念，初查逐步演化为检察机关侦办国家工作人员职务犯罪案件的一项重要程序性制度。[②] 接下来，初查概念逐渐被运用于国家行政管理领域、党的纪律检查领域，并成为行政执法机关查处涉嫌职务违法行为、党组织办理违纪案件的重要程序制度。例如，原《行政监察法》第 31 条第 1 款规定，“监察机关按照下列程序对违反行政纪律的行为进行调查处理：（一）对需要调查处理的事项进行初步审查；认为有违反行政纪律的事实，需要追究行政纪律责任的，予以立案；……”；原《行政监察法实施条例》第 29 条规定，“对违反行政纪律行为进行初步审查，应当经监察机关领导人员批准”；《行政机关公务员处分条例》第 39 条第 1 款规定，“任免机关对涉嫌违法违纪的行政机关公务员的调查、处理，按照下列程序办理：（一）经任免机关负责人同意，由任免机关有关部门对需要调查处理的事项进行初步调查；（二）任免机关有关部门经初步调查认为该公务员涉嫌违法违纪，需要进一步查证的，报任免机关负责人批准后立案；……”。现行《监察法》虽然没有采用初查或者初步调查的概念，但在赋予监察机关对公职人员涉嫌违法犯罪行为调查权的同时，也确立了实为初查的“初步核实”制度。[③]

---

① 李卫国：《贪污贿赂案件初查的界定与实施》，载《人民检察》2010 年第 2 期。

② 例如，1995 年最高人民检察院《关于要案线索备案、初查的规定》第 3 条规定，“本规定所称初查，是指人民检察院在立案前对要案线索材料进行审查的司法活动”；1999 年 9 月最高人民检察院颁布的《关于检察机关反贪污贿赂工作若干问题的决定》（已失效）第 6 条规定，“初查是检察机关对案件线索在立案前依法进行的审查，包括必要的调查。初查可以审查报案、控告、举报、自首材料，接谈举报人或者其他知情人，进行必要的调查和收集涉案信息等”。

③ 《监察法》第 38 条规定，“需要采取初步核实方式处置问题线索的，监察机关应当依法履行审批程序，成立核查组。初步核实工作结束后，核查组应当撰写初步核实情况报告，提出处理建议。承办部门应当提出分类处理意见。初步核实情况报告和分类处理意见报监察机关主要负责人审批”；第 39 条第 1 款规定，“经过初步核实，对监察对象涉嫌职务违法犯罪，需要追究法律责任的，监察机关应当按照规定的权限和程序办理立案手续”。

第二节 职务违法的立案调查

一、职务违法立案调查的含义

立案，即案件成立之意，是指责任追究主体对直接获知或者发现的具备立案条件的公务员涉嫌职务违法行为，或者对经过初查确认符合立案条件的公务员涉嫌职务违法行为启动正式调查处理的法律行为。因此，责任追究主体对公务员涉嫌职务违法行为的立案，大致有以下两种情形：一是对已经发现的公务员涉嫌职务违法行为不需经过初查的立案，即责任追究主体通过对案件线索的受理、初步筛选与判断，认为案件线索所反映的公务员涉嫌职务违法行为事实及其证据材料已经符合直接立案条件、无需进行必要初查，即直接决定立案的情况。二是对已经发现的公务员涉嫌职务违法行为线索需要经过初查的立案，即在对受理的案件线索及其所反映的公务员涉嫌职务违法行为的真伪尚无法做出基本判定，且在案件尚欠缺必要立案条件的情况下，责任追究主体对案件线索及其所反映的公务员涉嫌职务违法行为事项进行初查，并在经初查获取必要的立案证据、成就立案条件的情况下的立案。在政府公务员职务违法责任实现的实践中，固然有不经初查即立案的情况，但经初查之后的立案情况却最多、最为常见。因此，公务员涉嫌职务违法行为的发现是立案的前提和基础，立案则是发现公务员涉嫌职务违法行为之后的应然要求。

立案既是政府公务员职务违法责任实现程序向前推进的关键性、前提性的程序步骤，更是政府公务员职务违法责任有效实现的关键性、前提性的行为环节。如果责任追究主体对已经发现的公务员涉嫌职务违法事项不予立案或者虚假立案，就不可能实现或者有效实现政府公务员职务违法责任。具体而言，立案的主要意义和作用在于：

（1）启动对案件的正式调查。立案意味着对案件线索所反映的特定政府公务员涉嫌职务违法事实的全面、深入、细致的调查以及依法审理的开始。在公务员涉嫌职务违法行为发现阶段，责任追究主体的重要任务是甄别案件线索及其所反映的公务员涉嫌职务违法行为是否有一定的真实性，是否具备正式立案所要求的基本条件，因而责任追究主体在这个阶段所获取或者发现的案件线索，以及其所反映的公务员涉嫌职务违法行为，不论是否已达到不经初查即决定立案的条件，都在一定程度上存在对公务员涉嫌职务违法事实认知尚不够全面、准确、深入，以及对证明公务员涉嫌职务违法行为客观存在的案件证据的收集还不够确凿、充分、完整等问题。这就需要责任追究主体在立案之后，对案件线索及其所反映的公务员涉嫌职务违法行为做进一步的调查了解，全面收集与公务员涉嫌职务违法行为相关联的证据，并在此基础上依法作出相应的处理或审理决定。

（2）依法适用法律规定的强制性手段或者措施对涉案事实进行查证。立案，意味着法律赋予责任追究主体强制性调查权限及措施，以及其他在立案后才可以采取的能够依法行使或者依法采取的措施，从而加大对案件调查、取证的力度，切实保障责任追究主体及时、有效、合法地查明案件事实，为下一步对案件作出正确合法处理提供确凿充分的事实证据。

如前文所述，在公务员涉嫌职务违法行为的发现阶段，即使责任追究主体对案件线索及其所反映的公务员涉嫌职务违法行为需要作出必要的初步审查，也不能采取任何具有强制性的措施。但在正式立案之后，责任追究主体就可以采取法律所赋予的各种必要强制措施，以及其他在案件立案之后才能够采取的措施。例如，《行政机关公务员处分条例》第 38 条规定，“行政机关公务员违法违纪，已经被立案调查，不宜继续履行职责的，任免机关可以决定暂停其履行职务。被调查的公务员在违法违纪案件立案调查期间，不得交流、出境、辞去公职或者办理退休手续”。

（3）政府公务员职务违法责任追究程序的终结或者继续向前推进。立案的主要任务和目的在于全面、彻底查清案件事实，为责任追究主体作出正确合法的案件处理决定提供坚实的事实基础与证据材料。因此，立案调查属于全面性调查，即责任追究主体不仅要调查收集足以证明特定公务员存在应当承担相应责任的违法事实的证据，也要调查收集证明特定公务员不存在案件线索所反映的涉嫌职务违法事实，或者公务员虽然存在涉嫌职务违法行为但依法不应追究其相应责任的有关证据。如果经过立案调查，证明特定公务员的确存在应当承担相应责任的职务违法行为，就需要继续将政府公务员职务违法责任追究程序向前推进，依法作出相应的责任追究决定，并付诸实际执行；如果经过立案调查，证明特定公务员并不存在应当承担责任的职务违法行为，或者其虽存在职务违法行为但依法不应追究责任，就应当依法作出撤销案件的决定，彻底终结政府公务员职务违法责任追究程序。对此相关立法文件也有明确的规定。例如，《行政机关公务员处分条例》第52条规定，“有违法违纪行为应当受到处分的行政机关公务员，在处分决定机关作出处分决定前已经退休的，不再给予处分；但是，依法应当给予降级、撤职、开除处分的，应当按照规定相应降低或者取消其享受的待遇”①；《监察法》第45条第2款规定，“监察机关经调查，对没有证据证明被调查人存在违法犯罪行为的，应当撤销案件，并通知被调查人所在单位”。根据现有相关法律规范的规定，追究公务员涉嫌职务违法责任均须经过立案程序，不经立案程序不得追究任何政府公务员职务违法责任。

二、职务违法立案调查的条件

立案既是责任追究主体的一种法定权力，更是责任追究主体的法定职责义务。公务员涉嫌职务违法行为一旦立案，对责任追究主体的相关工作就会发生直接的启动性、赋权性、约束性等法律效果。责任追究主体对公务员的

① 《公职人员政务处分法》第27条也作了与本条规定基本相同的以下规定，“已经退休的公职人员退休前或者退休后有违法行为的，不再给予政务处分，但是可以对其立案调查；依法应当予以降级、撤职、开除的，应当按照规定相应调整其享受的待遇，对其违法取得的财物和用于违法行为的本人财物依照本法第二十五条的规定处理。已经离职或者死亡的公职人员在履职期间有违法行为的，依照前款规定处理”。

涉嫌职务违法行为是否立案或者立案是否正确，不但会直接影响相关工作的效能、质量以及社会有效形象，而且会直接影响案件当事人的合法权益及保障，更在很大程度上直接决定着政府公务员职务违法责任能不能得到有效实现。因此，为保障和监督责任追究主体及时、正确依法立案，有效防控责任追究主体滥用或者不用立案权，就必须对立案条件和标准作出明确规定。

立案条件与立案标准是两个密切关联但又存在显著不同的概念。所谓立案条件，是指对公务员涉嫌职务违法行为正式立案需要具备的条件。而立案标准则是对适宜量化的个别立案条件的量化标准，换言之，立案标准就是对特定立案条件的具体化、定量性的标准化。根据政府公务员职务违法责任案件立案的特点及有关立法文件的规定，政府公务员职务违法责任追究的一般立案条件大致包括以下几个方面：

1. 有明确的涉嫌实施了职务违法行为的公务员，且该公务员并不存在依法不应当承担相应法律责任的情形。由于所有责任追究都是也只能是针对特定公民、法人或者其他组织落实否定性的、不利的法律或者非法律后果的活动，故有明确的涉嫌违法的当事人理所当然就是公务员涉嫌职务违法行为立案的基本条件之一。有明确的涉嫌职务违法当事人，就是指立案调查并试图追究政府公务员职务违法责任的当事人是清楚明确的。如果涉嫌职务违法的当事人不明确、不确定，就不可能立案。根据有关法理及相关法律、法规等的规定，即便有明确的涉嫌职务违法当事人，如果在立案前有必要证据证明或者经过初查获取的证据证明该当事人没有相应的法律责任能力，或者超过了法定的责任追究时效，或者有其他依法不应当追究责任的情形等，就不应当立案追究其违法责任。

2. 有证据证明特定公务员实施了有可能承担责任的职务违法行为。除了一部分事实已经清楚、证据确凿且在正式立案之后不需要进一步调查核实，责任追究主体可以在立案后直接按照法定程序作出责任追究决定的案件，对政府公务员职务违法责任的追究，往往在立案时只有立案证据（可以证明特定公务员实施了一定的、有可能承担责任的职务违法行为的初步性证据，依靠这种初步性证据可以作出立案决定，但尚不足以据此对案件作出最终的定性处理），并不具备充分的定案证据（可以据此对案件作出最终的定性处理，也就是可以依法作出应当或者不应当追究政府公务员职务违法责任决定的证据）。因此，在有必要证据证明特定公务员实施了有可能承担责任的职务违法行为后即可立案，但是否应当实际追究政府公务员职务违法责任，还需要在立案调查之后，根据调查结果作出相应决定。这就是说，即使已经立案，对于涉嫌实施了职务违法行为的公务员也不一定就要当然追究法律责任，也有可能经过立案调查而撤销案件，不予追究责任。

3. 公务员涉嫌职务违法行为的查处属于作出立案决定的责任追究主体的职责权限的管辖范围。换言之，对政府公务员涉嫌职务违法行为作出立案决定的责任追究主体依法拥有案件管辖权。案件管辖权，包括职能管辖、地域管辖、级别管辖以及移送管辖等。责任追究主体对符合立案条件的案件应当在职责权限范围之内及时立案，不得不立案、立假案；对于不符合立案条件的案件一概不得超越法定管辖权而违法立案；对于已经发现的不属于自己管辖权限范围的案件，应当依法移送至有管辖权的责任追究主体立案查处。①

三、职务违法案件的立案程序

由于政府公务员涉嫌职务违法行为的立案事关重大，要保障立案工作质量，除了要明确立案条件及标准，还需要对立案进行必要的程序控制。立案程序，是指责任追究主体开展立案活动应遵循的程序，即开展立案活动应当遵循的步骤、顺序、方法、形式、时限等要素有机构成的程序规范体系。政

① 例如，原环境保护部《环境监察办法》第26条第1款规定，“对依法受理的案件，属于本机关管辖的，环境保护主管部门应当按照规定的时限和程序依法处理；属于环境保护主管部门管辖但不属于本机关管辖的，受理案件的环境保护主管部门应当移送有管辖权的环境保护主管部门处理；不属于环境保护主管部门管辖的，受理案件的环境保护主管部门应当移送有管辖权的机关处理”；原监察部、原国家环境保护总局《环境保护违法违纪行为处分暂行规定》第13条第1款规定，“环境保护行政主管部门和监察机关在查处环境保护违法违纪案件中，认为属于对方职责范围内的，应当及时移送”。

府公务员涉嫌职务违法案件立案的一般程序及其要求包括以下几个方面：

1. 立案启动。立案启动指立案程序的提起，即责任追究主体受理、审查案件线索的工作部门及其办案人员，对认为符合立案条件并可以立案的案件，向责任追究主体分管立案工作的领导提出立案申请或者请求立案调查报告的活动。立案申请或者报告应当通过填报《立案申请表》或者《立案审核表》以及其他规定的书面形式提出。在申请或报告中一般应当写明涉嫌职务违法的公务员的基本情况、涉嫌职务违法的主要事实及证据、涉嫌职务违法行为所违反的主要法律规范、案件承办人立案意见、案件承办部门机构及其负责人意见等事项。对需要通过会议议决的立案事项还应当由责任追究主体分管立案工作的领导在申请报告上加注意见。

2. 审核批准。审核批准是责任追究主体对案件线索审查部门及其办案人员提出的立案申请或者报告等进行审核，并作出立案决定的程序。一般而言，责任追究主体对公务员涉嫌职务违法事项的立案，可视责任追究对象的不同（例如，作为责任追究对象的公务员是领导职务还是非领导职务的公务员等情况），以及案件的轻重、复杂及难易程度等的不同，并根据问责权限及决策程序的规定，分别由责任追究主体的主管领导、正职领导①决定或批准，在必要时也可以通过会议方式议决。责任追究主体作出对某些特定案件的立案决定，还需要根据有关法律、法规的规定，事先报请上级机关批准，或者在作出立案决定之后报上级机关备案。②

3. 调查取证。立案的主要任务和目的在于全面、彻底查清案件事实，为

---

① 例如，《行政机关公务员处分条例》第 39 条第 1 款第 2 项规定，“任免机关对涉嫌违法违纪的行政机关公务员的调查、处理，按照下列程序办理：……（二）任免机关有关部门经初步调查认为该公务员涉嫌违法违纪，需要进一步查证的，报任免机关负责人批准后立案”；《监察法》第 39 条规定，“经过初步核实，对监察对象涉嫌职务违法犯罪，需要追究法律责任的，监察机关应当按照规定的权限和程序办理立案手续。监察机关主要负责人依法批准立案后，应当主持召开专题会议，研究确定调查方案，决定需要采取的调查措施。立案调查决定应当向被调查人宣布，并通报相关组织。涉嫌严重职务违法或者职务犯罪的，应当通知被调查人家属，并向社会公开发布”。

② 例如，已经废止的原《行政监察法》（2010 年）第 31 条规定，监察机关按照法定程序对违反行政纪律的行为进行调查处理，对“重要、复杂案件的立案，应当报本级人民政府和上一级监察机关备案”。

责任追究主体作出正确的案件处理决定提供坚实的事实根据。因此，调查取证是立案程序的关键性环节，其工作质量直接决定责任追究主体对立案事项作出处理的质量，也直接决定政府公务员职务违法责任实现程序的是否终结。根据有关规定，责任追究主体开展立案后的调查取证活动，应当遵循下列基本要求：调查人员必须具备执法资格，主动出示执法资格证件或者法律文书，并在实施调查活动中人数不得少于二人；具备应当依法主动回避情形时，应当主动申请回避，或者依涉嫌职务违法的公务员的请求被决定回避，以保障调查工作的公正性；应当全面收集能够证明特定公务员构成或者不构成公务员涉嫌职务违法行为、应当或者不应当承担相应职务违法责任的证据；在调查取证过程中经过批准可以依据有关法律、法规等的规定采取必要的调查取证措施，且不得滥用强制措施；必须在法定期限之内完成调查工作；必须对收集、调取的证据材料予以核实，并在此基础上写出调查或者侦查终结报告，以便责任追究主体据此作出相应决定。

4. 审查或者审理。在立案调查结束之后，为了有助于慎重作出政府公务员职务违法责任决定，保证责任决定的质量，责任追究主体负责调查的机构应将调查案卷移送至案件审查或者审理机构，并由其对案件事实、证据等做进一步审核或审查，并在此基础上向责任追究主体决策者提交据此作出职务违法责任决定的审查或者审理意见。目前，我国相关法律法规并没有对政府公务员职务违法责任追究的立案审理程序作统一的具体规定。可见的关于政府公务员职务违法责任追究立案审查的程序，在国家监察制度建立之前，主要体现在行政监察机关依据行政监察法律、法规规定对公务员作出行政处分的审理程序的规定方面。① 此外，有关党内法规或者党内规范性文件对党员公务员作出纪律处分的审理程序也作了与监察机关案件审理程序大致相同的

① 例如，原《行政监察法》（1997年）第30条规定，监察机关对已经立案调查的案件，“有证据证明违反行政纪律，需要给予处分或者作出其他处理的，进行审理”，并在审理之后依法作出决定。原监察部根据原《行政监察法》（2010年）的规定，专门制定颁布了《监察机关审理政纪案件的暂行办法》，对原行政监察机关办理政纪案件的审理制度从实体到程序作了具体的规定。

规定。① 在国家监察制度建立之后，《监察法实施条例》也将“审理”作为办理公职人员职务违法犯罪案件的必经程序，在第五章“监察程序”专设了第五节“审理”，并对监察机关案件审理部门对政务处分案件的审理作了如下的主要规定：一是案件审理部门在收到调查部门移送审理的案件后，应当审核其材料是否齐全、手续是否完备。经审核符合移送审理条件的，应当予以受理，不符合移送条件的，经审批可以暂缓受理或者不予受理，并要求案件调查部门补充完善相关的材料。二是审理部门应组成二人以上的审理组，对已经受理的案件依据《监察法》《公职人员政务处分法》等法律、法规的规定，对案件事实证据、性质认定、程序手续、涉案财物等进行独立的全面审理，并依法提出审理意见。按照调查与审理相分离原则的要求，案件调查人员不得参与案件的审理。三是审理工作应当坚持民主集中制原则，经集体审议形成审理决议。审理工作结束后应当形成载明被调查人基本情况、调查情况、涉嫌违法实施、被调查人的态度和认识、涉案财物的处置、承办部门意见、审理意见等内容的审理报告，并提交监察机关集体审议。审理部门经审理认为现有证据不足以证明被调查人存在违法犯罪行为，且通过退回补充调查仍无法达到证明标准的，应当提出撤销案件的建议。

第三节 职务违法责任的决定

一、职务违法责任的决定权限

所谓政府公务员职务违法责任的决定，是指由责任追究主体在立案调查

---

① 例如，《中国共产党纪律检查机关案件检查工作条例》专列了“移送审理”一章，其中的第40条规定，“凡属立案调查需追究党纪责任的案件，调查终结后，都要移送审理。个别重大复杂的案件，调查过程中，可提前介入审理”，并对审理需要移送的材料、审理后的处理等作出了规定；《中国共产党纪律检查机关案件检查工作条例实施细则》第五章对“移送审理”作出了更加具体明确的规定。

的基础上，以事实为根据，以法律为准绳，按照法定权限、程序对政府公务员应否最终承担职务违法责任依法作出决定的程序。责任追究主体关于政府公务员职务违法责任的决定，在内容上既可以是追究政府公务员职务违法责任的决定，也可以是不追究政府公务员职务违法责任的决定。

政府公务员职务违法责任，通常由拥有问责权限的行政机关、监察机关等责任追究主体通过会议形式依法作出，但在有些情况下，还需要根据有关规定在报经上级机关、权力机关同意或者批准之后才能作出。以对公务员的行政处分为例，《行政机关公务员处分条例》对作出行政处分的权限作出了下列具体规定：

1. 对经全国人民代表大会及其常务委员会决定任命的国务院组成人员给予处分，由国务院决定。其中，拟给予撤职、开除处分的，由国务院向全国人民代表大会提出罢免建议，或者向全国人民代表大会常务委员会提出免职建议。罢免或者免职前，国务院可以决定暂停其履行职务。

2. 对经地方各级人民代表大会及其常务委员会选举或者决定任命的地方各级人民政府领导人员给予处分，由上一级人民政府决定。拟给予经县级以上地方人民代表大会及其常务委员会选举或者决定任命的县级以上地方人民政府领导人员撤职、开除处分的，应当先由本级人民政府向同级人民代表大会提出罢免建议。其中，拟给予县级以上地方人民政府副职领导人员撤职、开除处分的，也可以向同级人民代表大会常务委员会提出撤销职务的建议。拟给予乡镇人民政府领导人员撤职、开除处分的，应当先由本级人民政府向同级人民代表大会提出罢免建议。罢免或者撤销职务前，上级人民政府可以决定暂停其履行职务；遇有特殊紧急情况，省级以上人民政府认为必要时，也可以对其作出撤职或者开除的处分，同时报告同级人民代表大会常务委员会，并通报下级人民代表大会常务委员会。

3. 对地方各级人民政府工作部门正职领导人员给予处分，由本级人民政府决定。其中，拟给予撤职、开除处分的，由本级人民政府向同级人民代表大会常务委员会提出免职建议。免去职务前，本级人民政府或者上级人民政府可以决定暂停其履行职务。

关于监察机关对政府公务员的政务处分权限，《监察法实施条例》第46条规定，“设区的市级以上监察委员会按照管理权限，依法管辖同级党委管理的公职人员涉嫌职务违法和职务犯罪案件。县级监察委员会和直辖市所辖区（县）监察委员会按照管理权限，依法管辖本辖区内公职人员涉嫌职务违法和职务犯罪案件。地方各级监察委员会按照本条例第十三条、第四十九条规定，可以依法管辖工作单位在本辖区内的有关公职人员涉嫌职务违法和职务犯罪案件”。

关于监察机关作出政务处分的审批权限问题，《公职人员政务处分法》第44条也明确规定，“调查终结后，监察机关应当根据下列不同情况，分别作出处理：（一）确有应受政务处分的违法行为的，根据情节轻重，按照政务处分决定权限，履行规定的审批手续后，作出政务处分决定；……”。从《监察法》《公职人员政务处分法》的有关规定来看，由于监察机关已经不再是行政监察机关，而是对所有国家公职人员依法独立享有监察监督职责权限的专门国家监察监督机关，因此监察机关按照法定的职责权限分级行使监察监督权，并在行使包括政务处分权等监察监督职权时不受行政机关乃至其他任何国家机关的干涉。换言之，监察机关给予行政公务员政务处分并不需要经过国家行政机关以及其他国家机关的批准。

二、职务违法责任决定的种类

责任追究主体根据立案调查结论，以及审理机构等对调查活动及其结论所作的审查、审理意见，对已经立案的公务员涉嫌职务违法行为的案件可视具体情况依法作出下列几种责任追究决定：

1. 追究责任。即经审理审查认为需要追究政府公务员职务违法责任的，由责任追究主体依法作出处分决定等责任追究决定。例如，根据监察法律、法规的规定，监察机关对存在职务违法行为的公务员，可以作出如下的责任追究决定：一是对需要给予政务处分的，依法作出处分决定，并制作、送达政务处分决定书；二是对情节较轻、依法不需要给予处分的，可以依法进行谈话提醒、批评教育、责令检查，或者予以诫勉。

2. 撤销案件。撤销案件是指责任追究主体经过立案调查，认定被立案调查的政府公务员不存在职务违法行为，或者虽然存在职务违法行为，但根据有关规定不需要追究其法律责任的，将案件予以撤销。例如，《监察法实施条例》第206条规定，“监察机关经调查，对没有证据证明或者现有证据不足以证明被调查人存在违法犯罪行为的，应当依法撤销案件。省级以下监察机关撤销案件后，应当在七个工作日以内向上一级监察机关报送备案报告。上一级监察机关监督检查部门负责备案工作。省级以下监察机关拟撤销上级监察机关指定管辖或者交办案件的，应当将《撤销案件意见书》连同案卷材料，在法定调查期限到期七个工作日前报指定管辖或者交办案件的监察机关审查。对于重大、复杂案件，在法定调查期限到期十个工作日前报指定管辖或者交办案件的监察机关审查。指定管辖或者交办案件的监察机关由监督检查部门负责审查工作。指定管辖或者交办案件的监察机关同意撤销案件的，下级监察机关应当作出撤销案件决定，制作《撤销案件决定书》；指定管辖或者交办案件的监察机关不同意撤销案件的，下级监察机关应当执行该决定。监察机关对于撤销案件的决定应当向被调查人宣布，由其在《撤销案件决定书》上签名、捺指印，立即解除留置措施，并通知其所在机关、单位”。对案件的撤销不但意味着政府公务员职务违法责任实现程序因达到目的而终结，责任追究主体必须终止全部的案件查处工作并及时解除已经采取的强制措施，不得针对同一案件当事人的同一案件线索或者事实再作任何调查与处理，而且意味着彻底解除当事人的职务违法嫌疑，不得基于同一案件线索或者事实对当事人作出追究职务违法责任的决定。对不应当追究职务违法责任案件的撤销，虽然在形式上导致了对特定当事人没有且不再追究责任的后果，但在实质上却有效实现了政府公务员职务违法责任。

3. 移送案件。案件的移送是指已经对案件受理、立案的责任追究主体发现自己对本案没有管辖权，或者虽有管辖权但不宜行使管辖权的情形时，将案件移送至有管辖权的国家机关处理的活动。案件移送多发生在案件的受理阶段，在立案之后发现有应当移送的法定或者规定事由的也应当依法移送。

三、职务违法责任决定的形式

因政府公务员职务违法责任决定事关公务员的切身利益，责任追究主体作出对公务员的责任决定应当采用会议议决的方式进行，即政府公务员职务违法责任决定必须经过责任追究主体负责人通过会议方式集体讨论之后作出决定，原则上不应由其主要负责人或者分管负责人不经集体审议研究而直接作出。对此，有关立法文件有明确规定。例如，《行政机关公务员处分条例》第39条明确规定，对涉嫌违法违纪的行政机关公务员“经任免机关领导成员集体讨论，作出对该公务员给予处分、免予处分或者撤销案件的决定”。

责任追究主体作出政府公务员职务违法责任追究决定必须采用书面形式。责任追究主体所作出的政府公务员职务违法责任决定，在形式上主要表现为行政处分或者政务处分决定书等法律文书。根据有关立法文件等的规定，责任追究主体作出责任追究决定，必须在决定书上载明责任主体的基本情况（姓名、性别、年龄、民族、职业或职务、住所地等事项）、违法事实以及证明违法事实的证据、具体适用的法律规范（包括实体性法律规范和程序性法律规范）、决定的内容（主要包括政府公务员职务违法责任的具体形式；履行或者执行政府公务员职务违法责任追究决定的主体、方式、时间等要求；对政府公务员职务违法责任决定进行救济的途径和期限等内容），以及作出责任追究决定的国家机关名称、印鉴及作出时间。责任追究主体对公务员所作的责任追究决定，通常从作出决定之日起生效，需要批准的自批准之日起生效，并不以实际送达为生效条件。例如：《行政机关公务员处分条例》第46条规定，“处分决定、解除处分决定自作出之日起生效”；《监察法实施条例》第203条规定，“监察机关应当将政务处分决定书在作出后一个月以内送达被处分人和被处分人所在机关、单位，并依法履行宣布、书面告知程序。政务处分决定自作出之日起生效”。

第四节 职务违法责任的执行

一、职务违法责任执行的含义

执行是政府公务员职务违法责任实现程序的最后阶段，也是判定政府公务员职务违法责任是否得到有效实现的关键性指标。已经确定的政府公务员职务违法责任是通过执行来实现的，没有执行，政府公务员职务违法责任就不可能得到实现。所谓职务违法责任执行，在广义上是指政府公务员职务违法责任关系主体依法落实生效的职务违法责任决定所确定的权利和义务内容的活动；在狭义上则是指有权的国家机关借助法律赋予的措施或者手段将已经发生法律效力的职务违法责任决定所确定的义务内容付诸实现的活动。本书所称政府公务员职务违法责任的执行是从狭义上而言的。

根据有关立法文件的规定精神，政府公务员职务违法责任决定的执行主体大致可以从以下几个方面来认识：

1. 政府公务员职务违法责任决定追究主体与执行主体相同，即责任追究主体同时也是责任追究决定的执行主体。对于责任追究主体所作出的政府公务员职务违法责任决定的执行而言，责任追究主体通常就是执行主体。对于公务员责任追究决定的执行而言，责任追究主体与执行主体相统一的情形主要限于以下两种情况：一是公务员的组织人事管理权限或者监察监督权限属于责任追究主体的，由该责任追究主体依法负责执行自己所作出的生效责任追究决定。二是公务员的组织人事权限或者监察监督权限虽不属于责任追究主体，但该责任追究主体基于法律、法规的赋权，或者上级机关的依法指派等可以直接执行生效的公务员责任追究决定。例如，上级行政机关给予下级行政机关所属公务员以警告、记过行政处分的，上级行政机关既可以自己宣布、送达行政处分决定，也可以委托受处分公务员所在行政机关宣布、送达行政处分决定。

2. 政府公务员职务违法责任追究主体与执行主体相分离，即政府公务员职务违法责任追究主体只负责作出决定，并不具体负责执行决定，执行工作由责任追究主体以外的国家机关负责执行。在通常情况下，上级责任追究主体所作的生效处分决定一般由被处分的公务员所在单位作为执行主体负责执行，但在必要时作出警告、记过等行政处分的上级责任追究主体也可以自己执行；责任追究主体所作出的需要通过采取强制执行措施执行的公务员责任追究决定，如果责任追究主体没有强制执行权限，则只能申请有强制执行权限的国家司法机关依法执行。

3. 公务员责任追究主体与其他相关国家机关或者组织共同执行。例如，上级责任追究主体给予下级行政机关所属公务员降级、撤职、开除的行政处分的，即便作出处分决定的上级责任追究主体实际宣布、送达了行政处分决定，但处分所要求的相关手续等还需要受处分的公务员所在的行政机关具体办理，作出处分决定的上级责任追究主体并无办理具体处分手续的权限，这就需要作出处分决定的上级责任追究主体和下级行政机关来共同执行责任追究决定。

二、职务违法责任执行的方式方法

由于政府公务员职务违法责任可以划分为有作为义务的职务违法责任与无作为义务的职务违法责任两类，对生效职务违法责任决定的执行自然也相应地包括了对有作为义务的责任决定的执行与对无作为义务的责任决定的执行两类。

对于无作为义务的政府公务员职务违法责任通常通过非强制性方式、方法来执行。以对政府公务员的行政处分或者政务处分决定的执行为例，大致包括了以下具体执行方法：

1. 宣布、送达（通知）处分决定。宣布、送达（通知）处分决定既是执行必经的法定程序，更是一种具体的执行方法或者措施。《行政机关公务员处分条例》明确规定宣布、送达（通知）是行政处分决定执行的必经程序或者方式。[①] 关于监察机关政务处分的执行，《监察法实施条例》第203条第1款规定，“监察机关应当将政务处分决定书在作出后一个月以内送达被处分人和被处分人所在机关、单位，并依法履行宣布、书面告知程序”；第2款规定，“政务处分决定自作出之日起生效。有关机关、单位、组织应当依法及时执行处分决定，并将执行情况向监察机关报告。处分决定应当在作出之日起一个月以内执行完毕，特殊情况下经监察机关批准可以适当延长办理期限，最迟不得超过六个月”。

2. 将处分决定归档，即将处分决定归入公务员的个人人事档案。对此，相关法律、法规有明确的规定。例如，《行政机关公务员处分条例》第39条第1款第7项规定，“任免机关有关部门应当将处分决定归入受处分的公务员本人档案，同时汇集有关材料形成该处分案件的工作档案”。将处分决定归档的主要意义就是将受处分者的“不良”行为予以记录或记载，既作为对受处分者日常表现情况的证明材料，又便于在开展相关工作中备查。目前的有关立法文件，对已经归档的处分并没有作出在经过一定期限或者符合某种条件后的撤档规定，在实践中，通常都不撤销归档的处分决定或者材料。即使处分已经达到规定时间或具备解除条件，[②] 也只是将解除处分的决定装入档案，并不撤销原有处分决定或者材料。

3. 办理有关处分手续。虽然行政处分或者政务处分本身并不为受处分的公务员设定新的、需要其履行的义务。但就部分处分责任而言，其责任追究

---

① 《行政机关公务员处分条例》第39条第1款第6项规定，“任免机关应当将处分决定以书面形式通知受处分的公务员本人，并在一定范围内宣布”；《中国共产党纪律处分条例》（2018修订）第41条规定，“党纪处分决定作出后，应当在一个月内向受处分党员所在党的基层组织中的全体党员及其本人宣布，并按照干部管理权限和组织关系将处分决定材料归入受处分者档案……”。

② 有关法律文件、党的规范性文件对行政处分、纪律处分的时间都作了具体规定，在规定的处分期限届满，作出决定的责任追究主体应当按照规定程序解除处分。例如，《行政机关公务员处分条例》第7条规定，“行政机关公务员受处分的期间为：（一）警告，6个月；（二）记过，12个月；（三）记大过，18个月；（四）降级、撤职，24个月”；第39条第2款规定，“受处分的行政机关公务员处分期满解除处分的程序，参照前款第（五）项、第（六）项和第（七）项的规定办理”。

决定一旦作出并生效，实际上就等于给有关行政机关或者机构设定了办理有关组织人事手续等的作为义务，处分责任只有实际办理了有关处分所要求的组织人事管理等方面的手续才能得到实现。办理有关处分手续是执行无作为义务的处分责任追究决定的重要环节。如果责任追究主体只作出处分决定，而不实际办理处分所要求的有关组织人事等手续，处分责任就有可能得不到实现。当然办理有关处分手续，并非执行所有的处分决定必经的程序。责任追究主体给予公务员警告、记过、记大过处分，一般经过宣布、送达及归档程序后即执行完毕，并不需办理其他处分执行手续。但责任追究主体给予公务员降级、撤职、开除的处分，都需要办理一定的组织人事、财物管理、文件管理、工作交接等处分执行手续。例如，给予公务员降级处分，必须自处分生效之日起相应地降低被处分公务员的工资福利待遇；给予公务员撤职处分，必须办理该公务员的职务工资变动以及办公设备、场所、文件移交等相关的处分执行手续；给予公务员开除处分，必须办理停发工资福利待遇、解除工作关系以及办公设备、场所、文件移交等处分执行手续。

4. 执行有关处分后对受处分公务员权利的限制性规定。既然行政处分或者政务处分是对公务员职务违法行为的一种惩戒或者制裁，那么在公务员受处分期限之内或者规定期限之内就应当对其权利作必要的限制，不能在处分期限之内给予与处分的性质、目的相背离的利益或者待遇。对此，相关立法性文件已有明确规定。例如，《行政机关公务员处分条例》第 8 条规定，“行政机关公务员在受处分期间不得晋升职务和级别，其中，受记过、记大过、降级、撤职处分的，不得晋升工资档次；受撤职处分的，应当按照规定降低级别”；第 9 条第 1 款规定，“行政机关公务员受开除处分的，自处分决定生效之日起，解除其与单位的人事关系，不得再担任公务员职务”。对受处分公务员的权利在一定期限之内的限制性规定的执行，是处分责任执行不可或缺的内容或环节，如果不执行或者不严格按照有关规定执行对受处分公务员的权利的限制性规定，处分责任就难以达到惩戒或者制裁的目的，此类政府公务员职务违法责任的实现就有可能大打折扣。

有作为义务的政府公务员职务违法责任，因给责任主体添附了新的作为义务，只有责任主体实际依法履行了这种义务，政府公务员职务违法责任才有可能最终实现。因此，有作为义务的政府公务员职务违法责任需要通过责任主体的主动履行作为义务或者有权的国家机关依法强制责任主体履行作为义务的途径或者方式来执行。

第五节　职务违法责任的救济

一、职务违法责任救济的含义

政府公务员职务违法责任的救济，主要是指对被追究政府公务员职务违法责任的公务员权利的救济，也包含对错误的政府公务员职务违法责任追究决定的事后修复、补救。之所以将救济作为政府公务员职务违法责任实现的重要环节，主要是由政府公务员职务违法责任实现的基本要求以及救济制度在政府公务员职务违法责任的实现方面的特殊作用所决定的。一方面，如前文所述，政府公务员职务违法责任的实现，不仅指在形式意义上的实现，更重要的指在实质意义上的实现，即责任追究主体应将政府公务员职务违法责任合法、适当、公正地施加于责任主体，对不应当承担责任者不得违法追究其法律责任。如果责任追究主体对某个公务员追究了依法不应当追究的责任，或者所作出的责任追究决定不合法、不适当、不公正，政府公务员职务违法责任虽然有可能在形式上得到了实现，但在实质上并没有得到有效实现。因此，对可能存在违法或者明显不当的责任追究决定予以事后纠正，既是保证政府公务员职务违法责任有效实现的必然要求，更是有效实现政府公务员职务违法责任不可或缺的重要环节。另一方面，对政府公务员职务违法责任实现的事后救济，其主要功能或者作用就是依法纠正存在违法或者明显不当的职务违法责任追究决定，维护公务员的合法权益。因此，对政府公务员职务违法责任实现的事后救济理所当然是有效实现政府公务员职务违法责任的重要环节。当然，对于公务员职务违法责任的追究而言，救济并不属于责任追究的范畴。同时，救济也并非职务违法责任实现必经的程序或行为过程。对职务违法责任的救济，只是针对政府公务员职务违法责任主体依法行使了救济告诉权的部分政府公务员职务违法责任的有效实现不可或缺的行为过程之一。

二、职务违法责任救济的途径

目前我国对政府公务员职务违法责任的救济途径，主要限于内部性救济或者责任追究主体系统内部的救济，外部性或者责任追究主体系统之外的救济制度尚不健全。以政府公务员最常见的行政处分或者政务处分的救济而言，《公务员法》《监察法》等法律法规只规定了以下“内部性”的救济途径：

1. 对于行政机关作出的行政处分，被处分人可以向作出处分的行政机关申请复核，或者向同级公务员主管部门或者作出处分决定的上一级行政机关提出申诉。《公务员法》第 95 条第 1 款、第 2 款规定：“公务员对涉及本人的下列人事处理不服的，可以自知道该人事处理之日起三十日内向原处理机关申请复核；对复核结果不服的，可以自接到复核决定之日起十五日内，按照规定向同级公务员主管部门或者作出该人事处理的机关的上一级机关提出申诉；也可以不经复核，自知道该人事处理之日起三十日内直接提出申诉：（一）处分；（二）辞退或者取消录用；（三）降职；（四）定期考核定为不称职；（五）免职；（六）申请辞职、提前退休未予批准；（七）不按照规定确定或者扣减工资、福利、保险待遇；（八）法律、法规规定可以申诉的其他情形。对省级以下机关作出的申诉处理决定不服的，可以向作出处理决定的上一级机关提出再申诉。”

2. 对于监察机关作出的政务处分，被处分人可以向监察机关提出复审、复核申请。《监察法》第 49 条规定：“监察对象对监察机关作出的涉及本人的处理决定不服的，可以在收到处理决定之日起一个月内，向作出决定的监察机关申请复审，复审机关应当在一个月内作出复审决定；监察对象对复审决定仍不服的，可以在收到复审决定之日起一个月内，向上一级监察机关申请复核，复核机关应当在二个月内作出复核决定。复审、复核期间，不停止原处理决定的执行。复核机关经审查，认定处理决定有错误的，原处理机关应当及时予以纠正。”

关于政府公务员职务违法责任实现的“外部性”救济，主要包括以下几个方面的规定：一是向上级机关或者有关专门机关提出控告。例如，《公务员法》第98条规定，“公务员认为机关及其领导人员侵犯其合法权益的，可以依法向上级机关或者监察机关提出控告。受理控告的机关应当按照规定及时处理”。显见，本条所指的“上级机关”并不限于上级行政机关，还理应包括权力机关、党的领导或者纪律检查机关等，所指“专门机关”，也不限于专门的监察机关，理应包括司法机关在内。因此，如果公务员认为责任追究主体及其领导人员针对自己作出的责任追究决定存在违法或者不当，侵犯了自己的合法权益，不但可以向行政机关以外的相关国家权力机关、党的组织提出控告，而且对认为涉嫌职务犯罪的事项还可以依法向人民检察院等司法机关提出控告。二是申请人事仲裁。《公务员法》第105条规定，“聘任制公务员与所在机关之间因履行聘任合同发生争议的，可以自争议发生之日起六十日内申请仲裁。……当事人对仲裁裁决不服的，可以自接到仲裁裁决书之日起十五日内向人民法院提起诉讼。仲裁裁决生效后，一方当事人不履行的，另一方当事人可以申请人民法院执行”。据此规定，聘任制公务员因履行聘任合同发生人事争议时，聘任制公务员可以通过人事仲裁途径寻求救济。如果在人事仲裁机构作出仲裁决定之后，聘任制公务员不服仲裁裁决，还可以依法向人民法院提起诉讼，借助司法救济途径维护自己的合法权益。当然，从严格意义上讲，目前人事仲裁因设立于人事行政主管部门，并非独立的纠纷裁断机构，在实质上仍然属于行政内救济的范畴。但相对基于人事管理职权及行政层级的申诉等行政内救济途径而言，人事仲裁又具有一定的中立性或独立性，与行政机关按照行政层级处理申诉案件的体制机制又明显有所不同。当然，建立与人事行政主管部门没有任何隶属关系的中立性人事仲裁机构，应属于人事仲裁体制改革的必然选择。三是向非行政机关的国家机关、执政党的组织通过信访途径提出申诉、控告、检举、揭发。根据《宪法》第41条的规定，“中华人民共和国公民对于任何国家机关和国家工作人员，有提出批评和建议的权利；对于任何国家机关和国家工作人员的违法失职行为，有向有关国家机关提出申诉、控告或者检举的权利，但是不得捏造或者歪曲事实进行诬告陷害。对于公民的申诉、控告或者检举，有关国家机关必须查清事实，负责处理。任何人不得压制和打击报复。由于国家机关和国家工作人员侵犯公民权利而受到损失的人，有依照法律规定取得赔偿的权利”。政府公务员如果认为责任追究主体对其所作的处分违法或不当，侵犯了自己的合法权益，其当然也享有《宪法》所赋予的申诉、控告或者检举的权利。此外，根据《中国共产党党章》《中国共产党党内监督条例》等的相关规定，政府公务员在认为因被违法追究职务违法责任，使自己的合法权利受到侵害时，还可以向党的领导机关、党的纪律检察机关通过信访等途径提起申诉、控告、检举、揭发。

第六章

政府公务员职务违法责任实现现状论

第一节　职务违法责任实现的实践历程

政府公务员职务违法责任的实现状况、程度与水平，总体来讲是与在我国经济社会快速转型与发展背景之下，中国特色社会主义政治文明、精神文明、法治文明的不断进步，依法行政、法治政府建设、反腐倡廉的能力和水平的不断提高，公权力运行监督制约机制的不断完善，行政法律责任制度日益健全的进程高度适应的。

自新中国成立到改革开放以前，国家虽然相继颁布了《中央人民政府任免国家机关工作人员暂行条例》（1951 年，已失效）、《国务院关于国家行政机关工作人员的奖惩暂行规定》（1957 年，已失效）等规范性法律文件，初步建立起了对国家工作人员的奖惩制度，为政府公务员职务违法责任及其实现奠定了必要的制度基础。但是，一方面由于当时所建立的国家工作人员责任追究制度还不够健全，法治化程度相对较低，存在一些比较突出的问题。例如：法律责任形式单一（仅限于行政处分责任），行政追偿等制裁性责任及赔礼道歉等补救性责任缺失；行政处分责任的实体性制度与程序性制度构建粗疏，且科学性、合理性、实际可操作性不足；对行政处分等责任进行有效救济的制度不完善，对受处分者的权益保障与救济不力；不同责任形式之间相互衔接不畅，行政责任实现主体建设不够理想等。另一方面因受多种因素的制约或者影响，已经建立起来的行政处分等责任制度在相当长的时期内也没有得到有力、有效的贯彻执行。有的地区、部门、行业或者单位对行政处分责任的追究，曾经一度存在不同程度的不作为、不依法作为，以及对责任追究失之于软、失之于宽等突出问题。正如有学者所言，“进行责任追究的个案往往是在发生事故或案件后，以‘权力问责’方式进行，……并没有相关的‘责任追究办法’或‘责任追究制度’，责任追究缺乏具体的规范和操作程序，追究的过程中人为与偶发因素影响很大，责任追究很大程度上取决于领导人的重视程度。因此，追究力度有限，失之于软、失之于宽的问题比较明显，该追究不追究或不敢追究、敷衍了事的屡见不鲜”①。改革开放以后，与我国依法治国进程尤其是行政法律责任制度建设及其实践的演化发展相适应，政府公务员职务违法责任及其实现的制度建设和实践才日益加强，效果日益显现。自改革开放以来，政府公务员职务违法责任的实现先后大致经历了相对乏力时期、日渐增效时期和提速加力时期三个不同的发展阶段。

一、职务违法责任实现的相对乏力时期

自1978年至2002年这段时间可以说是我国政府公务员职务违法责任实现的相对乏力时期。这一时期，公务员责任追究在沿袭传统制度的同时，为适应新形势的要求开始了逐步的制度创新完善。但在较长时间之内，公务员责任追究的基本法律依据仍是1952年原政务院颁布的《国家机关工作人员奖惩暂行条例》（已失效）、1957年的国务院《关于国家行政机关工作人员的奖惩暂行规定》（已失效）这两部“暂行”了数十年的行政法规。进入20世纪90年代，我国开始产生了一些关于公务员责任追究的新规定，其主要包括：1993年国务院颁布的《国家公务员暂行条例》（已失效）对公务员行政处分责任及其追究作出了较具体的规定；1998年中共中央、国务院颁布的《关于实行党风廉政建设责任制的规定》（已失效）对应当给予党纪、政纪处理的违法违纪行为作出了规定；2001年国务院颁布的《关于特大安全事故行政责任追究的规定》对特大安全事故行政责任追究作了规定。政府公务员责

① 张贤明、文宏：《中国官员责任追究制度建设的回顾、反思与展望》，载《吉林大学社会科学学报》2008年第3期。

任追究实际上仍然是或者主要是针对给予行政处分而言的。在国家层面既没有形成较为完善的关于政府公务员职务违法责任的规定，也缺乏制度化、规范化、系统化的相关配套制度。常见的行政法律责任追究案件，主要是针对行政相对人的，对公务员因职务违法进行问责的案例还不多见，政府公务员职务违法责任追究或者实现的广度、力度、深度明显不足。

二、职务违法责任实现的日渐增效时期

自 2002 年至 2012 年这段时间是政府公务员职务违法责任实现的日渐增效时期。随着改革开放与政府法治建设进程的不断加速，尤其是受“非典”疫情事件的直接促动，政府公务员职务违法责任及其实现的制度建设与实施逐渐步入了快车道。2002 年 11 月，党的十六大明确要求“加强对执法活动的监督，推进行政问责制度建设”，从而为全面推进政府公务员职务违法责任追究及其制度建设提供了强有力的政策与政治基础。在 2003 年掀起的史无前例的问责风暴中，一大批政府公务员因隐瞒疫情或者对疫情防治、事态处置不力等原因而被依法追究责任，充分验证了公务员责任追究及其制度在国家治理、行政管理质量与效能建设等方面的紧迫性、必要性、重要性及有效性，从而强力地助推了我国公权力运行责任制度建设的快速发展。此后，国家相继颁布了《全面推进依法行政实施纲要》、《国务院关于加强市县政府依法行政的决定》、《国务院关于加强法治政府建设的意见》（已失效）等重要的规范性文件，制定了《公务员法》等相关法律法规，大大提升了政府公务员责任追究的制度化、规范化、法治化程度，不断增强了政府公务员法律责任规范和制度的贯彻执行力度。与此同时，从中央到地方，对政府公务员职务违法行为的查处力度也逐渐加大，一大批存在失职、渎职或者不作为、“慢作为”等违法或者不良职务违法行为的公务员被依法查处，政府公务员职务违法责任的实现程度和水平有了十分明显的提升。

三、职务违法责任实现的提速加力时期

2012 年党的十八大以来，我们精心谋划并不断深入推进全面依法治国进

程，强力推进党风廉政建设和反腐败斗争，矢志不移地加强公权力运行监督制约机制与责任追究制度建设，全面加强从严治党，通过修订完善《中国共产党纪律处分条例》，制定《中国共产党问责条例》等一批与公务员责任追究相关的党内法规或者党内规范性文件，将推动管党治党不断从宽松软走向严紧硬，以严格的党内执纪问责，极大地推动了公务员法律责任的落实，并开启了将“权力关进制度笼子”的国家公权力制约机制改革与建设，形成了强有力的有责必问、问责必严的社会治理与国家管理的新局面，行政问责的广度、力度、强度与社会认同度因之也达到了前所未有的程度。[①] 随着国家监察制度的建立，以及《监察法》《公职人员政务处分法》等法律的颁布实施，国家监察专责机关加强了对所有行使公权力的公职人员的监督，深入开展反腐败工作，每年都查处了一大批违法犯罪的公职人员。例如，在国家监察机关正式成立前，自 2012 年至 2017 年，“各级纪检监察机关共查处违反中央八项规定精神问题 18.9 万起，处理党员干部 25.6 万人”[②]。在 2018 年国家监察机关正式成立后，纪检监察机关对违法违纪案件的查处力度更是大幅提升，政府公务员职务违法责任实现的绩效更加显著。仅在 2020 年这一年，“全国纪检监察机关运用‘四种形态’批评教育帮助和处理 195.4 万人次。运用第一种形态谈话函询、提醒批评 133 万人次，占总人次的 68.1%；运用第二种形态给予轻处分、组织调整 48.5 万人次，占 24.8%；运用第三种形态给予重处分、职务调整 7.1 万人次，占 3.6%；运用第四种形态处理严重违纪违法、触犯刑律的 6.8 万人次，占 3.5%，其中涉嫌职务犯罪、移送检

① 例如，党的十八大之前的 2009 年、2010 年、2011 年全国纪检监察机关给予党纪政纪处分的人员分别有 13.87 万人、14.65 万人、14.28 万人。到了 2013 年，全国纪检监察机关给予党纪政纪处分的人员达到了 18.2 万人，2015 年更是达到了 33.6 万人。中央纪委监察部网站发布的各级纪检监察机关点名道姓通报的在全面从严治党中失职失责受到责任追究的典型问题，2014 年 31 起，2015 年 75 起，截至 2016 年 9 月达到 132 起，呈逐年增加态势。（以上数据均来自历年中央纪律检查委员会全会工作报告或者中纪委监察部网站的情况通报。）

② 《十八届中央纪律检查委员会向中国共产党第十九次全国代表大会的工作报告》，载中央纪委监察委网站，https://www.ccdi.gov.cn/xxgkn/hyzl/201710/t20171031_40522.html，2022 年 2 月 3 日访问。

察机关的1.7万人次，因其他犯罪被开除党籍、开除公职的5.1万人次。坚持失责必问，实施精准问责，全国共问责党组织7292个，问责党员领导干部、监察对象8.6万人”①。

第二节 职务违法责任实现取得的成效

自改革开放尤其是2002年党的十六大明确提出“加强对执法活动的监督，推进行政问责制度建设”的要求以来，党和国家全面推进依法治国和国家治理体系与治理能力现代化建设，越来越重视公权力制约监督机制的构建，公务员责任追究及其相关法律制度也日益健全，并在实践中不断提速加力。相对于改革开放之初，政府公务员职务违法责任实现的广度、深度、力度和水平不断增强，取得了越来越显著的成效。

一、职务违法责任追究范围日益拓展

（一）问责由偏重事故问责向常态问责拓展

政府公务员责任追究由“点”向“面”拓展，集中表现在由过去偏重事故责任的追究向日常工作中的违法行为追究拓展，并逐渐取得显著成效。“回顾改革开放30年官员责任追究制度的发展历程，从其内容来看，改革开放初期进行责任追究的事例很少，可查的案例也仅仅只是有限的个案，追究的范围也局限于重大安全事故问责”②。时至今日，政府公务员责任追究的范围虽然仍重视但已经远不限于因安全事故等事件中的问责，越来越重视对政府公务员在日常履行行政管理职责义务过程中的庸、懒、散等直接影响行政

① 《赵乐际在十九届中央纪委五次全会上的工作报告》，载中央纪委监察委网站，https://www.ccdi.gov.cn/xxgkn/hyzl/202103/t20210315_40530.html，2022年2月3日访问。

② 张贤明、文宏：《中国官员责任追究制度建设的回顾、反思与展望》，载《吉林大学社会科学学报》2008年第3期。

管理质量和效能行为的问责；问责的目的与功能虽然仍然注重但已经不限于查处职务违法行为，还兼顾促进政府公务员行政观念、工作作风、行政生态的转变与效能的提高。其集中体现在地方各级人民政府相继制定的一大批适用于政府公务员的行政执法过错责任和庸、懒、散行政的责任追究等方面的行政规章或行政规范性文件之中（个别地方还颁布了关于行政执法责任追究等方面的地方性法规），也充分体现在各个行业或者部门管理方面的一大批行政问责的行政规章或行政规范性文件的出台和实施过程之中。前者例如，《青海省行政执法过错责任追究办法》① 不但规定对违法实施具体行政行为的政府公务员追究过错责任，还规定对批准实施了过错执法行为的“批准人”“不履行法定职责，应当作为而不作为的”行政执法人员追究责任；《河北省错案和执法过错责任追究条例》② 规定对行政执法人员在执法活动中超越法定权限、所办案件认定事实不清、主要证据不足等八类违法行为追究责任；《太原市国家行政机关及其工作人员行政不作为问责办法（试行）》③、《朔州市国家行政机关及其工作人员行政不作为问责办法》④、《江华瑶族自治县行政不作为、慢作为、乱作为责任追究暂行规定》⑤ 等一大批行政规范性文件专门对行政不作为等不良行政的责任追究作了规定。后者例如，在生态环境保护领域，早在2006年原国家环境保护总局就出台了我国首部环境保护行政问责的部门规章——《环境保护违法违纪行为处分暂行规定》，对环境监管问责事由、问责形式、问责程序等作了明确的规定；2014年《环境保护法》一改过去对环境监管行政法律责任规定相对虚化、空化的立法惯例，不仅在第67条第1款规定“上级人民政府及其环境保护主管部门应当加强对下级人

① 2000年7月3日青海省人民政府第18次常务会议审议通过，2000年7月13日省政府令第15号公布。根据2020年6月12日省政府令第125号《青海省人民政府关于修改和废止部分省政府规章的决定》修订。

② 1997年9月3日河北省第八届人民代表大会常务委员会第二十八次会议通过，2015年7月24日河北省第十二届人民代表大会常务委员会第十六次会议修正。

③ 太原市人民政府令第49号。

④ 朔州市人民政府办公厅朔政办发〔2006〕48号。

⑤ 江华瑶族自治县人民政府江政发〔2010〕16号。

民政府及其有关部门环境保护工作的监督。发现有关工作人员有违法行为，依法应当给予处分的，应当向其任免机关或者监察机关提出处分建议”，还在第68条对严重妨害或影响环境监管质量与效率、应当追究行政法律责任的典型环境监管职务违法行为作出了具体列举式规定。在地方，不少环境行政主体或相关的行政机关还先后出台了一大批既“问”环境事故责任，又“问”日常环境监管责任的专门环境行政责任追究的立法或非立法性规范性文件。① 与行政问责制的建立健全相适应，从中央到地方，在持续加大对典型违法事件查处力度的同时，也不断强化了对政府公务员日常违法违纪行为的问责力度，全国每年都有数以万计的政府公务员因违法违纪被依法行政问责。

（二）问责由偏重执行责任向兼顾决策责任拓展

政府公务员责任追究由偏重行政执行责任向兼顾行政决策责任的拓展，是公务员职务违法责任实现取得显著成效的重要表现之一。在改革开放初期以前，对行政机关工作人员的问责，偏重于对行政执行活动中的违法违纪行为的问责，鲜见对行政决策进行问责的制度与实践。2004年3月国务院发布的《全面推进依法行政实施纲要》明确要求，“……加强对决策活动的监督，完善行政决策的监督制度和机制，明确监督主体、监督内容、监督对象、监督程序和监督方式。要按照‘谁决策、谁负责’的原则，建立健全决策责任追究制度，实现决策权和决策责任相统一”。2008年6月国务院《关于加强市县政府依法行政的决定》再次重申“建立行政决策责任追究制度”，要求坚决制止和纠正超越法定权限、违反法定程序的决策行为。对应当听证而未听证的、未经合法性审查或者经审查不合法的、未经集体讨论做出决策的，

① 例如，《南通市环境保护问责暂行办法》（2010年）、《青岛市环境保护局行政问责暂行办法》（2011年）、《太原市环境保护局国家工作人员不当行为问责暂行办法》（2012年）、《云南省环境保护行政问责办法》（2013年）、《贵州省生态环境损害党政领导干部问责暂行办法》（2015年）、《贵州省林业生态红线保护党政领导干部问责暂行办法》（2014年）、《中卫市公职人员环境保护问责办法》（2015年）、《济宁市环境保护工作问责办法（试行）》（2016年）、《库尔勒市党政领导干部环境保护问责办法（试行）》（2017年）等。

要依照《行政机关公务员处分条例》第19条第（一）项的规定，对负有领导责任的公务员给予处分。对依法应当做出决策而不作出决策，玩忽职守、贻误工作的行为，要依照《行政机关公务员处分条例》第20条的规定，对直接责任人员给予处分。在上述背景之下，许多有关行政问责、行政首长问责的行政规章或者行政规范性文件，又或者有关行政决策责任追究的专门行政规章或者行政规范性文件，都将行政决策纳入了责任追究的范围，建立起了较为完善的行政决策责任追究制度。前者例如，《四川省重大行政决策责任追究暂行办法》① 设置专门条款分别对重大行政决策的公众参与、专家论证、风险评估、合法性审查、集体讨论决定等过程中应当追究责任的情形作了具体明确的列举规定，并在第17条规定，“按照本办法规定追究有关责任人员责任，可以采取批评教育、责令公开道歉、诫勉谈话、停职检查、引咎辞职、责令辞职、免职等方式追究责任；构成违纪的，依照相关法律、法规、规章等规定给予处分；涉嫌犯罪的，移送司法机关依法追究刑事责任”。后者例如，《兰州市工业和信息化委员会重大行政决策责任追究制度》②、《吉林市人民政府重大行政决策责任追究及责任倒查办法（试行）》③、《甘孜藏族自治州重大行政决策责任追究办法》④、《眉山市重大行政决策责任追究办法》⑤、《玉溪市重大行政决策责任追究暂行办法》⑥、《肇庆市人民政府重大行政决策责任追究办法》⑦ 等大量的行政规范性文件，对行政决策责任事由与范围、责任形式、责任追究程序等作出了具体规定。

（三）问责由偏重普通公务员向领导问责拓展

近年来，政府公务员责任追究由偏重非领导职务政府公务员责任向追究

① 四川省人民政府令〔2016〕第314号。
② 兰州市工业和信息化委员会兰工信发〔2013〕250号。
③ 吉林市人民政府办公厅吉市政办发〔2015〕24号。
④ 甘孜藏族自治州人民政府甘府发〔2016〕43号。
⑤ 眉山市人民政府眉府发〔2016〕37号。
⑥ 玉溪市人民政府玉政发〔2017〕12号。
⑦ 肇庆市人民政府肇府规〔2018〕34号。

领导职务政府公务员责任以及由单纯追究政府公务员责任向追究党组织领导干部责任拓展，并逐渐取得了显著成效。从改革开放至2002年以前，对政府公务员责任追究存在较为明显的偏重非领导职务公务员而轻视领导职务公务员的倾向，缺乏对行政机关领导职务公务员进行责任追究或问责的专门制度设计，对高层干部进行问责的案例尚不多见。1982年的《宪法》虽然确立了行政首长负责制的行政决策体制，为建立行政首长问责制奠定了宪法基础，但在20世纪90年代之前并没有建立起与行政首长负责制相适应的行政首长问责制。2002年11月党的十六大报告明确提出，建立结构合理、配置科学、程序严密、制约有效的权力运行机制，从决策和执行等环节加强对权力的监督，保证人民赋予的权力真正用来为人民服务，重点加强对领导干部特别是主要领导干部的监督。2004年9月党的十六届四中全会通过的《中共中央关于加强党的执政能力建设的决定》进一步提出，各级党组织和干部都要接受党员和人民群众的监督。拓宽和健全监督渠道，把权力置于有效的制约和监督之下，依法实行质询制、问责制、罢免制。同年，国务院颁布的《全面推进依法行政实施纲要》明确规定，行政机关违法或者不当行使职权应当依法承担环境监管行政法律责任，实现权力与责任的统一。依法做到执法有保障、有权必有责、用权受监督、违法受追究、侵权要赔偿。在此时代背景下，自2003年开始，公共行政问责的制度建设尤其是行政首长问责制的建设才被提上了重要议事日程。自2004年7月重庆市出台了国内第一部对高官问责的行政规章开始，从中央到地方陆续出台了大量的类似制度，对领导职务政府公务员的问责日益规范化，问责力度也不断加强。同时，自改革开放至2002年以前，当国家和社会生活领域出现重大安全责任、生态环境污染等事故以及造成不良影响的重大群体性事件时，责任追究对象通常主要限于有关行政主体及其政府公务员，很少对党的领导机关中负责任的党组织领导进行问责。自2004年9月党的十六届四中全会在《关于加强党的执政能力建设的决定》中首次提出“依法实现问责制”，尤其是在2009年中央发布《关于实行党政领导干部问责的暂行规定》以来，党内问责制度逐步建立健全，问责力度逐步强化，在问行政之责的同时问党组织领导干部失职渎职之责渐成常态。①

二、职务违法责任追究力度日益增强

在正常情况之下，政府公务员职务违法责任的实现程度与现实生活中实际发生的公务员职务违法行为被依法追究责任的程度应当是高度相适应的。一般而言，如果有关国家机关能够及时发现职务违法行为，并严格依法实际追究其相应的法律责任，政府公务员责任实现的程度和水平就高。反之，如果有关国家机关对实际发生的职务违法行为的查处率、责任追究率低，政府公务员职务违法责任实现的程度和水平就相应地低。

在党的十八大以前，虽然党和国家始终都把查处政府公务员职务违法行为作为重要工作来抓，也有不少职务违法者被依法依规问责，政府公务员职务违法责任的实现程度也在不断提高，但因受相关制度机制不健全、执纪执法的严格程度不够等因素的影响，在一段时期内政府公务员职务违法行为多发高发情况严重，且查处的力度强度不够高，政府公务员被依法追究责任的比率与其职务违法行为实际发生比率的不相适应情况较为明显，职务违法行为发案多但被问责率却相对较低。党的十八大以来，党和国家持续发力反腐败，强化公权力运行的制约监督机制构建及其实践，以强有力的严格执纪问责，推进包括政府行政机关在内的国家机关及其公务员的观念转变、职能转变、作风转变，对违法违纪行为的查处始终保持零容忍的高压态势，被运用各

① 2009年6月30日中共中央办公厅、国务院办公厅印发了《关于实行党政领导干部问责的暂行规定》，明确规定对中共中央、国务院的工作部门及其内设机构的领导成员；县级以上地方各级党委、政府及其工作部门的领导成员，上列工作部门内设机构的领导成员进行问责，并对问责原则、情形、方式、从轻从重情节、问责程序等作了具体规定，从而为全面实施针对党政领导干部的问责提供了政策依据。其后，从中央到地方相继出台了一大批针对领导干部问责的规范性文件，实现了针对党政领导干部问责的制度化。例如，原工业和信息化部于2009年12月15日印发了《工业和信息化部党政领导干部问责暂行办法》；北京市人民政府2011年1月28日印发了《北京市实施〈关于实行党政领导干部问责的暂行规定〉办法》；中共安徽省委办公厅、安徽省人民政府办公厅印发了《安徽省贯彻落实〈关于实行党政领导干部问责的暂行规定〉实施办法》；珠海高新技术产业开发区管理委员会2013年12月5日印发了《珠海高新区党政领导干部问责暂行办法》；隆安县人民政府办公室2019年5月10日印发了《隆安县耕地保护领导干部问责制度》，等等。

种责任追究方式进行问责的公务员数量较以前有了大幅度的增加。这一客观事实，可从全国纪检监察机关查处违法违纪案件的以下两组数据中得到印证：

1. 党的十八大之前查处公职人员违法违纪行为的有关数据。据中央纪委有关工作报告记载，从1992年10月到1997年6月的近五年时间，全国纪检监察机关给予党纪政纪处分669,300人[①]，年平均给予党纪政纪处分的人数约13万人；1997年10月至2002年9月，给予党纪政纪处分846,150人[②]，年平均给予党纪政纪处分的人数约17万人，较上一个五年年平均增加了约4万人，总数增加了约17.7万人；2002年12月至2007年6月，全国纪检监察机关给予党纪政纪处分518,484人[③]，年平均给予党纪政纪处分的人数约10万人，较上一个五年的年平均人数减少了约7万人；2007年11月至2012年6月，全国纪检监察机关给予党纪政纪处分668,429人[④]，年平均给予党纪政纪处分的人数约13万人，较上一个五年的年平均人数又增加了3万人。从以上数据不难看出，党的十八大以前，在1992年到2012年的20年间，全国纪检监察机关年平均给予党纪政纪处分的人数，最多约有17万人，最少约有10万人。全国纪检监察机关对公职人员党纪政纪处分查处率还不够高，且呈现发展不够均衡的特点。例如，在党的十八大召开的前两个五年，给予党纪政纪处分的人数不增反减，较1992年至2002年均有所减少。

2. 党的十八大以来查处公职人员违法违纪行为的有关数据。党的十八大以来，自2015年至2017年，全国纪检监察机关“用严明的纪律管全党治全

---

① 参见《中共中央纪律检查委员会向党的第十五次全国代表大会的工作报告》（1997年9月9日中央纪律检查委员会第九次全体会议通过），载中央纪委监察委网站，https://www.ccdi.gov.cn/xxgkn/hyzl/201307/t20130726_40463.html，2022年2月19日访问。

② 参见《中共中央纪律检查委员会向党的第十六次全国代表大会的工作报告》（2002年11月14日中国共产党第十六次全国代表大会通过），载中央纪委监察委网站，https://www.ccdi.gov.cn/xxgkn/hyzl/201307/t20130726_40478.html，2022年2月19日访问。

③ 参见《中共中央纪律检查委员会向党的第十七次全国代表大会的工作报告》（2007年10月21日中国共产党第十七次全国代表大会通过），载中央纪委监察委网站，https://www.ccdi.gov.cn/xxgkn/hyzl/201307/t20130726_40493.html，2022年2月19日访问。

④ 参见《中共中央纪律检查委员会向党的第十八次全国代表大会的工作报告》（2012年11月14日中国共产党第十八次全国代表大会通过），载中央纪委监察委网站，https://www.ccdi.gov.cn/xxgkn/hyzl/201307/t20130719_114164.html，2022年2月20日访问。

党，共处理204.8万人次。其中，运用第一种形态批评教育、谈话函询95.5万人次、占46.7%，使红脸出汗成了常态；运用第二种形态纪律轻处分、组织调整81.8万人次、占39.9%；运用第三种形态纪律重处分、重大职务调整15.6万人次、占7.6%，有力维护了纪律的严肃性；运用第四种形态严重违纪涉嫌违法立案审查11.9万人次、占5.8%"[①]。此后，2018年全国纪检监察机关运用"四种形态"批评教育帮助和处理173.7万人次[②]；2019年全国纪检监察机关运用"四种形态"批评教育帮助和处理184.9万人次[③]；2020年全国纪检监察机关运用"四种形态"批评教育帮助和处理195.4万人次[④]。从以上数据不难看出，党的十八大以来，对包括政府公务员在内的公职人员执纪问责提速加力，问责的力度强度大大提高。每年仅纪检监察机关给予党纪政纪以上处分的人员就在数十万之多。如果加上政府行政机关以及其他党政机关给予的党纪政纪处分，每年被问责的公职人员数量就更多。在严格问责的巨大威慑之下，近年来不少违法违纪公职人员选择了主动投案。例如，2019年"全国有10,357人主动投案，其中中管干部5人、省管干部119人"[⑤]。

---

① 《十八届中央纪律检查委员会向中国共产党第十九次全国代表大会的工作报告》（2017年10月24日），载中央纪委监察委网站，https://www.ccdi.gov.cn/xxgkn/hyzl/201710/t20171031_40522.html，2022年2月20日访问。

② 参见赵乐际：《忠实履行党章和宪法赋予的职责 努力实现新时代纪检监察工作高质量发展——在中国共产党第十九届中央纪律检查委员会第三次全体会议上的工作报告》（2019年1月11日），载中央纪委监察委网站，https://www.ccdi.gov.cn/xxgkn/hyzl/201902/t20190221_40525.html，2022年2月22日访问。

③ 参见赵乐际：《坚持和完善党和国家监督体系为全面建成小康社会提供坚强保障——在中国共产党第十九届中央纪律检查委员会第四次全体会议上的工作报告》（2020年1月13日），载中央纪委监察委网站，https://www.ccdi.gov.cn/xxgkn/hyzl/202002/t20200224_40528.html，2022年2月20日访问。

④ 参见赵乐际：《推动新时代纪检监察工作高质量发展以优异成绩庆祝中国共产党成立100周年——在中国共产党第十九届中央纪律检查委员会第五次全体会议上的工作报告》（2021年1月22日），载中央纪委监察委网站，https://www.ccdi.gov.cn/xxgkn/hyzl/202103/t20210315_40530.html，2022年2月20日访问。

⑤ 参见赵乐际：《坚持和完善党和国家监督体系为全面建成小康社会提供坚强保障——在中国共产党第十九届中央纪律检查委员会第四次全体会议上的工作报告》（2020年1月13日），载中央纪委监察委网站，https://www.ccdi.gov.cn/xxgkn/hyzl/202002/t20200224_40528.html，2022年2月20日访问。

这种情况，一方面说明公职人员违法违纪的行为虽较以前有了显著减少，但还时有发生，在执纪问责的路上，任重道远。另一方面也说明党的十八大以来包括政府公务员在内的公职人员的职务违法责任逐渐得到了最大化的实现，成效显著。正如有学者所言，“主动投案反映了中国反腐败制度发展取得了切实的新成效，不仅是对腐败分子形成了全方位的震慑效应，更重要的是逐渐起到观念塑造的作用，逐步迈向‘不想腐’的新阶段”。

三、职务违法责任追究对权力生态的净化显著

政府公务员职务违法责任的实现是修复、净化政府权力生态不可或缺的路径选择。在党的十八大以前，虽然包括政府公务员在内的国家公职人员的责任追究制度建设及其实践在不断推进，公权力运行的法律责任实现程度也在不断提高。但受多种因素的影响，国家公职人员理想信念缺失、工作生活作风不良、违法违纪及腐败行为一度多发高发，“直到党的十八大之前，中国腐败蔓延的趋势一直没有得到有效控制”，腐败程度越来越大[①]，并日渐污染、恶化了正常权力生态甚至政治生态。党的十九届六中全会决议也明确指出，“由于一度出现管党不力、治党不严问题，有些党员、干部政治信仰出现严重危机，一些地方和部门选人用人风气不正，形式主义、官僚主义、享乐主义和奢靡之风盛行，特权思想和特权现象较为普遍存在。特别是搞任人唯亲、排斥异己的有之，搞团团伙伙、拉帮结派的有之，搞匿名诬告、制造谣言的有之，搞收买人心、拉动选票的有之，搞封官许愿、弹冠相庆的有之，搞自行其是、阳奉阴违的有之，搞尾大不掉、妄议中央的也有之，政治问题和经济问题相互交织，贪腐程度触目惊心。这‘七个有之’问题严重影响党的形象和威信，严重损害党群干群关系，引起广大党员、干部、群众强烈不

① 参见任建明：《十八大以来我国反腐败成效及对未来发展的广泛影响》，载《广州大学学报（社会科学版）》2017年第8期。

满和义愤"①。

党的十八大以来，党中央坚持有腐必反、有贪必肃，领导开展了一场持续时间最长、范围最广、力度最大的反腐攻坚战，极大地促进了公职人员遵纪守法意识的显著提高、生活工作作风的根本性转化、履职责任心的明显增强，权力生态得到了划时代的修复、净化，国家治理与社会管理焕然一新。党的十九大报告明确指出，五年来，我们勇于面对党面临的重大风险考验和党内存在的突出问题，以顽强意志品质正风肃纪、反腐惩恶，消除了党和国家内部存在的严重隐患，党内政治生活气象更新，党内政治生态明显好转，从而为党和国家各项事业发展创造了良好的权力生态环境，奠定了坚强的人事组织基础与政治基础。

第三节 职务违法责任实现存在的问题

一、党的十八大以前存在的主要问题

实事求是来讲，在改革开放开始到2012年党的十八大之前，政府公务员职务违法责任追究制度也在逐步建立健全，实效性也在不断提高。尤其是在2002年因"非典"疫情防控而掀起"问责风暴"以后，政府公务员责任追究从制度建设到制度执行都驶入了快车道。但相对而言，这个时期政府公务员职务违法责任实现的状况还不是很理想，还存在比较突出的实现不力甚至一定程度上的实现不能等问题。核心表现就是，政府公务员责任制度在实践中往往难以得到切实有效的贯彻实施，政府公务员职务违法责任追究法律制度的实效性明显不足。在政府公务员职务违法责任的追究方面存在较为突出的有法不依、执法不严、违法不纠甚至滥用执法权等问题。有关文献关于这

① 《中共中央关于党的百年奋斗重大成就和历史经验的决议》（2021年11月11日中国共产党第十九届中央委员会第六次全体会议通过）。

些问题也不乏论述。例如，有学者认为，“我国行政法治实践的现状是：一方面，我国大量的法律规范尽其可能详尽地规定了作为被管理者——相对人的法律责任问题；而另一方面，对管理者——行政机关及其工作人员的责任虽有规定，但往往空泛、笼统，更缺乏有效追究机制，追究难以落实。行政责任及其追究制度问题是我国行政法治的薄弱环节”。此外，还有学者在分析官员生态环境损害责任追究曾经存在的问题时认为，“2005 年以前，我国对生态环境保护的追责一直停留在企业、环境管理部门直接负责的主管人员和其他直接责任人员、县级以上政府。对政府的追责仍然停留在整体层面，是一种集体责任，对领导干部的生态环境保护责任是缺位的，这种重集体责任轻领导责任（个体责任）造成责任认定和追究过程存在‘大事化小小事化了’‘法不责众’和依据领导意志决定问责程度等弱化责任追究的问题”①。

这一时期，一些国家行政机关重视以经济利益诉求为目标的针对行政相对人的行政处罚等行政法律责任的追究，不重视甚至有意淡化、虚化对政府公务员行政处分责任的追究。有的政府公务员责任追究主体，履职尽责意识、能力、水平不高，工作的主动性、积极性、严肃性、廉洁性不足，对身边发生的政府公务员职务违法行为往往或因失职而失察，或基于不良动机、目的等置若罔闻、听之任之，甚至违法给予庇护，不予立案查处，从而导致政府公务员行政处分等法律责任落不到实处。即便在因恶性事故发生而迫于社会压力，对负有责任的政府公务员进行责任追究时，往往也会出现大事化小、小事化了的偏袒“走私型”执法，用免职、停职、调离、通报批评等相对轻微的行政处理方式违法代替法定的行政处分责任形式，违法畸轻畸重给予行政处分、处分期限未满就提拔“复出”、以对临聘人员的解职处理替代政府公务员责任追究甚至“以行代刑”等就是这类偏袒“走私型”执法的通常表现。

① 参见李代明：《地方官员生态环境损害责任追究存在的问题与解决路径》，载《江南社会学院学报》2017 年第 3 期。

责任追究主体的政府公务员责任实现主体之所以曾经出现问责不严或者督促问责不力，甚至对政府公务员职务违法行为放纵不究，对放任包庇政府公务员职务违法行为的公务员不予查处等职责失守问题，其原因固然是复杂而多元的，但与“唯 GDP 论英雄”的非理性政绩观和政绩考核制度的推行、公权力制约监督相关法律制度不完善、政府公务员责任追究体制不健全、执纪问责不严格、官场生态不良、行政伦理失范、官员腐化问题凸显背景之下的上级机关或领导的非法命令、指示对执纪问责工作的干预，行政系统外部力量对政府公务员执纪问责的非法或不正当干预，以及政府公务员责任追究主体在履行责任追究职责时的“官官相护”、人情执法、权钱交易等有着深刻的内在联系。

二、党的十八大以来存在的主要问题

2012 年党的十八大以来，政府公务员责任追究制度建设及其实践提速加力，不断提质增效，在政府公务员执纪问责方面曾经存在的无法可依、有法不依、执法不严、违法不究甚至滥用执法权的问题日渐得到了显著的甚至是根本性的改观，政府公务员职务违法责任追究过宽、过软、过少的问题得到了较好的矫治，政府公务员职务违法责任实现的有效性显著提升。

但受多种因素的制约或者影响，在政府公务员职务违法责任追究方面，除有的地方、部门、行业或者单位还不同程度存在问责不严、责任实现不力甚至实现不能等问题外，也逐渐暴露出来一些新的更需要引起高度重视的问题。例如：有学者认为，目前问责存在“问责形式化、问责简单化、问责随意化和问责选择化”等“问责乱象”，而“问责权责不相匹配、责任追究主体缺乏约束、问责对象难以界定、问责边界把握不准、问责过程不够规范”则是其原因；① 有学者认为，“公职人员上班时间发朋友圈和点赞评论者一同被诫勉；因洗澡迟接巡查组电话访谈，被给予警告处分；教师假期自费聚餐，

① 参见谷志军：《问责乱象的生成机理及精准治理》，载《深圳大学学报（人文社会科学版）》2021 年第 2 期。

被纪委通报批评……近年来，一些执纪简单化、问责粗线条甚至乱问责、错问责、问错责的现象冒头，虽然事后相关处理被撤销，却也造成了一些不良影响”[①]；有学者认为，近年来基层简单化、粗线条的“背锅式”问责、“箩筐式”问责、“任性式”问责、“灭火式”问责、“全盘式”问责等“乱问责”现象日渐泛滥[②]。其实，对于这些针对公职人员的问责乱象，中央纪委监委也早已有所了解，[③] 并已经再三要求责任追究主体在执纪问责工作中坚决防范或者杜绝这种乱象的发生。[④]

由上文可见，在近年的执纪问责中，虽然还存在不同程度的问责不严、不力的问题，但这些问题已经不再是对包括政府公务员在内的公职人员责任追究所面临的最为突出的问题，最为突出的问题就是问责乱象越来越多发高发的问题。这种问责乱象虽然表现形式多样，但归结起来主要表现在以下几个方面：

1. 问责扩大化。所谓问责扩大化，就是违背应当遵循的原则与理性，擅自超越法定或者规定的问责事由、条件、范围、对象，对不应当问责的人、事进行问责，或者轻责重问，从而使公务员责任追究背离了制度设计的初衷，直接损害了问责的正当性、严肃性、权威性。如果任其长期存在下去，不可避免会对公务员的工作积极性、主动性，以及职业荣誉感、权益保障等产生

① 沈慎：《“问责”是把利刃，切忌随手乱舞》，载人民网，http://opinion.people.com.cn/n1/2020/0823/c223228-31833281.html，2022 年 2 月 4 日访问。

② 参见王湘萍：《基层行政问责乱象与矫治的刚柔艺术》，载《领导科学》2021 年第 3 期。

③ 中央纪委国家监委法规室在署名发表的《着力提高问责工作的政治性精准性实效性》一文中明确指出，目前问责工作，“既有问责不严的问题，也有问责泛化、简单粗暴的问题；既有问责程序不够规范的问题，也有问责尺度把握不一的问题；既有以简单问责下级代替自己整改落实，以追究直接责任代替追究领导责任的问题，也有形式主义、官僚主义等问题”。中央纪委国家监委法规室：《着力提高问责工作的政治性精准性实效性》，载《求是》2019 年第 24 期。

④ 例如，中央生态环境保护督察办公室为做好第二轮第四批中央生态环境保护督察工作，致函被督察各省、有关单位，要求在督察工作中“要严格贯彻落实中央有关文件精神，避免以问责代替整改以及乱问责、滥问责、简单化问责等行为。对发现涉嫌以问责代替整改，或者问责走过场，以及问责泛化、简单化的，督察组将会及时予以提醒，情节比较严重的，还将按有关程序报告中央纪委国家监委机关”（参见仲裹轩：《第二轮第四批中央生态环境保护督察全面启动　有力有序推进边督边改　严禁“一刀切”“滥问责”》，载《中国环境监察》2021 年第 8 期）。

实质性的负面影响。

2. 问责政绩化。所谓问责政绩化，是指在履行工作职责的过程中，简单将政策性、法律性原本很强的问责措施泛化为促进工作的抓手或者评价工作成效、工作好坏的途径或者方式方法，甚至还会在缺乏科学预测、评估、分析或者事实根据的基础上，随意下达硬性的问责指标。这样做虽然可能会在短期内取得一定的成效，但从长远来看，必然是弊大于利。问责政绩化，不可避免地会助长简单化、粗线条、扩大化问责现象的滋长，并形成不可小觑的危害后果。正如有学者所言，“在高压反腐和强化作风建设的治理导向下，刚性问责成为一种必然选择。问责本身容易成为治理目标，当问责作为考核指标被纳入巡视、巡查、督察、纪检等工作时，在‘没有发现问题就是有问题’‘问责力度不够要被问责’的压力下，凑数式问责、问责扩大化、问责政绩化等现象的出现就不足为奇了”①。

3. 问责长官意志化。所谓问责长官意志化，是指对政府公务员等的执纪问责“唯上”而不畏法，只听领导的话，看领导的眼色，揣摩领导的意图行事，对于领导希望被问责的人员穷尽可能甚至穿凿附会有关规定进行问责，而对于领导不希望问责的人员则刻意回避成全，问责有时在一定程度上被异化为了主要领导者排斥异己的手段。有课题组在一项问卷调查中得出如下调研结论，“有 39.3% 的单位或者部门‘一把手’在问责尺度的把握上具有决定权，问责尺度标准很大程度上是由主要领导的个人好恶来衡量”，并认为，“如果这样的问责方式，缺乏有效监督，极易出现问责简单化现象”②。问责长官意志化，还必然会导致追究普通公务员责任多、问领导尤其是“一把手”责任少，追究执行者责任多、问决策者责任少等不良问责的产生。这种情况在目前的基层公务员责任追究中表现尤其突出。正如有学者所言，“时下的一些问责案件中，由于各种原因而不敢对主要负责人问责，而只对其他

---

① 赵园园：《问责何以异化：表征、诱因及其矫治》，载《湖北行政学院学报》2020 年第 5 期。

② 马泽波、陶长虹：《问责泛化简单化随意化：表现·成因·对策——基于云南省红河州的调查分析》，载《中共云南省委党校学报》2020 年第 5 期。

干部进行问责，实际上也是一种‘甩锅’的表现”[①]。

4. 问责泛政治化。对公务员问责理所当然有其政治性，问责本身就包含了政治问责，政治问责也是维护党和国家政治纪律、大政方针，纯洁党的队伍，捍卫党的先进性和纯洁性的重要制度安排。问责泛政治化，与政治问责是两个截然不同的概念范畴。所谓问责泛政治化，在此仅指在追究政府公务员职务违法责任时，违反党和国家政策、法律而把实质上的法律问题人为政治化，从而直接影响对案件的严格依法公正处理的不正常情形。问责泛政治化的基本表现，就是在追究公务员法律责任过程中，没有正确处理好遵守党和国家重大政治政策部署与依法办案、依法问责的相互关系，只以不正当谋求政治正确为出发点，把按照中央政策要求应依法查处的政府公务员职务违法犯罪的非政治性问题有意非理性搞成政治问题、敏感问题、超越法律的问题，以致在案件的处理方面出现了诸如无责轻罚、轻责重罚等不严格依法办事的现象。对公务员的问责泛政治化，不但构成了对中央相关政策部署规定或者有关精神原则的直接违反，在一定程度上损害了中央重大政策部署的正当性、合法性及社会公信力，也严重损害了国家法律的权威性、严肃性，不利于保障政府公务员的合法权益，危害甚深。

5. 问责弱法化。对政府公务员的行政问责具有很强的政策性、法律性，依法问责是其应当遵循的基本原则之一。所谓问责弱法化，是指受问责扩大化、长官意志化、泛政治化等因素的影响，在对政府公务员行政问责中的违法问责，或者不严格按照法律规范规定问责的情况，问责活动中对相关法律的遵守与适用呈现出了明显弱化的倾向。对于政府公务员职务违法责任的追究而言，对不应给予处分的政府公务员给予处分，对职务违法行为较轻微的政府公务员给予明显过重的处分等问责扩大化就是问责弱法化的典型表现。

当然，对于政府公务员职务违法责任的实现而言，责任追究或者问责属最具有基础性、决定性的环节。如果在行政管理与执纪问责领域，不能做到

① 陈天祥：《乱问责现象溯源及治理之道》，载《人民论坛》2020年第34期。

严格依法、公正有效问责，任“乱问责”现象蔓延，政府公务员职务违法责任肯定不可能得到有效的实现。但问责毕竟不是政府公务员职务违法责任实现的唯一的或者全部的环节和内容。政府公务员职务违法责任的实现方面存在的问题，除了如上所述的“乱问责”等问题，还存在诸如权力机关问责的实效性明显不足、政府公务员问责的法治化程度不够高、对责任追究主体及公务员的监督机制还不健全、政府公务员职务违法责任外部性救济机制缺失等问题，这些问题也直接影响了政府公务员职务违法责任实现的程度与水平，在很大程度上成了“乱问责”现象高发的重要原因。

第四节 职务违法责任实现问题的成因

政府公务员职务违法责任的实现之所以会存在如前文所述的各种问题，其成因是多元而复杂的，既有政府公务员责任追究主体等有关国家机关及其公务员在履行责任实现职责方面的意识、态度、能力、水平等主观原因，又有政府公务员职务违法行为的复杂性、多发性、隐蔽性，以及外部因素对政府公务员职务违法责任追究的干预等客观原因；既有政府公务员职务违法责任及其实现的制度缺失方面的原因，又有政府公务员职务违法责任实现体制机制不健全等方面的原因。其中最直接、最主要的原因可以归结为正确履职的意识不到位、责任制度不够健全完善、问责的法治化程度不够高、监督问责的机制不够完善、权益保护救济的实效性不足五个方面。

一、正确履职的意识不到位

意识决定行为。人们的任何社会行为，都是在其主观意识的引导或者作用之下所实施，有什么样的意识，就自然会有与之相适的行为。政府公务员职务违法责任的实现，亦不例外。能不能作出正确、合法、公正、有效的责任追究等实现政府公务员职务违法责任的行为，虽然有时要受到多种因素的制约或者影响，但这种制约或者影响，都要首先深刻反映在责任实现主体及其政府公务员的主观意识之中，并最终体现在具体的实现行为的形式与内容上。正因为如此，笔者特别强调意识在政府公务员职务违法责任实现中的重要作用，并认为要有效实现政府公务员职务违法责任，责任实现主体尤其是政府公务员责任追究主体必须首先要树立诚信、责任、法治、尊重人权等正确意识。

近年来，责任实现主体及其公务员正确履行法定职责的意识虽然有了明显的提高，并在实践中发挥了不可否定的积极作用。但从实际上来看，因多种因素的影响，责任实现主体正确履职意识不到位或者出现意识偏差的情况日渐突出，并对政府公务员问责等相关工作产生了较大的负面影响。可以说，现实生活中凸显越来越多的“乱问责”现象，与这种意识不到位或者偏差具有内在的密切关联。履职意识不到位或者偏差的基本表现是：一方面，责任实现主体及其公务员正确履行职责的某些意识有所淡化；另一方面，对有效实现政府公务员职务违法责任具有负面影响或者作用的意识有所增强。其具体表现在以下几个方面：

1. 法治意识有所淡化，权力本位意识有所增强。根据我国《公务员法》第15条第2项公务员享有“非因法定事由、非经法定程序，不被免职、降职、辞退或者处分”的权利的明确规定，政府公务员责任法定，非有法律依据不得对其作出责任追究决定。因此，政府公务员责任追究或者问责理应是法律行为，依法办事理所当然是其必须坚持的首要的，也是最起码的原则。要在政府公务员责任追究等活动中切实做到依法办事、遵纪守法，首先就要有健全的法治意识，即要树立起敬畏法律、遵守法律、切实贯彻执行法律的思想观念。但近年来，有的地方、部门、行业、单位，在日常管理和执纪问责过程中，法治意识有所淡化，权力本位意识却有所增强，在政府公务员责任追究中对“以事实为根据，以法律为准绳”原则的坚守有所弱化，对政府公务员应不应该追究责任，追究什么责任，往往不是基于案件的事实与国家法律、法规的具体规定，而是着重考虑领导尤其是一把手等强势领导的意愿、态度、喜好，以及案件是否是上级的指令、要求、交办等案外因素，或者对案件的处理以在法律上不应当产生实质性影响的因素，才作出相应的决定。在这种“一强一弱”意识的交互作用下，要保证作出正确、合法、公正的公务员责任追究决定显然是十分困难的。对此，有关学者也得出了与本书相同或者相近的结论。例如，有学者认为，“问责泛化其实是问责权力的滥用。……问责泛化是形式主义、官僚主义的一种典型表现，其根源在于一些地方和部门领导仍然坚持‘人治思维’，习惯于用个人的权威对问责工作发号施令，用自己的‘官帽’作为衡量问责力度的标尺，把个人的权力超越于问责制度和程序之上，没有真正弄清为什么要问责、如何问责等一系列基本问题”①。此外，还有学者基于问卷调查的实证研究，认为“在当前我国依法治国过程中，宪法法律权威还没有完全树立，相当一部分党员干部对于法律至上的认同不够，在实际的工作中容易出现因依法办事原则性不强，最终放弃对法律的坚守，出现违规违纪现象”②。

2. 权利保护意识有所淡化，管理本位意识有所增强。政府公务员因担任国家公职、履行行政管理职责而与国家及代表国家的所在行政机关形成了行政职务法律关系，并基于这种法律关系而承担相应的法律义务，享有相应的法定权利。因此，依法追究政府公务员责任与依法切实维护政府公务员合法权益，是政府公务员管理的一体两面，不可偏废。在追究政府公务员责任的过程中，依法保护政府公务员合法权益当然也是有关国家机关及其公务员应承担的法律义务。正因如此，《公务员法》第1条即明确将保障政府公务员的合法权益作为了重要的立法宗旨，第6条确立了公务员管理应当坚持监督约束与激励保障并重的原则，第15条明确列举规定了公务员享有的八项法定权利；《监察法实施条例》第7条也明确规定，监察机关应当在适用法律上一律平等，充分保障监察对象以及相关人员的人身权、知情权、财产权、申辩权、申诉权以及申请复审复核权等合法权益。而要依法保障政

① 庄德水：《精准问责必须告别权力意志》，载《中国党政干部论坛》2019年第1期。

② 叶惠恋：《党员干部法治思维现状调查与分析》，载《惠州学院学报》2020年第2期。

府公务员的合法权益，当然首先需要责任实现主体及其公务员在牢固树立法治意识的同时，树立对公务员的权利保障意识。所谓权利保障意识，是指在政府公务员责任实现过程中依法保护公务员权益的意识，即尊重并切实保障政府公务员人权及法律赋予政府公务员的人身权、知情权、财产权、申辩权、申诉权等各项权利，保障政府公务员的合法权益免受不法问责行为的侵害，并在政府公务员权益受到不法问责侵害后依法及时予以补救的意识。但近年来，有些国家机关在履行政府公务员的执纪问责过程中对公务员权益保障的意识明显弱化，管理本位意识也越来越强化。其不仅表现在越来越把政府公务员仅作为了监管相对人，甚少考虑到即便是在行政问责的法律关系中，政府公务员并非只是义务主体，其仍然享有诸多法定权利，仍然是需要依法保障的权利主体。而且还突出表现在，有些执纪问责主体往往只把针对政府公务员的执纪问责简单地作为了一种强有力的管理手段、措施来加以运用，考虑的重点不是政府公务员的行为是否依法应当承担责任，而是将问责作为了出于实现特定管理目标甚至是不正当管理目标而被日益泛化了的行政措施。

3. 公正意识有所淡化，媚上唯上意识有所增强。对政府公务员的责任追究实际上属于执法行为的范畴。对于执法而言，公正既是法律正义得以实现的必然要求，更是执法正当性、合法性、合理性的基本表现。失去了公正，执法就会偏离所执行的法律制度设立的初衷，对国家、社会以及案件当事人造成一定的危害后果，因此公正是追究政府公务员职务违法责任的生命线。而公正的行动离不开公正意识的引领作用甚至决定性作用，没有公正意识就很难有公正的责任追究。但是，值得注意的是，与问责法治意识、权利保障意识的淡化，及权力本位意识、管理本位意识的增强相适应，有些政府公务员职务违法责任追究主体及其公务员的公正意识明显有所淡化，而媚上唯上意识却明显增强。在查处政府公务员违法案件时，关注点、着力点往往不在于如何依法公正执法，而是如何按照上级领导要求、“上面”的要求，甚至主要为了揣摩、迎合上级领导的意愿、喜好，或者为了让领导满意、赏识而进行问责。如此一来，问责扩大化、违法违规进行问责，以及有意把“责任往下推，板子往下打”的宽上严下问责等混乱现象自然就会大行其道，并严重衰减了政府公务员法律制度贯彻执行的有效性。正如有学者所言，党的十八大以来，全面从严治党的问责压力加速了问责权力向中央和上级政府集中，旨在规范权力运用，解决执行目标偏移等问题。但是，当政府内部的目标责任制与问责压力的刚性传导相结合，问责就演变为责任主体为完成上级规定指标的竞赛。当下级政府疲于应对层层下压的问责任务时，囿于时间压力、资源匮乏等，常常将上级规定的事项作为优先事项，而忽略普通民众的责任需求，演变成一种对上负责、甚至唯上的问责倾向，这种缺少细致调查的问责常常脱离实际，反而加重基层的负担①。

二、责任制度不够健全完善

所谓责任制度，在此是指作为政府公务员职务违法责任追究依据的相关法律制度。虽然目前政府公务员责任制度建设，较改革开放初中期以前有了很明显的发展进步，基本的规范体系与制度框架已经形成，在很大程度上已走出了政府公务员责任追究无法可依的窘境。但客观地审视现行政府公务员职务违法责任追究的相关法律制度，并不难发现其精细化、完善化程度还有待进一步提升，政府公务员责任制度建设的现状还与党和国家加强权力运行制约监督、促进国家治理体系与治理能力现代化建设等的新时代要求存在较为明显的不相适应。对此问题，相关学者不乏论述。例如，有学者认为，我国现行行政问责制度规定分散、缺乏专门立法，且在责任追究主体、问责客体、问责程序等方面还存在规定不健全或者不明晰等问题；② 有学者认为，我国现行环境问责还存在适用依据不完善、责任追究主体及其职权设置法定性不足、责任对象权责对应不强和制度运行法治镶嵌有

① 盛明科、杨可鑫：《行政问责过程中的目标替代与执行工具化——对基层问责乱象的一种新解释》，载《北京大学学报（哲学社会科学版）》2021年第4期。

② 参见王宁、姜庆丹：《对我国行政问责制度的思考》，载《大连干部学刊》2020年第2期。

限等困境。[①] 笔者在与同事合作完成的研究成果中，将环境行政主体及其公务员环境监管行政法律责任设定缺失[②]的主要情形归结为环境监管行政法律责任设定主体及权限混乱不清、义务性规范设定失范问题突出、行政法律责任设定模式选择欠合理、行政法律关系主体之间的行政法律责任配置失衡、行政法律责任条款设定的规范性较差、行政法律责任形式设定不够完备六个主要方面。[③]

参考相关文献对包括政府公务员职务违法责任在内的行政问责或者责任追究制度所作的研究，结合政府公务员职务违法责任制度建设与运行的客观实际，可以将政府公务员责任制度的主要缺陷或者不足归纳为以下几个方面。

（一）责任制度构建较为零散，法治化程度尚不够高

目前，我国涉及政府公务员责任追究制度的内容大致由关于政务处分的法律规范、关于行政处分的法律规范、关于非行政处分的"行政处理"责任的规范制度、关于党的纪律处分规范，以及《国家赔偿法》所规定的行政追偿制度、《行政诉讼法》所规定的对拒绝履行判决、裁定、调解书的行政机关负责人的司法处罚制度等构成。迄今为止，在国家立法层面，除了对政府公务员行政处分、政务处分有专门的法律、行政法规立法，尚无关于政府公务员行政问责或者政府公务员职务违法责任追究的统一立法。国家层面立法碎片化问题突出，尤其是对于政府公务员责任追究实践中越来越被广泛使用的"行政处理"责任及其制度至今仍然没有统一的国家立法规制，无论是其制度建设，还是制度执行都是乱象丛生。这也是导致"乱问责"现象产生的

① 参见刘少华、陈荣昌：《新时代环境问责的法治困境与制度完善》，载《青海社会科学》2019 年第 4 期。

② 因履行环境监管职能的公务员属于政府公务员的组成部分，环境行政问责是行政问责的一类，故所谓环境行政主体及其公务员环境监管行政法律责任的缺失，实际是指行政主体及其公务员行政法律责任设定方面共同存在的缺失。简而言之，环境监管行政法律责任设定缺失，实际上也就是政府公务员行政法律责任设定缺失。

③ 参见刘志坚、宋晓玲：《环境监管行政法律责任研究》，商务印书馆 2022 年版，第 247～271 页。

重要制度根源。[①]

在我国全面推进依法治国、加强国家治理体系与治理能力现代化建设的时代背景下，提高法治化程度和水平理所当然是制度建设的应有之意和核心要求。但现行政府公务员责任制度与符合法治标准的“良法”还有较大的差距。政府公务员责任制度构建的碎片化，意味着其内在质量不可避免地会存在问题。法治化程度较低就属于其中最为突出的问题。所谓法治化程度，是指政府公务员责任制度及其构建体现或者融会贯通现代法治精神、原则、价值及其基本理念的程度。政府公务员责任制度的法治化程度较低，主要表现在以下几个方面：一是制度本身的法制化程度不高，现行立法对政府公务员责任制度进行构建没有较好地实现统一化、体系化、精细化、完善化；二是在行政管理领域内，被广泛适用且对政府公务员权益保障有直接影响的行政处理类责任，[②] 并非由国家法律、法规创设，而是由立法效力位阶最低的行政规章甚至不具有立法属性的行政规范性文件所创设，没有严格遵循责任法定的法治原则要求；三是个别责任制度及其形式，尤其是行政处理类责任的设置明显缺乏应有的制度理性，存在与合理适当、公平正义、符合规律、权利义务和责任均衡配置以及保障人权等法治精神、原则或者理念不相适应的问题。例如，在现行立法将行政处理与行政处分责任分别设置、各自为用的制度条件下，如果在政府公务员的职务违法行为没有达到应当给予行政处分的程度，或者只给予了政府公务员警告、记过、记大过等较轻的行政处分的情况下，行政机关又对该政府公务员采用所谓的行政处理方式，责令其“辞

---

① 在此需要特别说明的是，在广义行政问责的视域中，党的纪律问责也属于行政问责的重要途径。就党内责任制度的建设而言，现已形成了以《中国共产党党章》和党的相关纲领性、政策性文件为基本遵循和统帅引领，由《关于新形势下党内政治生活的若干准则》《中国共产党党内监督条例》《中国共产党问责条例》《中国共产党纪律检查委员会工作条例》《中国共产党组织处理规定（试行）》等一系列党内法规或者党的纪律文件所构成的较为系统完整的制度体系。党的纪律责任制度建设相对于政府公务员责任法律制度建设成效更为明显，制度体系更为健全。相比较而言，关于政府公务员责任制度的国家立法明显滞后。

② 在行政规章乃至行政规范性文件中所设定的不少行政处理类责任形式，实际上是在没有国家宪法、法律明确授权的条件下给公务员新设或者添附了大量的义务，涉嫌行政越权。

职”或者对其予以就地“免职”，其合理性、正当性与法理何在？因此，法治化程度与水平不够，实际上也是政府公务员职务违法责任制度建设及其实施问题丛生的主要病根之一。

（二）责任制度存在缺失，精细化程度不够高

现行关于政府公务员责任追究的法律制度，无论是国家立法所正式建立起来的公务员处分制度，还是对政府公务员在处分以外的“行政处理”或者“组织处理”制度，从实体到程序，都存在不够精细、不够完善的问题。对此学界不乏具体研究，恕不一一做具体的分析讨论，现仅就政府公务员行政处分形式这个具体制度设计的缺失作示例性探讨。所谓行政处分形式，就是行政处分的具体表现形式。目前我国行政处分与监察机关的政务处分形式是完全一致的，均是由轻及重依次包括了警告、记过、记大过、降级、撤职、开除六种处分形式。笔者认为这些处分形式存在以下几个方面需要进一步优化完善的问题：一是现行《公务员法》《公职人员政务处分法》规定的处分形式沿袭了近30年的处分形式，没有做任何与时俱进的改革创新，[①] 立法明显滞后。二是部分处分形式的区分度不高或者区别不明显。以警告、记过、记大过为例，三种处分形式无论是处分事由、惩戒强度，还是法律后果实际上都很难作出清晰界分，且在相关立法中亦无具体界分。同时，在逻辑上记大过只应是针对记小过而言的概念范畴，它只能是记过概念的分类子项，与记过是包含与被包含的属种关系，不宜亦无必要将其作为与记过相并列的独立处分形式。三是部分处分形式的惩戒强度分配不够合理。仍以警告、记过、记大过为例，这三种处分的法律后果主要体现在彼此相差6个月的处分期限内可否晋升职务、级别及工资档次的差别上。[②] 但对于工作年限短、工作成

① 《国务院关于国家行政机关工作人员的奖惩暂行规定》（1957年，已失效）创设了警告、记过、记大过、降级、降职、撤职、开除留用察看、开除八种纪律处分。原《国家公务员暂行条例》（1993年，已失效）删除降职、开除留用察看两种纪律处分，将行政处分设定为了警告、记过、记大过、降级、撤职、开除六种，并沿用至今。

② 《公务员法》第64条规定，“公务员在受处分期间不得晋升职务、职级和级别，其中受记过、记大过、降级、撤职处分的，不得晋升工资档次。受处分的期间为：警告，六个月；记过，十二个月；记大过，十八个月；降级、撤职，二十四个月。受撤职处分的，按照规定降低级别”。

绩不突出，以及其他不符合晋级升职条件而在处分期限内根本就不可能有晋级升职机会的被处分人而言，三者的责任强度分配并无实质区别，其惩戒强度分配明显不合理。同时，三者均属对职务违法行为的内部性告诫、过错记载的惩戒方式，缺乏更具实效性的对职务违法行为事实向相关的单位、社会公众公布以示惩戒、警示的外部性处分形式。再比如，在记大过与降级之间缺乏必要的过渡性处分形式，对被处分人由仅记录过错在案的较轻微的记大过处分骤然升级为直接对被处分人权益产生重大影响的降级处分，责任强度变化太过突兀、幅度过大，其合理性、适当性值得质疑。四是缺乏必要的财产性处分责任形式。设定财产罚的法律责任形式，是古今中外官员惩戒的惯用做法。再者，我国现行立法针对行政相对人设定了被广泛使用的罚款、没收财产的行政处罚，但对同样违反了行政法的政府公务员并未设定财产性行政处分，亦有失公平。虽然学界对此早已不乏建言，[①] 但遗憾的是至今未获立法采纳。五是处分形式的法律后果设定不健全。行政处分或者政务处分的惩戒性主要体现在处分形式所引致的不利法律后果方面。这种不利后果姑且划分为“本体性后果”与“附加性后果”两类。所谓“本体性后果”，是指特定处分形式本身明示、显现的直接不利法律后果，如降级、撤职等自然会产生降级、撤职的不利法律后果。所谓“附加性后果”，是指为了体现处分形式的惩戒性、维护处分的严肃性、捍卫处分的社会有效性等而在“本体性后果”之外依法设定的、附着于特定处分形式的诸如不得晋级升职等其他不利法律后果。现行处分责任形式既存在法律后果规定不明确的问题，更存在法律后果规定不够完善的问题。前者比如对降级的级数并没有作明确的限定，在降一、二级甚至多级次的“断崖式”降级之间缺乏应有的条件限制与法律规制，明显有悖起码的制度理性。后者比如现行法律法规规定的“附加性后果”，仅限于在处分期限内不得晋升职务、职级及工资档次的后果，缺乏其他必要的、有助于强化处分责任的惩戒性、严肃性，以及维护处分责任的公

① 参见陈国尧：《关于行政处分若干问题的探讨》，载《中外法学》1992 年第 2 期。

信力和社会有效性的“附加性后果”的设定。

（三）责任制度协调性不足，不同责任缺乏有效衔接

政府公务员实施的同一个职务违法行为，不但有可能引致行政法律责任的发生，而且还会同时引致其他相关责任的发生。因此，做好与其他相关责任形式的协调与衔接也是政府公务员职务违法责任制度科学构建不容忽视的重要问题。现行的政府公务员职务违法责任制度在这个方面还存在明显的不足，主要表现在以下几个方面：

1. 处分责任与非处分责任缺乏有机协调和衔接。在推进行政问责制的过程中，有关国家机关主要通过行政规章甚至非立法性的行政规范性文件设定了较多的“行政处理”或者非行政处分的责任形式。现行行政规章以及行政规范性文件所规定的行政处理责任形式，既有诸如通报批评、责令道歉等已为相关行业或者部门行政管理法律、法规设定的法律责任形式，又有与法定的警告处分大致类同的告诫、诫勉谈话、责令作出检查等责任形式，还有离岗培训、调离工作岗位、暂停行政执法活动、暂停职务、取消评优评先资格等实际并不具有独立法律责任特性的普通行政措施，更有辞退、建议免职、免职、责令辞职或者责令辞去领导职务、解除聘任合同等不利后果十分严重的非法定责任形式。此类行政处理责任及其形式不但彼此性质迥异、种类杂呈、体系紊乱，而且与行政处分责任及其形式缺乏有机协调与衔接，甚至存在严重的抵牾。

按照我国立法权限划分及责任法定原则的要求，行政处分是法律设定的责任形式，任何国家机关非经法律授权，不得对同一个违法行政行为设定重于行政处分的责任形式。但行政处理责任中的不少责任形式，在责任的惩戒强度、对政府公务员权益的影响程度等方面，远要高于或者大于行政处分，实际上成了比行政处分更为严厉、更重的处分形式。例如，即便是“离岗培训”“调离工作岗位”“暂停行政执法活动”这样的行政处理责任形式，其责任强度也明显要重于“警告”“记过”处分责任。至于“辞退”“免职”“责令辞职”等则是较“降级”以下的法定处分责任更为严厉、惩戒性更强的责

任形式。从行政问责制度建设的总体情况来看，在现行关于政府公务员行政责任的规章以及行政规范性文件中，绝大多数都不同程度地设定了不少责任强度明显重于行政处分的行政处理责任形式，这些行政处理责任形式的设定，不但没有处理好行政处理责任与行政处分责任在责任强度等方面的协调衔接关系，而且也没有处理好行政处理责任与行政处分责任在具体适用中的协调衔接关系。在两类责任及其形式的适用方面，虽然有些行政规章或者行政规范性文件对行政处理责任与行政处分责任的适用提出了原则性要求，[①] 但对于两类责任之间的相互关系都没有作具体界分，没有清晰、明确规定在什么情况下，针对哪些行为，哪些人来适用行政处理责任而非行政处分责任，没有具体回答即便是在行政处理责任与行政处分可以合并适用条件下，究竟什么样的行政处分可以与行政处理责任形式合并适用等诸多重要的实践性问题。之所以如此，就是因为有关行政机关往往是把行政处理责任作为了日常行政管理过程中可以便于行事的一种替代性责任，作为严格法律责任的行政处分形式不是被作为一类独立的法律责任形式而仅被视为了众多行政处理形式中的一种责任形式[②]来对待。如此一来，用行政处理替代行政处分进行责任追究就会大行其道。因此，所谓行政问责乱象，更多源于此而表现于此。

令人欣慰的是，近年制定的国家监察方面的法律、法规对如何处理好此

① 例如，2011 年北京市人民政府公布的《北京市行政问责办法》（北京市人民政府令第 233 号）不但在第 11 条第 1 款规定了责令作出书面检查、责令道歉、通报批评、行政告诫、停职检查、调离工作岗位、责令辞去领导职务、免职等行政问责方式，而且在该条第 2 款明确规定，“行政人员有本办法规定的违法违纪情形，按照《行政机关公务员处分条例》和其他有关规定应当给予处分的，不得以前款规定的行政问责方式代替行政处分，也不得以行政处分代替前款规定的行政问责方式”。其他诸如 2013 年的《济南市行政过错问责暂行办法》（济南市人民政府令第 247 号）第 15 条、第 16 条以及《浙江省行政执法过错责任追究办法》（浙江省人民政府令第 307 号）第 8 条、第 14 条等也作了类似的规定。

② 例如，2020 年海南省人民政府公布的《海南省行政执法过错责任追究办法》（海南省人民政府令第 291 号）在第 10 条就把“法律、法规、规章规定的其他责任追究形式”作为了与批评教育或者责令作出书面检查、取消年度评优评先资格、诫勉谈话、通报批评、离岗培训、取消行政执法资格、调离执法岗位、责令公开道歉、责令辞去职务等相并列的一类行政执法过错责任追究形式；《天津市行政执法违法责任追究办法》（2014 年 8 月 12 日修正）在第 14 条将“给予处分”作为了与其他 10 种责任追究方式相并列的一种行政执法责任追究方式。

类责任间的协调衔接提供了好的立法例。《监察法》《公职人员政务处分法》对政务处分作出规定的同时，也作了类似于“行政处理”的下列规定：《监察法》第45条第1款第1项规定，“监察机关根据监督、调查结果，依法作出如下处置：（一）对有职务违法行为但情节较轻的公职人员，按照管理权限，直接或者委托有关机关、人员，进行谈话提醒、批评教育、责令检查，或者予以诫勉”；《公职人员政务处分法》第12条第1款规定，“公职人员违法行为情节轻微，且具有本法第十一条规定的情形之一的，可以对其进行谈话提醒、批评教育、责令检查或者予以诫勉，免予或者不予政务处分”。据此，监察机关使用政务处分以外的上述其他法定问责方式必须具备以下法定条件：一是只能在不给予有职务违法行为的公职人员政务处分的前提下使用。需要适用处分外的其他责任形式仅限于公职人员职务违法行为情节轻微，不需给予政务处分；或者情节轻微，且具备法定从轻、减轻责任的情节，可以免于或者不予政务处分的情形。二是其他责任形式不得与政务处分合并适用，更不得替代政务处分。三是其他责任形式仅限于法定的具有告诫性或者诫勉性的谈话提醒、批评教育、责令检查、诫勉等责任强度比较适宜的四种责任形式。对行政规章以及行政规范性文件中的行政处理类责任形式，应当按照或者参照《监察法》《公职人员政务处分法》的上述立法精神进行规制和完善。

2. 行政处分与党的纪律处分形式缺乏有机协调与衔接。由于行政处分与党的纪律处分往往可以同时适用于实施了同一个职务违法行为的党员政府公务员，因而两种责任形式就必然存在如何有机协调与衔接的问题，但目前两种责任形式还缺乏有机协调衔接。例如，根据《公务员法》相关条款的规定，在警告的6个月处分期满后，被处分者可以正常晋升职务和级别。但如果受到行政警告者同时受到了党纪警告，即便行政警告的6个月处分期满，实际也不可能获得晋职。因为，根据相关党内法规的规定，[①] 在党纪

① 《中国共产党纪律处分条例》第10条规定：“党员受到警告处分一年内、受到严重警告处分一年半内，不得在党内提拔职务或者进一步使用，也不得向党外组织推荐担任高于其原任职务的党外职务或者进一步使用。”

警告的1年处分期间之内，党组织不得推荐被处分者担任高一级行政职务。两种不同性质的警告处分在不利后果的规定方面由此而形成了明显的规范冲突。

三、监督救济机制的实效不足

对于促进政府公务员职务违法责任的有效实现来说，监督和救济实则是一体两面，密不可分。对于督促责任实现主体依法办事，防控违法问责而言，其主要功能就表现为监督；对于保障政府公务员的合法权益，消解违法问责行为及其所造成的不良后果，修复因违法问责所破坏的社会关系而言，其主要功能就表现为对政府公务员权利等的救济。

对实现政府公务员职务违法责任的公共权力依法进行监督救济，既是人民主权理论、法治理论以及由此而派生的委托代理理论、权力制约理论、行政法治理论等的必然要求，又是督促责任实现主体严格依法履行工作职责，切实保障政府公务员合法权益，促进职务违法责任有效实现不可或缺的关键性制度安排。就政府公务员职务违法责任实现有关的监督救济而言，目前大致有以下两类途径：一是内部性监督救济，亦称同体监督救济，是指拥有政府公务员职务违法责任追究职权，以及其他政府公务员职务违法责任实现职能的国家机关及其系统内部的监督救济。这种监督救济途径既包括了层级监督救济，也包括了专门监督救济或者专项监督救济。前者是指上级机关基于法律赋予的一般性职权或者固有职权而对下级机关所实施的法律行为等的监督救济行为，如上级行政机关对下级行政机关的行政处分等问责行为依法进行的监督救济、上级监察机关对于下级监察机关政务处分行为的监督救济等。后者则是指有关国家机关基于法律的特别授权就特定工作事项依法进行的具有专门性或者专项性的监督救济。例如，政府公务员主管部门或者作出行政处分的行政机关的上一级行政机关，基于《公务员法》的授权而通过受理和审理政府公务员针对行政处分决定的申诉，而对行政处分行为事项的监督救济；上一级监察机关基于《监察法》的授权而通过受理和审理公务员对政务处分决定的复核申请，而对政务处分事项的监督救济等。二是外部性监督救济，亦称异体监督救济，是指责任实现主体及其所在国家机关系统以外的监督救济主体，依法对政府公务员职务违法责任追究等事项所作的监督救济。其主要包括国家权力机关、国家监察机关、国家司法机关，以及中国共产党的组织、统一战线组织、各种社会力量的监督救济等。

“一切有权力的人都容易滥用权力，这是万古不变的一条经验。有权力的人们使用权力一直到遇有界限的地方才休止。”① 因而，建立对公权力及其行使进行有效监督的法律制度是控制权力腐化与滥用的必然选择。我国现行法律对政府公务员所规定的法律责任主要表现为行政处分、政务处分等责任。因此，处分是实施了职务违法行为的政府公务员所承担的最主要、最基本的法律责任形式。要有效实现对政府公务员的处分责任，不但要求有关国家机关严格依法、公正问责，不得违法给予政府公务员处分，而且要求有权的国家机关对于违法或者明显不当的处分决定应当依法予以撤销或变更，从而使行政处分、政务处分法律规范的适用恢复到适法的状态。如果违法或者错误的处分决定不能依法得到纠正，政府公务员职务违法责任实质上就没有得到有效实现。因此，建立健全对职务违法责任追究行为的监督救济制度，理所当然是保障政府公务员职务违法责任有效实现的重要路径选择。

从目前政府公务员职务违法责任实现的监督救济机制及其运行的情况来看，相关监督救济制度虽然在实践中对监督有关国家机关严格依法问责、提高问责实效，以及保障政府公务员合法权益、维护政府公务员职务违法责任制度的权威性、严肃性等方面发挥了积极而重要的作用。但从实际上来看，政府公务员职务违法责任实现的监督救济制度及其实施还存在不同程度的缺失问题，与党中央“加快形成完备的法律规范体系、高效的法治实施体系、严密的法治监督体系”，以及“健全人大监督、民主监督、行政监督、司法

① ［法］孟德斯鸠：《论法的精神》（上），张雁深译，商务印书馆1961年版，第154页。

监督”[①] 等政策要求，还存在较大的距离。目前政府公务员职务违法责任追究方面之所以存在诸多乱象，除了有关国家机关问责意识不到位或者缺位、责任制度不健全等原因，还与政府公务员职务违法责任实现有关的权力制约监督与救济机制不完善，制度运行实效性不足有着紧密的关系。

（一）面上监督救济乏力

前文所述行政层级监督救济、国家权力机关等的监督救济，是对国家行政机关是否依法办事的面上监督救济或者一般性监督救济，属于行政法学上所称“行政法制监督”的范畴，并非针对或者主要针对政府公务员职务违法责任实现活动事项的专门监督救济。迄今为止，在国家立法层面尚缺乏关于行政法制监督的统一立法，个别监督类型甚至没有专门的法律、法规依据，[②] 行政法制监督的规范化、制度化、法制化程度还不够理想。因缺乏在国家层面对行政法制监督制度的总体谋划、布局和具体设计，有关行政法制监督的规定实际“政出多门”，又因缺乏内在的法律精神、原则以及重要制度的引领、统摄，行政法制监督不但在监督方式、监督内容、监督范围、监督对象、监督程序、监督措施、监督效力等重要事项的规定方面不同程度存在缺失问题，而且在不同类型的监督制度及其运行方面也未能够建立起相互协调、衔接与配合的良性互动机制。正是由于这种制度缺失，加之其他因素的制约影响，行政法制监督对政府公务员权益的保障救济普遍乏力，实效性明显不足。对此问题相关研究成果多有讨论，在此不再赘述。

（二）专门监督救济作用有限

在关于政府公务员职务违法责任追究等法律行为的专门监督救济方面，

---

① 《中共中央关于坚持和完善中国特色社会主义制度 推进国家治理体系和治理能力现代化若干重大问题的决定》（2019 年 10 月 31 日中国共产党第十九届中央委员会第四次全体会议通过），载中国政府网，https：//www. gov. cn/zhengce/2019 - 11/05/content _5449023. htm？ ivk _ sa = 1024320u，2023 年 8 月 31 日访问。

② 例如，近年来开展的人民检察院对政府行政行为的监督或者行政执法行为的监督，既没有国家立法的专门规定，也没有规范这种监督活动的专门司法解释文件，其所依据的只是相关司法解释文件中的个别规定。

目前只有针对公务员处分的告诉行为的审核、申诉等内部监督救济，而没有有效的外部监督救济途径；只有深具“行政管理”色彩的内部层级性的专门监督救济，而没有可依赖的行政司法和司法监督救济途径。这种针对政府公务员职务违法责任追究的专门监督救济的内部性、“行政性”，注定其必然在监督救济作用的发挥方面有难以克服的局限性，往往易于产生“官官相护”“自己做自己的法官”等妨害监督救济职能正常发挥的问题，从而直接影响监督救济的实效。因此，专门监督救济作用有限，根源在于制度设计存在明显的缺陷。具体而言，专门监督救济制度的缺陷主要表现在以下两个方面：

1. 政府公务员不服处分决定的复核或者复审制度在实践中难以真正发挥其作用。我国现行法律确立了对政府公务员行政处分“复核”和对政务处分“复审”的监督救济制度。《公务员法》第 95 条规定，公务员对涉及本人的人事处理不服的，可以自知道该人事处理之日起 30 日内向原处理机关申请复核，也可以不经复核直接提出申诉；《监察法》第 49 条规定，监察对象对监察机关作出的涉及本人的处理决定不服的，可以在收到处理决定之日起 1 个月内，向作出决定的监察机关申请复审，复审机关应当在 1 个月内作出复审决定。从理论上看，这种制度安排的出发点是好的，对于做好政府公务员处分事项的监督救济也不失其积极作用。我们相信，在实践中也会有一些作出处分决定的国家机关，依法及时作出正确的复核决定，尤其是那些旨在纠正错误或者有失公正的处分决定的复核决定。但是，从实践上看，将针对政府公务员或者公职人员的处分决定是否合法、适当的裁断权，赋予作出处分决定的原所在机关，并由其就自己所作的处分决定是否合法进行再次的审查处理，或多或少有点不合事理、情理和法理。且在中国特定的行政体制、官场生态环境等多种因素的影响下，试图由处分决定者借助复核程序改变自己所作出的已经生效的处分决定，在很多情况下并不具可行性、可能性，实践中往往难免会流于走法定程序的过场。例如，从受处分者与作出处分决定的国家机关的相互关系来看，作出处分决定的国家机关，或对被处分的政府公务员享有直接的人事管理权，或对被处分的政府公务员享有法定的监察监督权，均对政府公务员的自身发展、前途命运拥有不同程度的掌控或影响力，政府公务员有时为了不因自己的维权行动“惹怒”本单位或者监察机关，或者担心“搞僵”本人与单位、监察机关的关系，避免因维权行动而给自己造成更大更长远的不利影响，往往会忍气吞声，放弃这种“中看不中用”的救济途径与机会。此外，《公务员法》允许受处分的政府公务员可以不经复核直接向其他国家机关提出申诉，实际上又等于变相搁置或否定了“复核”制度，设置“复核”的监督救济程序未免又有点多此一举。

2. 对政府公务员不服处分的申诉或者复核制度的监督救济作用亦有限。我国现行法律确立了对政府公务员行政处分的“申诉”和对政务处分“复核”的监督救济制度。《公务员法》第 95 条规定，公务员对复核结果不服的，可以自接到复核决定之日起 15 日内，按照规定向同级公务员主管部门或者作出该人事处理的机关的上一级机关提出申诉；《监察法》第 49 条规定，监察对象对复审决定仍不服的，可以在收到复审决定之日起 1 个月内，向上一级监察机关申请复核，复核机关应当在 2 个月内作出复核决定。由受处分者向同级公务员主管部门或者作出该人事处理的机关的上一级机关提出申诉，或者向作出处分决定的监察机关的上一级监察机关提出复核申请，并由其就下级机关所作处分决定是否合法、正确做出裁断，虽然远比交由原处分机关进行的“复核”或者“复审”要合理得多、有效得多，但也有其作用发挥的局限性。由于受理“申诉”或者“复核”的国家机关与作出“复核”或者“复审”决定的机关，通常属于本系统内的上下级关系，在日常工作中联系紧密，上下级机关及其部门之间、人员之间较为熟悉，上下级机关之间有时还有诸多的共同利益关系。因此，上级机关在办理已经经过了下级机关“二次”复核审理，并就处分行为的合法性、适当性再次作出决定的申诉或者复核案件时，很容易受到内部上下级机关之间的工作关系、人际关系等的掣肘或者干预，加之作为被处分的政府公务员个体在这种上下级关系中又往往处于弱势地位，要借助这种申诉来否定处分决定者的生效处分决定，可行性、可能性也值得质疑。简而言之，政府公务员处分的申诉、复核制度，在制度设计上仍然存在“官官相护”之嫌，在制度实践中易受到来自系统内部的干预而难以切实有效发挥其应有的监督救济作用。

（三）外部专门性监督救济机制缺失

内部监督救济机制与外部监督救济机制，各有所长，各有所短。只有内外部机制建立健全、互相配合、交相为用，才能够使监督救济行有实效。但遗憾的是，关于政府公务员职务违法责任监督救济的专门性机制，目前只有如上文所述的内部性机制，尚无专门的外部监督救济机制，这在很大程度上影响了监督救济制度的实效。具体而言，这种监督救济机制的缺失，主要表现在以下几个方面：

1. 政府公务员行政处分无法通过准司法化的行政复议途径获得监督救济。行政复议作为行政内救济的重要制度，对于解决行政争议具有快捷、经济、范围宽、专业性强等诸多优点，如果进一步对其进行改革，并优化正当复议程序、复议责任等，切实保障行政复议机构及其人员的中立性、复议工作的公正性，无疑是对受行政处分的政府公务员权利进行救济的重要途径。但遗憾的是，2017 年修正后的《行政复议法》（已修正）第 8 条第 1 款仍然规定“不服行政机关作出的行政处分或者其他人事处理决定的，依照有关法律、行政法规的规定提出申诉”，将行政处分行为排除在了行政复议的受案范围之外。如果说在行政复议制度初建及其后一段时期，一方面由于行政复议制度还处在实践探索发展进程之中，另一方面由于政府公务员行政处分的制度尚不够健全，从实体到程序规则的法制化程度还不够理想，对政府公务员行政处分事项尚不完全具备依法进行复议监督的条件，而不宜将其纳入行政复议范围是比较符合实际的制度安排的话，那么时至今日，不再将具有典型法律行为、行政行为特性的行政处分纳入行政复议范围，就有点说不过去了。因为“行政复议在本质上具有‘准司法’性质，兼具‘化解争议’、‘权利救济’和‘监督行政’的功能”，[①] 其对纠纷的解决和行政权的监督等

① 周佑勇：《行政复议的主渠道作用及其制度选择》，载《法学》2021 年第 6 期。

明显优越于基于内部层级构建起来的申诉制度。在国家深度推进法治政府建设、加强权力运行制约监督的时代背景下，在行政处分已经有了较为完善的国家立法，且对行政处分事项依赖申诉等途径难以得到有效监督救济的情况下，作为解决行政争议纠纷主渠道的行政复议，理应将行政处分纳入复议范围。这样既能更好地监督行政机关依法行使行政处分权，又有助于切实保障政府公务员的合法权益。[①]

2. 政府公务员处分不能借助任何司法途径监督救济。责任不能借助司法监督途径获得救济，无论如何都是一种缺憾。我国现行《行政诉讼法》明确将政府公务员权利救济排除在了行政诉讼受案范围之外。该法第13条明确规定人民法院不受理“行政机关对行政机关工作人员的奖惩、任免等决定”事项提起的诉讼。最高人民法院《关于适用〈中华人民共和国行政诉讼法〉的解释》（法释〔2018〕1号）第2条第3款规定，“行政诉讼法第十三条第三项规定的‘对行政机关工作人员的奖惩、任免等决定’，是指行政机关作出的涉及行政机关工作人员公务员权利义务的决定”。因此，被处分的政府公务员不可能借助司法审判途径获得救济。《行政诉讼法》之所以将对政府公务员的行政处分等所谓内部行政行为排除在了行政诉讼受案范围之外，最初的主要理由是：行政诉讼起步较晚，重点应放在解决行政主体与相对人之间的行政争议上；行政处分涉及的主要是行政机关的自身建设问题，司法权不宜干涉；有关政府公务员管理的法律规范不够健全，法院审查时难找到法律依据等。[②] 时至今日，这些理由似乎都值得商榷。至于国家监察机关建立之后，对于监察机关作出政务处分，因其法律属性已非行政行为，既不可能纳

---

① 对此问题学界不乏讨论研究，并呼吁将行政处分等内部行政行为纳入行政复议受案范围。例如，有学者认为“申诉与行政复议制度的功能不可同日而语，后者的救济更加有效”，主张应当将行政处分等内部行政行为纳入行政复议的范围（参见庞婧：《行政复议法的定位及完善建议》，载《黑龙江省政法管理干部学院学报》2014年第3期）；有学者认为，针对国家机关工作人员处分或者辞退并没有有效的救济手段，应当将其纳入行政复议的受案范围（参见郭越：《关于修改我国行政复议法的思考》，载《东疆学刊》2016年第1期）。

② 参见张树义主编：《寻求行政诉讼制度发展的良性循环》，中国政法大学出版社2000年版，第48页。

入行政复议受案范围进行监督救济，更没有纳入司法审判救济的范围，政府公务员只能寻求通过《监察法》所规定的复核程序来进行内部性的救济途径。

正是由于政府公务员职务违法责任的监督救济制度不完善，内部性救济为主渠道的监督救济机制局限性大、实效性差，借助现行监督救济制度获得公正、及时、有效的监督救济存在较大的难度。同时，也正是由于基于现行制度进行的监督实效性差，违法或者不公正的行政处分等责任追究决定纠错难、救济难才成为了值得关注的问题。在行政问责实践中，有些国家机关及其公务员，尤其是领导干部即便针对政府公务员实施了违法的、不正当的问责行为，往往也难以被追究责任。被问责的政府公务员，又有可能慑于来自强大国家机关系统内外部的压力，以及出于对现行相关监督救济制度的不信任或者疑虑，在其被错误或者不公正问责后往往不敢、不愿主动行使法律赋予的告诉权而获得依法救济。如此一来，政府公务员职务违法责任追究等公权力就有可能因得不到有力、有效的监督而出现滥用、懈怠使用等问题，行政管理领域内的乱问责现象就有可能因此而大行其道。

第七章

政府公务员职务违法责任实现促进论

政府公务员职务违法责任的有效实现，从根本上来说既有赖于我国全面依法治国进程的不断推进、法治政府建设效能与水平的不断提高、公权力运行制约监督机制的不断健全、公务员队伍整体素质的不断提高、全社会法律意识的不断增强，更有赖于我国政治体制、行政体制、监察体制等公权力监督体制等的进一步改革优化，不断破除影响和制约我国政府公务员职务违法责任有效实现的制度性、体制性障碍，从而为政府公务员职务违法责任的有效实现营造更好的社会基础与条件。具体而言，要保障政府公务员职务违法责任的有效实现，既需要破除陈旧落后的传统权力本位、官本位等思想观念，树立公权力正当行使的政治意识、自律意识、法治意识、责任意识，转变重权力保障轻权力控制的立法传统与偏好，更需要解决好相关制度的缺失问题，进一步建立健全政府公务员职务违法责任及其有效实现的法律制度体系，为政府公务员职务违法责任的有效实现提供“良法”基础；既需要加强行政问责主体以及其他责任实现主体的履职能力与作风建设，更需要建立健全有助于政府公务员职务违法责任切实有效实现的信息公开、公众参与等助成性制度，充分发挥社会公众在政府公务员职务违法责任实现方面的重要作用；既需要进一步为政府公务员职务违法责任的实现营建良好的社会条件与环境，更需要进一步优化有关国家机关在实现政府公务员职务违法责任方面的体制机制。在相关制度建设方面，既要建立健全政府公务员职务违法责任制度，又要建立健全有助于促进政府公务员职务违法责任有效实现的监督救济等相关法律制度。总之，由于引致政府公务员职务违法责任实现不良的成因多元且复杂，因此有效实现政府公务员职务违法责任的路径选择也多样，实难面面俱到提出具体的对策建议。本章仅针对政府公务员职务违法责任的实现具有最直接、最重要影响的几个方面提出相应的对策建议。

第一节　加强公务员精神培育和能力建设

一、公务员精神培育和能力建设的意义

徒法不足以自行，执法在人。如果作为执法者的公务员履职素质能力低下，再好的法律制度也难以得到切实有效地贯彻执行。公务员的履职素质能力，与其精神因素、精神状态和内在的精神动力密切相关。很难想象，一个思想意识不健康、不健全，精神萎靡颓废、缺乏工作精气神的公务员，能够自觉自愿加强自身的职业能力素质修养，能够真正成为称职的执法者和法治、公平、正义等精神价值的忠诚守护者。因此，公务员的精神建设既是公务员素质能力建设的基础，也是其关键所在和核心内容。精神与能力不仅对于公务员，而且对于任何职业、团体、组织、政党乃至国家有效实现其职能、目标任务等都具有十分重要的支撑性、基础性甚至是决定性作用。走进新时代，党中央高度重视精神作用与社会主义精神文明建设，指出“辩证唯物主义并不否认意识对物质的反作用，而是认为这种反作用有时是十分巨大的。我们党始终把思想建设放在党的建设第一位，强调‘革命理想高于天’，就是精神变物质、物质变精神的辩证法”，“只有物质文明建设和精神文明建设都搞好，中国特色社会主义事业才能顺利向前推进”，强调“实现我们的发展目标，不仅要在物质上强大起来，而且要在精神上强大起来”。

所谓精神是相对于物质而言的一个哲学概念。通常是指人的意识、思维活动和一般心理状态。马克思主义哲学原理告诉我们，虽然精神是物质高度发展的产物，是物质世界在人脑中的反映，物质决定精神而不是精神决定物

质，但是精神又极大地作用于客观世界甚至创造客观世界。所谓公务员精神，是指公务员政治素质、思想作风、职业素养、道德情操、精神风貌等综合呈现出来的一种心理意识状态。[①] 我国的公务员精神，是中国特色马克思主义意识形态、价值观念、行为方式等方面在公务员身上的综合映射和深刻嵌印，充分体现了党和国家对公务员职业及其工作的政治信念、思想观念、道德伦理、精神品格、时代风貌等的一贯严格要求。所谓能力，则是指“主体的精神、心理、生理、素质等综合呈现出的一种主观性状或条件”[②]。精神状况是能力塑造的重要方面，能力是对精神及其作用的深刻反映，两者相互影响、相互作用，都是有关国家机关及其公务员有效实现政府公务员职务违法责任的重要主观条件。因此，就实现政府公务员职务违法责任而言，公务员精神培育与能力建设，主要是针对责任实现主体及其公务员而言的，核心或者关键是其公务员的履职精神与能力建设。当然，其他公务员的精神培育和能力建设，对于政府公务员职务违法责任的有效实现也具有十分重要的意义和作用。

受权力制约监督机制不健全等多因素的影响，党的十八大以前的一度时期，公务员职业伦理缺失，遵纪守法意识薄弱，工作素质能力低下，精神萎靡懈怠等情况较为突出。[③] 党的十八大以来，这种现象虽然有了根本性的转变，但依然存在个别公务员理想信念不够坚定、宗旨意识不够强、纪律松弛、腐化堕落，以及奢靡主义、享乐主义、拜金主义滋长等问题，并出现了较为突出的“圈子”文化、工作“躺平”、为官不为、得过且过、不思进取等新问题，以及官僚主义、形式主义花样翻新，唯上媚上、欺上瞒下做“两面人”等新情况，给党、国家和人民事业的健康发展造成了不同程度的负面影

---

① 参见张再生：《公务员精神建设的国际比较与借鉴》，载《公共管理高层论坛》2006 年第 2 期。

② 刘志坚：《立法能力：概念厘清和原理论要》，载《甘肃社会科学》2020 年第 4 期。

③ 2001 年 9 月，中共中央印发的《公民道德建设实施纲要》指出，我国公民道德建设方面仍然存在着不少问题。社会的一些领域和一些地方道德失范，是非、善恶、美丑界限混淆，拜金主义、享乐主义、极端个人主义有所滋长，见利忘义、损公肥私行为时有发生，不讲信用、欺骗欺诈成为社会公害，以权谋私、腐化堕落现象严重存在。这些问题如果得不到及时有效解决，必然损害正常的经济和社会秩序，损害改革发展稳定的大局，应当引起全党全社会高度重视。

响。因此，要在国家行政管理领域内进一步贯彻执行好党和国家的方针政策、法律法规，有效实现政府公务员职务违法责任，既有赖于健全的政府公务员职务违法责任制度、问责机构、问责机制，以及称职的执纪执法队伍等“硬件”条件保障，更需要良好的“软件”条件来支撑。只有在加强政府公务员职务违法责任实现的硬件建设的同时，相应地加强其软件建设，做到“软硬件”条件同时具足，才能够有效实现政府公务员职务违法责任。公务员精神培育和能力建设是政府公务员职务违法责任实现的软件建设的核心和重中之重。只有加强公务员精神培育和能力建设，健全公务员的行政人格，提高公务员的素质能力，在公务员队伍中树立起与新时代党和国家各项事业健康发展需求相适应的优良履职意识，增强公务员的使命感、责任感、职业荣誉感，才能够激发公务员遵纪守法的内在精神动力，在工作中远恶向善，忠实履行法定职责。加强公务员精神培育和能力建设：一方面使公务员职务违法行为大幅减少，法律设定的政府公务员职务违法责任也就无所可用或者较少使用，并因此使法律责任得到最大化的实现。另一方面使履行政府公务员职务违法责任追究等职能的公务员的依法履职素质、能力、水平等得到显著提升，政府公务员职务违法责任追究错案率会大幅减低，政府公务员职务违法责任追究错案的被依法纠错率会明显提高，已经发生的政府公务员职务违法责任自会得到更加有效的实现。因此，加强公务员精神培育和能力建设，是提高公务员履职水平的必然要求和关键所在，也是政府公务员职务违法责任有效实现的根本保证。

二、公务员精神培育和能力建设的目标

公务员精神培育和能力建设的基本目标，就是给公务员进行“精神补钙”与能力补强，着力加强理想信念教育，培育正确履职意识，提高道德伦理修养，提振精神风貌，提高依法履职的本领，转变工作作风，使公务员成为牢记使命初心、理想信念坚定、思想意识健康、道德情操高尚、精神风貌优良、工作作风扎实、工作成绩突出的新时代国家公职人员。具体到政府公

务员职务违法责任的实现而言，就是要通过对公务员尤其是履行政府公务员职务违法责任追究职责的公务员的精神培育、能力建设，在实现全体公务员精神培育与能力建设的一般性目标之外，还特别要求其在履行行政问责等相关工作中能够积极发挥主观能动性，有意识、有智慧、有能力、有效果地做好相关工作。

（一）实现政府公务员职务违法责任要“有意识”

所谓“意识”，在哲学上通常是指人对客观世界的反映，其在理论研究中有主观意识与客观意识；自我意识与主体意识；自我意识与对象意识；自然性意识、社会性意识和自我性意识等分类。本书在此所称的“意识”是指政府公务员职务违法责任实现主体的自我意识与对象意识。所谓自我意识，亦称“主体意识”[①]，它是“人对自身状况、特点、属性以及自身在客观世界中的地位的认识，是对人的‘内在尺度’的认识”；对象意识属于社会意识的重要组成部分，是指“人对外界事物的状态、属性、特点、结构和规律的认识，即对‘物的尺度’的认知性认识，是对客体的反映”[②]。

有意识，是针对无意识或者意识淡薄而言的概念，指责任实现主体及其公务员在实现政府公务员职务违法责任的活动中具有健全的、正确的良好自我意识，同时也具有健全的、正确的、理性的良好对象意识。具体而言，有良好自我意识，就是要求责任实现主体及其公务员在实现政府公务员职务违法责任活动过程中对于自身的主体地位、主体能力、主体价值以及行为属性、特征、规律等在主观上有正确、理性、正当的自觉意识；有良好对象意识，就是要求责任实现主体及其公务员在实现政府公务员职务违法责任活动的过程中，对作为主体行为对象的政府公务员职务违法责任及其实现的属性、特

① 在哲学研究中，不少学者把主体意识等同于自我意识，多从自我意识的概念来界说主体意识。但也有学者认为自我意识与主体意识是两个同中有异、异中有同的概念范畴，两者不能简单、直接画等号，比如方世南的《主体意识与自我意识异同析》即持此观点（文见《苏州大学学报（哲学社会科学版）》1989 年第 Z1 期）。我们在这里采用将自我意识与主体意识两者视为同一概念之通说。

② 杨耕、陈志良：《对象意识与自我意识及其客观性：一个再思考》，载《学习与探索》2002 年第 1 期。

征、规律、目标、价值、状况以及政府公务员职务违法责任主体有关客观情况的主观认知、判断与反映。

根据关于社会意识的有关哲学原理，责任实现主体及其公务员所具有的作为社会意识的对象意识可以被划分为社会心理和社会意识形式两大层次。社会心理是责任实现主体及其公务员关于政府公务员职务违法责任实现对象的较低层次的意识，它是潜在的精神与思维活动，是处于萌芽状态但尚未上升为意识形式的具有自发性、散乱性和不稳定性等特性的意识，而社会意识形式则是对社会心理的转化、发展与升华，是更高层次的社会意识，是责任实现主体及其公务员关于政府公务员职务违法责任及其实现的比较成熟、稳定、系统、相对封闭的思想体系认知。因此，对于责任实现主体及其公务员实现政府公务员职务违法责任的对象意识而言，良好的对象意识既意味着责任实现主体及其公务员对于实现政府公务员职务违法责任不但要有健全的心理，而且还应当有较成熟、系统、稳定的思想理论认知。

要有效实现政府公务员职务违法责任，责任实现主体及其公务员就必须在实现政府公务员职务违法责任的工作中树立下列意识：一是诚信意识。既然责任实现主体及其公务员的公权力是人民授予的，并与人民、国家之间形成了特殊的委托代理关系，责任实现主体作为受托人就理应牢固树立诚信理念与意识，忠实、诚信履行受托义务，而不得在实现政府公务员职务违法责任的各项工作中背信弃义、消极不作为或者实施弄虚作假等行为。二是责任意识。国家公权力具有职权、职责、义务、责任复合性特征。国家公权力的行使，既表现为某种权能的发挥，更表现为某种职责、义务或责任的实际履行。因此，树立责任意识是责任实现主体及其公务员实现政府公务员职务违法责任的必然要求与重要心理基础。如果责任实现主体及其公务员权力意识、“官”本位意识过强，责任意识淡薄或无责任意识，那么预设的或者为生效法律文书所确认的政府公务员职务违法责任就难以得到实现。三是法治意识。政府公务员职务违法责任制度属于国家法律制度的重要组成部分，而责任实现主体及其公务员实现政府公务员职务违法责任的活动属于典型的、直接事关责任主体合法权益的具有法律意义的行为。因此，只有责任实现主体及其公务员在思想上牢固树立依法办事、公正执法、维护社会公平正义、维护法制权威与社会公信力等现代法治理念与意识，才能够在实现政府公务员职务违法责任的各项活动中做到有法可依、有法必依、执法必严、违法必究，切实保障政府公务员职务违法责任在国家行政管理与社会生活领域内的有效实现。如果责任实现主体及其公务员没有树立起现代法治意识或者法治意识淡薄，政府公务员职务违法责任就难以得到有效实现。四是尊重人权的意识。人权就是人作为人、作为平等的价值主体所应当享有的权利。因政府公务员职务违法责任是对责任主体的违法行为所形成的一种否定性的、不利的法律后果，如果违法或者不当实施，就有可能直接侵犯公务员的人权及相关的法律权益。因此，责任实现主体及其公务员应当牢固树立尊重人格尊严、保障人权的理念与意识，这样既能够能动有效地实现政府公务员职务违法责任，又不会对作为责任主体的公务员以及相关各方的合法权益造成损害。

（二）实现政府公务员职务违法责任要“有效率”

效率概念运用于行政管理领域，通常被称为行政效率，是指在行政管理工作上投入的工作量与获得的行政效果之间的比率，或指行政投入与行政产出的比率。一般而言投入越小，产出越多或者行政效果越好，行政效率就越高；反之，行政效率就越小。“行政效率是对国家行政机关和行政人员从事行政管理活动效果的度量和评价。行政效率的高低，是衡量行政活动成功与否的一个重要标准，也是检验行政管理现代化科学化水平的一个重要标准。它对社会的进步、国家的发展、人民的福利具有直接的作用。因此，提高行政效率是行政管理工作的出发点和最终目的”①。因此，对政府公务员职务违法责任的实现而言，有效率或者高效率地工作，既是对责任实现主体及其公务员能动实现政府公务员职务违法责任的基本要求，又是衡量责任实现主体及其公务员在实现政府公务员职务违法责任各个环节的工作的优劣，以及公

① 海洁：《略谈行政效率的基本问题》，载《今日科苑》2006年第10期。

务员履职的素质高低的重要综合性指标，行政效率的高低更是对责任实现主体及其公务员实现政府公务员职务违法责任活动是否有活力、是否具有先进性和生命力的集中体现。

“有效率”就是要求责任实现主体及其公务员在实现政府公务员职务违法责任方面具体做到下列基本要求：一是行为时间的及时性。行为时间的及时性即要求责任实现主体及其公务员在实现政府公务员职务违法责任的各项活动过程中，应当尽量节约时间，不得无故拖延时间议而不决，决而不行。具体要求就是，责任实现主体及其公务员在实现政府公务员职务违法责任过程中，如果法律文件或其他规范性文件对行为期限有明确规定，应当在规定期限内尽可能快地行为，非有法律或者规定依据并经过法定或规定程序，不得随意延长行为期限；如果法律文件或者其他规范性文件没有规定行为期限，应当在合理期限内尽速实施责任实现行为，不得因无具体办事期限要求而有意拖延。二是人员配备的适应性。人是所有组织体中最具决定性的要素，也是组织意愿的具体表达者与组织行为的具体实施者。离开具体的人的行为、活动，任何组织目标都不可能实现。政府公务员职务违法责任的实现更是这样。责任实现主体只有通过所属公务员的具体活动或者行为才有可能将既设的政府公务员职务违法责任落实到具体的责任事项、责任主体。因此，责任实现主体在实现政府公务员职务违法责任工作中的人员配备情况直接会影响甚至决定政府公务员职务违法责任的实现程度和水平。所谓人员配备的适应性，主要是指为了有效实现政府公务员职务违法责任，应当为责任实现主体配备数量、能力、素质与实现政府公务员职务违法责任的工作难易程度、繁简程度相适应的工作人员，既不得在机构设置与人员配备方面出现机构重叠交叉、职责权限不清、庸员充斥、人浮于事等严重影响工作效率的问题，也不得出现机构虚设、事多人少等直接影响工作效率的问题。三是成本支出的合理性。投入是产出的基础，支出是否合理、成本核算与控制是否得当是计算工作效益的出发点。责任实现主体要实现政府公务员职务违法责任必须要有必要的、合理的工作经费、办公设施等的投入或耗费，需要相应的工作成本的支出，没有合理的财物保障、必要的成本支出，就难以有效实现公务员职务违法责任。因此，要提高政府公务员职务违法责任实现效率，首先就需要给责任实现主体及其工作机构提供履职所需经费、设施、设备、场所等的合理保障。但这种保障应当不能超过必要的、合理的限度，应当做到支出与效果、成本与绩效的相互适应，不得无谓地浪费物质财富或者明显超出经济社会发展水平支配、使用物质资源。简而言之，就是要求责任实现主体以最少的、最合理的成本控制，最有效地实现政府公务员职务违法责任。四是行为控制的程序性。程序及其制度的合理建构，是提高办事效率、保障办事质量的重要途径或者措施。程序作为对工作流程的合理设计及对行为过程进行有效控制的手段或者措施，优良的程序制度建构能够为行为主体指明有效率地实施行为的路径、步骤、方式、方法及时限，可以有效控制权力滥用或者废弃不用，从而有助于避免行为主体在行为过程中“走弯路”、犯错误，有助于行为主体降低和有效控制行为成本，缩短行为时限，提高行为效率与质量。因此，要保证“有效率地”实现政府公务员职务违法责任，必须将实现责任过程中的重要行为环节程序化，并进一步将程序法制化、制度化。如果缺失了程序的存在或者保障，政府公务员职务违法责任实现权力不但因缺少正当程序制约而有可能被滥用，而且还会降低职务违法责任实现的效率。政府公务员职务违法责任的实现往往是一个多系统、多部门、多环节联动作用的过程，只有通过体制优化及相关行政程序制度的构建，才能既有助于实现责任实现主体内部各机构、人员之间的积极配合，协调一致，最大限度地减少内耗，节省人力、物力、财力、时间等，使本来有限的资源得到充分合理的利用，又有助于责任实现主体与其系统内的上下级主体之间、系统外的社会组织与力量之间的协调配合，最终有效实现政府公务员职务违法责任。

（三）实现政府公务员职务违法责任要“有智慧”

所谓智慧，就是人们正确、理性分析认识客观事物及运用已有知识、经验、能力、技巧等解决实际问题的能力或者本领。由于政府公务员职务违法责任的实现是一项较为复杂的工作，责任实现主体及其公务员既要与形形色色的当事人以及相关国家机关、企事业单位等打交道，又要对人们在社会生活中所实施的纷繁复杂且多变的行为中的公务员职务违法行为，以及与公务员职务违法行为密切相关的行为进行正确的甄别、认定，还要对用以证明公务员的行为是否构成违法违纪和应否追究职务违法责任的各种案件线索、证据材料进行正确的取舍、甄别、认定与运用，更要正确判断、选择运用众多的关于政府公务员职务违法责任的实体性法律规范与程序性法律性规范。因此，责任实现主体及其公务员要能动、有效实现政府公务员职务违法责任，必须具备相应的理论智慧与实践智慧。具体而言，实现政府公务员职务违法责任过程中的“有智慧”，包括两项基本要求：一是具备良好知识基础。知识通常是指人类认识自然与社会的智力成果，是对人们在认识、改造自然与社会过程中所取得的、积累的经验的固化，知识的初级形态是经验知识，高级形态是系统的科学理论。在哲学思维视阈，有知识未必肯定有智慧，但没有知识或者知识浅薄肯定没有智慧。这是因为，“知识是智慧的基础，智慧是知识的升华。没有知识的积累，便没有智慧的创生”①。对于能动、有效实现政府公务员职务违法责任来说，具备良好的相关基础知识，首先是指责任实现主体及其公务员具备优良履职的基础知识与业务知识。基础知识主要是指干好政府公务员职务违法责任实现工作所必须具备的综合性、基础性的知识，包括法律基础知识与相关的非法律基础知识。法律基础知识是指与能动、有效实现政府公务员职务违法责任要求相适应的法理学知识、相关部门法基础知识以及党和国家关于法治问题的政策性知识等（比如中国特色社会主义法治理念、核心价值观教育、依法行政政策等方面的知识）；非法律基础知识，是指与能动、有效实现政府公务员职务违法责任要求密切相关的法学学科之外的基础知识，包括马克思主义理论、中国特色社会主义理论以及其他与实现特定政府公务员职务违法责任工作密切相关的政治、经济、管理、人文、科技等诸多方面的知识，此类知识具有综合性强、涵盖面广的特性。业

① 靖国平：《论智慧的涵义及其特征》，载《湖南师范大学教育科学学报》2004 年第 2 期。

务知识，在这里主要是指做好特定政府公务员职务违法责任实现工作所具备的专门性知识，包括关于相应政府公务员职务违法责任规范的知识（其主要表现为责任实现主体及其公务员对所实际执行的责任规范与制度的了解、熟悉、掌握的程度）与做好特定工作的其他直接知识（包括办理政府公务员职务违法责任案件直接涉及的调查取证知识、证据学知识、审判知识、法律文书写作与处理知识等）。二是具备良好的经验。经验通常是指人们从反复、多次的实践活动中所获得的对行为事项的理性认知与技能。具备良好的经验，在这里主要是指有工作经验，即责任实现主体及其公务员在一定的初创或先前工作背景下，通过实践活动所获得的对政府公务员职务违法责任及其实现问题的由感性上升为理性的认知、技能及有关工作信息等方面的积累。经验实则属于智慧的范畴，也是智慧重要的外在表现。一般而言，对于做好每一项具体工作来说，有经验才有可能有智慧，主体的经验越丰富，其智慧性表现的就越充分，没有经验很难说有真智慧、大智慧。对于政府公务员职务违法责任的实现而言，首先，有经验就是要求责任实现主体在办理政府公务员职务违法责任案件时，应当尽量选拔、安排有经验的公务员承办案件，“新手”参与办案应当在有经验的公务员的带领指导之下进行，不得独立主办案件或实施重要的办案行为。其次，有经验就是要求责任实现主体的公务员在实现政府公务员职务违法责任过程之中，对案件当事人以及案件所影响到的人群有理性、准确的心理把握，善于领会当事人及其他相关人群的意图，并与之进行可信任、有助于合作的人际沟通，从而富有针对性地分析问题、解决问题，避免引发争议纠纷或其他不良的社会后果。最后，有经验就是要求责任实现主体及其公务员应当有技巧、有创新地开展实现政府公务员职务违法责任的各项工作。做到行为举止得体、方式方法得当、行为有艺术、能够坚韧并富有创新地开展工作。

（四）实现政府公务员职务违法责任要“有质量”

所谓实现政府公务员职务违法责任“有质量”，就是责任实现主体及其公务员所实施的责任实现行为合乎法律精神、规范，符合客观实际、符合各方正当利益需求等的程度。也就是说，责任实现主体及其公务员所实施的各种实现政府公务员职务违法责任的行为，越符合法定条件和标准，越能够满足国家、人民的愿望和行政管理规律，其质量就越高；反之，质量就越低。政府公务员职务违法责任实现的质量，反映在政府公务员职务违法责任实现的全过程，涉及政府公务员职务违法责任实现活动的方方面面，贯穿于政府公务员职务违法责任实现的各项工作之中。它直接反映、体现政府公务员职务违法责任及其实现的价值，反映、体现责任实现主体在实现政府公务员职务违法责任方面的整体素质、能力、水平与绩效，直接关系政府公务员职务违法责任制度乃至其他相关行政管理制度在社会生活中是否能够得到切实地贯彻与执行。因此，质量是政府公务员职务违法责任是否得到了有效实现的根本标志。

所谓实现政府公务员职务违法责任的“有质量”，就是要求对政府公务员职务违法责任的实现做到高质量、高标准、高水平，合乎理性与正义，不存在质量瑕疵。具体而言，“有质量”就是要求实现政府公务员职务违法责任的行为符合下列几方面的基本要求：一是充分体现政府公务员职务违法责任实现的思想理论基础和各项原则的要求。二是符合党和国家设立政府公务员职务违法责任制度的宗旨、目的性、价值取向，满足党和国家、人民的期望与需要。三是在实现政府公务员职务违法责任方面保持理性，即责任实现主体及其公务员对责任事项、责任人是否追究职务违法责任只能取决于客观事实与法律规范的规定，而不能本于自身非理性的主观意愿；对应当追究政府公务员职务违法责任的事项应当严格依法追究责任，不得滥用权力违法追究政府公务员职务违法责任。为了切实保障政府公务员职务违法责任实现的质量，责任实现主体有必要建立健全相关的质量管理或者控制制度。

三、公务员精神培育与能力建设的路径

（一）营造良好社会环境

物质决定精神，存在决定意识。公务员精神、能力及其培育建设的效果，

不可避免地要受到各种相关社会条件或者因素的制约影响。如果社会环境不理想，各种不良因素的负面作用力较大，公务员精神培育和能力建设就会面临较多困难，难以取得好的效果。因此，要做好公务员精神培育和能力建设，首先就需要营造良好的社会条件和社会环境，最大限度地控制甚至消除那些有可能对公务员的思想观念、精神风貌、工作生活作风等产生负面影响的因素。在这方面，除了矢志不移继续加强社会主义政治文明建设、物质文明建设、精神文明建设，健全社会主义民主法治，严厉惩治权力滥用与贪污腐败，营造风清气正的官场生态环境，加强社会伦理道德建设，依法整治打击各种社会假恶丑现象，为公务员干净担当履职营造良好的社会环境，还需要在公务员管理过程中处理好以下两个方面的重要关系：

1. 对公务员问责与容错的关系。党的十八大以来，党和国家在持续发力惩治贪污腐败，加强公务员队伍纪律作风建设，严格执纪问责的同时，为了激发公务员的工作积极性、主动性，鼓励公务员积极担当作为、勇于改革创新，也作出了建立健全公务员容错机制的政策部署。2013 年 11 月，党的十八届三中全会为了鼓励地方、基层大胆探索，加强重大改革试点工作，首次提出了“宽容改革失误，加强宣传和舆论引导为全面深化改革营造良好社会环境”① 的要求。2016 年 10 月，党中央明确要求“建立容错纠错机制，宽容干部在工作中特别是改革创新中的失误”②。2018 年 5 月，中共中央办公厅印发的《关于进一步激励广大干部新时代新担当新作为的意见》，对建立激励机制和容错机制，进一步激励广大干部新时代新担当新作为做了专门的政策部署。其后，全国各地也相继出台了一批贯彻执行中央建立容错机制的规范性文件，并在实践中取得了一定的成效。

因主客观多元因素的影响，公务员在工作中有时难免会出现不同程度的差错。公务员工作出了差错，理所当然就要依法依规承担其应承担的纪律责任或者法律责任。但公务员应为其差错承担什么样的责任，承担多大的责任，

① 《中共中央关于全面深化改革若干重大问题的决定》。
② 《中国共产党第十八届中央委员会第六次全体会议公报》。

均应首先以具有法律效力的规范性文件等形式作出明确的规定，并综合考虑公务员工作差错的主观恶性、行为情节、危害后果、悔过程度等法定或者规定情节作出公正的责任追究决定。换而言之，政府公务员职务违法责任追究主体既要对那些实施了主观恶性强、情节严重、社会危害性大的职务违法违纪行为的公务员严格依法依规问责，也要对那些虽然工作有过错，但具备法定或者规定的从轻、减轻或者免除责任情节者，应严格依法依规予以从轻、减轻或者免除责任。因而，在法律责任实现的视域中，问责与容错并不存在实质上的紧张关系或者内在的制度张力。① 所谓问责，就是针对依法追究公务员应承担的法律责任而言的；所谓容错，就是在针对公务员问责中有关责任追究主体对那些虽然实施了违法行为，但具备了法定从宽或者依法应给予宽容待遇的公务员，依法从轻、减轻或者免除责任而言的。因此，所谓容错，并不是指在政府公务员职务违法责任追究中无原则地包容错误、容忍错误、放任错误而不去严格按照法律或者制度规定追究责任，容错必须是在纪律红线、法律底线内进行②。具体而言，公务员容错机制的构建理应是先将中央关于干部在推进改革中因缺乏经验、先行先试出现的失误错误，同明知故犯的违纪违法行为区分开来；把尚无明确限制的探索性试验中的失误错误，同明令禁止后依然我行我素的违纪违法行为区分开来；把为推动发展的无意过失，同为谋取私利的违纪违法行为区分开来③等有关政策要求，具体表达或体现在相关立法文件或适宜的其他问责规范性文件之中，实现容错机制的规范化、制度化、法制化，继而采取有效措施将其落到实处，充分有效地发挥其在调动公务员干事创业积极性等方面的重要作用。

虽然容错机制在实践中已经发挥了一定的积极作用，但迄今为止，因容错机制尚不健全、容错与问责彼此缺乏有效的制度协调衔接、实施容错的社

① 参见张晓炯、王力康：《容错机制的功能定位及运行难题探微》，载《治理现代化研究》2022 年第 1 期。

② 参见 2018 年 5 月中共中央办公厅印发的《关于进一步激励广大干部新时代新担当新作为的意见》。

③ 参见 2018 年 5 月中共中央办公厅印发的《关于进一步激励广大干部新时代新担当新作为的意见》。

会环境不够理想、有关国家机关实施容错的主动性或者意愿不足等因素的影响和制约，[①] 容错机制在实践中运行受阻情况突出，并未能达到预期目的与效果。[②] 其实，容错机制运行不良，与问责扩大化等问责乱象影响下，有的国家机关及其公务员基于"从严问责无过""从轻从宽问责有风险"的考虑而不敢、不愿、不会正确执行容错政策要求有深刻的内在联系。因此，要使对公务员的容错与问责宽严相济、交相为用发挥更加积极有效的作用，切实贯彻落实好中央的相关政策部署，首先就要营造有利于公务员精神培育与能力建设的良好管理环境，最大化消解公务员尤其是领导干部因担心执行容错制度，而承担不应当承担的风险或者责任的畏难情绪。为此，应着力做好以下几个方面的工作：一是采取有力措施遏制问责扩大化倾向。以扩大化为基本特征的"乱问责"现象，不但严重损害了政府公务员职务违法责任制度的权威性、严肃性和社会公信力，而且严重损伤了公务员队伍工作的主动性、积极性和职业荣誉感，助推了公务员为官不为、不敢担当等消极现象的滋长，对国家治理与社会管理有害无益。因此，应在完善政府公务员职务违法责任制度，最大限度压缩"乱问责"现象产生的制度空间的同时，对滥用问责权力的行为进行专项整顿，建立健全对问责者的监督制度，依法对乱问责或者违法违规行使问责权的国家机关及其公务员追究责任。二是加强公务员容错机制的法治化构建。目前容错机制运行不良，其中一个重要原因就是容错在严格意义上还没有真正成为国家法律法规所确立的法律制度，容错与问责的法律界限不清，容错的法定条件、对象、方式、程序等制度要素还缺乏合乎法治化精神理念的立法构建。正是由于容错机制的法治化程度不高，其在实践中不但难以得到切实有效的贯彻执行，而且还有可能出现制度执行异化、错位等问题，并反过来对公务员问责制度的严格执行产生负面影响。因此，

---

① 参见胡世文：《干部容错纠错机制：演进历程、主要论域与发展趋向——基于2013—2020年CNKI期刊论文的分析》，载《湖北行政学院学报》2021年第6期；薛丹：《容错纠错机制执行难的多重诱因及优化路径》，载《理论建设》2021年第5期。

② 参见王颖、王梦：《容错机制运行受阻的影响维度与管制路径——基于扎根理论的探索性研究》，载《东北大学学报（社会科学版）》2021年第5期。

在国家层面应尽快通过适宜的立法形式，将党中央关于建立容错机制的政策要求转化为国家法律制度，提升容错机制的法治化程度，从而切实保障容错机制行之有效。三是建立容错典型案例指导制度。建议中央纪委监委、中组部、公务员管理等有关中央部门，每年研究精选若干具有代表性、导向性的公务员容错典型案例，下发至有关国家机关供其在履行问责容错职责中参考，加强对国家机关建立健全和实际执行容错机制工作的引导、指导，从而促进容错政策的正确贯彻实施。

2. 公务员正向激励与反向激励的关系。所谓激励，通常是指旨在激发组织成员的工作动机，调动组织成员的工作主动性、积极性和创造性，使组织成员为完成工作任务、实现组织预定目标而努力的制度安排与管理行为。激励有正向激励与反向激励之分。所谓正向激励，是指旨在通过满足组织成员的正当利益需求或者采取措施肯定、引导、鼓励组织成员按照组织所期望的行为模式、标准等行为的激励。所谓反向激励，则是指通过监督、惩戒等措施预防、抑制或者制止组织成员实施不符合组织需要或者违背组织规范等的行为，以督促组织成员减少或者不实施此类行为的激励。激励是组织人事管理的重要职能与核心议题。在公务员管理中，唯有正向激励与反向激励的两手并用、相互配合，才有可能取得理想的公务员管理效果。如果偏重反向激励而轻视正向激励，或者偏重正向激励而轻视反向激励，都不可能有效实现管理目标。偏重反向激励而轻视正向激励，有可能会因正当利益需求难以得到合理满足，担心被问责，以及工作压力日渐增大等原因，导致公务员意在“避责”的自我安全防范意识和不求有功但求无过的工作惰性心理增强，并减损或者抑制公务员的工作热情和主动性、积极性，从而给事业发展造成不利影响。偏重正向激励而轻视反向激励，则有可能会因对公务员疏于监管、问责不严不力等原因，导致公务员纪律松懈、作风散漫、急功近利，甚至权力失守、腐化堕落，同样会给事业发展产生较大的负面影响。因此，好的公务员管理制度，必须保持这两类管理手段或者措施符合比例原则，达到相互适应的均衡状态。

因多种因素的影响，近年来我国公务员管理出现了较明显的重惩戒轻激励现象，激励机制及其作用发挥并不理想。对此，相关文献不乏研究讨论。例如：有学者认为，“激励机制不够健全，公务人员激励需求难以得到满足，导致干部队伍出现工作满意度下降、职业倦怠、转职率增高和优秀人才流失等问题”[①]；也有学者认为，“由于各种制度因素的掣肘，当前我国公务员激励机制还存在很多不完善的地方，降低了公务员工作的积极性和公共行政效率的提高”[②]；还有学者认为当前在对基层干部的激励方面存在“负向激励有余，正向激励不足”等问题。[③] 试想，如果任“乱问责”现象滋长，而正向激励机制缺失，且在实践中实效性明显不足，怎么可能让公务员在工作中能够放下包袱，意气风发，真抓实干，开拓创新。因此，要加强公务员精神培育和能力建设，必须正确处理对公务员正向激励与反向激励的相互关系，建立健全行之有效的公务员正向激励机制，合理满足公务员的正当职业和利益需求，依法保障公务员合法权益。为此，应着力做好以下几个方面的工作：

（1）采取有效措施给公务员尤其是基层公务员“减负”。因个别地方、部门或者单位对工作的考核评价过多过乱、问责过多过乱、担心因“出事”被问责而非理性地对工作要求层层加码，甚至直接或间接向基层“甩锅”“卸责”等原因，公务员尤其是基层公务员工作压力越来越大，工作事务越来越繁剧，对公务员身心健康，以及职业的认同感、自豪感、荣誉感等产生了较大的负面影响，公务员职业倦怠现象日渐凸显。人社部“2014 年重大政策专项课题”课题组曾对全国 6 省 13 县的县乡两级 6752 名基层干部进行抽样问卷调查，通过调查发现，其中有 66.6% 的基层公务员经常被要求在短时间内完成工作，有 57.3% 的基层公务员经常超时或加班工作，有 68.7% 的基层公务员要应付超大的工作量。[④]

① 张帆、魏凌、叶剑平：《我国公务员的激励机制与优化策略研究——以自然资源督察为例》，载《理论与现代化》2021 年第 1 期。

② 参见张玉磊：《公务员激励失灵及其制度矫正》，载《长白学刊》2018 年第 4 期。

③ 参见任文硕：《用厚爱化解基层干部的“六不易”》，载《人民论坛》2019 年第 13 期。

④ 参见任文硕：《用厚爱化解基层干部的“六不易”》，载《人民论坛》2019 年第 13 期。

2018年10月，中共中央办公厅印发《关于统筹规范督查检查考核工作的通知》，该通知指出，在督查检查考核工作中存在名目繁多、频率过高、多头重复、重留痕轻实绩等问题，地方和基层应接不暇、不堪重负，干部群众反映强烈，既不利于集中精力抓落实，也助长了形式主义、官僚主义，损害党群干群关系，必须下决心加以解决，把督查检查考核工作做得更好更有成效，并明确要求对县乡村和厂矿企业学校的督查检查考核事项要减少50%以上，不能简单以问责代替整改，也不能简单搞终身问责。① 2019年3月，中共中央办公厅为了给基层干部松绑减负，激励广大干部担当作为、不懈奋斗，决定将2019年作为“基层减负年”，并印发了《关于解决形式主义突出问题为基层减负的通知》，对做好基层减负工作做了政策部署。其后，全国各地又根据中央精神发布了基层减负的大量规范性文件。但基层减负并没有因此取得预期效果，在有些地方，基层负担不减反增，甚至这些文件规定的减负指标反过来形成了新一轮所要额外完成的负担。② 之所以会出现这种情况，原因肯定是多方面的，但没有很好地消解导致基层干部负担日益加重的根源，没有形成能够让基层减负政策要求得到切实贯彻落实的制度运行环境，无疑是其中最为重要的原因。因此，应当首先采取有力举措解决扩大化问责、层层加码考核、上级向下级卸责、工作不严格依法办事等问题，从源头上解决形式主义、官僚主义等导致基层干部负担过重的成因。唯有如此，才能够将减负要求落到实处，并为公务员精神培育与能力建设营造良好的环境条件。

（2）建立健全对公务员进行诬告陷害行为的责任追究机制。对公务员的违法行为依法检举揭发、控告是宪法赋予广大社会成员的民主监督权利，是监督公务员遵纪守法、查处贪污腐败的重要制度设计。但在实践中，也出现了一些严重失实，甚至意在诬告陷害公务员的检举揭发的现象。这种现象不仅对公务员的人格尊严、职业荣誉、工作热情与积极性等造成了损害，而且在一定程度上扰乱了单位内部的正常人际关系、人事管理秩序、执纪问责秩

① 参见中共中央办公厅《关于统筹规范督查检查考核工作的通知》。

② 参见曹银山：《基层减负的内生性结构困境与治理路径》，载《公共治理研究》2021年第5期。

序，危害性极大。因此，应当采取措施予以整治，建立对严重失实举报、诬告陷害公务员行为的责任追究制度，依法及时查处此类违法行为，严格依法维护公务员的合法权益。中共中央办公厅印发的《关于进一步激励广大干部新时代新担当新作为的意见》即明确要求，严肃查处诬告陷害行为，及时为受到不实反映的干部澄清正名、消除顾虑，保证公务员正常福利，保障合法权益。

（3）在日常工作过程中切实保障和实现公务员合法权益。权利和义务相统一是法治原则的基本要求，也是公务员管理应当遵循的重要原则。如果只强调或者重视公务员义务与责任，而忽视公务员正当权利的保障与实现，就不可能让公务员心悦诚服、自觉自愿且可持续地忠实勤勉干净履职。因此，要培育公务员精神和加强公务员能力建设，也要在实践中能够切实依法保障和实现公务员的合法权益。我国《公务员法》将“保障公务员合法权益”作为了立法宗旨，并在第 15 条规定了包括“获得履行职责应当具有的工作条件”“非因法定事由、非经法定程序，不被免职、降职、辞退或者处分”“获得工资报酬，享受福利、保险待遇”等在内的 8 项法定权利，实际上就充分体现了公务员权利和义务相统一的精神与原则。但近年来公务员尤其是基层公务员在没有具备法定事由情况下被随意免职问责、随意连续加班、随意附加法定权利限制（例如，禁止所有公务员在非工作或者备勤时间饮酒等）的情况有所滋长，并因此侵损了公务员的合法权益，在一定程度上挫伤了公务员履职尽责的积极性与职业荣誉感。要使公务员精神培育和能力建设取得良好效果，显然就有必要在日常工作中切实维护好公务员的合法权益。

（二）采取务实有效举措

在营造公务员精神培育与能力建设的良好社会环境，破除制约影响公务员精神养成、能力提升的各种不良因素之外，重点还要结合政府公务员职务违法责任实现的实际，采取富有针对性的务实举措，切实提高公务员精神培育和能力建设的实效。

1. 加强公务员履职意识培育

如前文所述，政府公务员职务违法责任实现不良，与其履职意识不到位或者偏颇有直接的关系。因此，应当在做到“两个维护”、不断增强“四个意识”的基础上，切实加强有关履职意识的培育。在这个方面应重点做好以下几方面的工作：

（1）加强公务员法治教育，增强公务员法治意识与能力

政府公务员职务违法责任的实现过程，实际上就是将有关法律规范制度正确适用于职务违法责任追究及相关事项的过程，具有很强的执法属性。如果履行责任实现职责的公务员法治意识不健全，缺乏应有的相关法律知识修养，适用法律规范处理涉法事务的能力低下，要依法履行好职责显然是不可能的。因此，加强公务员尤其是担任领导职务的公务员履职法律意识培育和依法办事的能力建设，既是切实保障政府公务员职务违法责任有效实现的重要举措，也是公务员精神培育和能力建设的重点所在。

之所以把担任领导职务的公务员即领导干部，亦即所谓的“关键少数”作为法治意识、依法办事能力培育的重点对象，是因为“法之不行，自上犯之”①。领导干部在政府公务员职务违法责任实现过程中往往是法律行为的决策者，如果他们不能够依法办事，政府公务员职务违法责任的依法实现目标就有可能落空。而要让公务员尤其是领导干部在履行职责时能够做到依法办事，必须首先通过富有针对性的法治培训学习、学法用法激励机制、廉政教育基地警示教育等多种途径，培育并筑牢公务员心中敬畏法律、依靠法律、自觉遵守执行法律的意识，从而养成其依法办事的行为自觉性。

（2）加强领导干部作风建设，着力培育民主意识

近年来，有些领导干部的权力本位意识、官本位意识及官僚主义作风有所滋长。与之相适应的是，“一言堂”管理、“家长制”管理、“拍脑袋”管理就成了个别单位的基本管理样态，民主管理意识及机制明显缺失。在日常工作中，有的领导干部民主、法治、诚信、责任意识淡薄，官僚主义作风严重，做出决策时既听不进不同意见，更容不得持不同意见之人，严重破坏了

① （西汉）司马迁：《史记·商君列传》。

正常的政治生态、职业生态，给革命事业健康发展造成了损害。因此，为了充分调动公务员的工作积极性，遏制官僚主义、形式主义现象蔓延，必须加强公务员尤其是领导干部民主作风建设，开展领导干部民主管理知识、思想观念的教育培训，并将领导干部坚持党的群众路线、依法民主管理情况作为评价考核领导干部的重要方面。

（3）加强政策与国法关系的培训教育，培育公务员正确的政策法律观

在我国，党的政策是指中国共产党为实现一定的政治、经济、文化、社会等目标而借助适当的外在形式所表现出来的思想、观点、主张、要求、行为准则等的集成概念。我国的政治制度、国家性质和国家发展的规律性等决定了坚持党的绝对领导是全面推进依法治国、做好各项法治工作不可动摇的政治基础与根本原则。而政策领导，则是加强党对国家治理、社会管理以及法治工作行使领导权的基本方式之一。因此，政府公务员职务违法责任的实现不仅具有法律性，而且往往还具有很强的政策性，有效实现政府公务员职务违法责任还必须认真贯彻执行党和国家的相关政策部署要求。但在行政问责实践中，有些政府公务员职务违法责任追究主体及其领导干部，基于避责、卸责等动机而非理性地追求绝对化的“政治正确”，出现了对有关政策部署要求做扩大化等异化执行而不严格依法办事的现象。这种现象既损害了国家法律的尊严、权威性与社会公信力，也损害了政策的尊严、权威性与社会公信力，更严重损害了党在人民群众中的良好形象，应引起足够重视并依法予以矫治。之所以会出现这种情况，与公务员尤其是领导干部没有正确理解党的领导与法治、国家政策与依法办事之间的相互关系，树立正确的政策法律观不无关系。

在我国，党对社会主义法治领导的过程，实际上就是将与人民意志高度统一、契合的党的意志转变为国家意志的过程。因此，在我国，国家法律是国家意志、人民意志与党的意志的高度统一，对法律的严格执行，就是对党的政策要求的具体落实，也是对党的威信的具体、有效的维护。政策与法律并不存在实质性的冲突。党的政策与法律既相互区别又紧密联系、相辅相成、

相互促进、相互保障，既要做到国家法律及其运行能够充分体现并符合党的政策要求，切实保障党的政策主张与目标的实现，不得违反党的政策或者与党的政策相抵触，还要做到党的政策严格遵从现行国家法律的规定，不得违反现行国家法律或者与国家法律的规定相矛盾。党领导人民制定宪法和法律，党领导人民执行宪法和法律，党自身必须在宪法和法律范围内活动，真正做到党领导立法、保证执法、带头守法，就是对此所提出的明确要求。因此，在根据政策部署处理涉法事务时，严格依法办事就是对党的政策最好的执行，绝对不能离开法律甚至公然违反法律而执行政策。为了避免因对政策的非理性、极端化执行而破坏法治，应当对违法执行政策的行为建立相应的问责机制进行问责。与此同时，还要加强对公务员尤其是领导干部正确政策法律观的培训教育，为其依法履行好职责奠定良好的政治心理基础。

2. 加强公务员职业伦理建设

公务员职业伦理，通常是指形成于公务员的观念意识层面，并表现在他们及其所在国家机关的履职行为中的角色自觉、责任意识、价值理念和由他们共同确认的职业道德、行为规范的总和。[①] 在行政伦理学上，政府公务员责任有主观责任与客观责任之分。主观责任是指公务员“应该”履行的责任，它来自公务员的价值判断以及对责任的感受和信赖，意指公务员的忠诚、良心以及认同；客观责任则是公务员“不得不”履行的责任，主要是指制度规定以及上级交付的客观应尽的义务责任等。与之相适应，政府公务员职务责任的实现就包括了以培育公务员的伦理自主性为基本要求的内部控制和以制度构建为核心的外部控制两大路径。而公务员的职业伦理及其建设自然就成了实现政府公务员职务责任尤其是主观责任的关键路径选择。

公务员职业伦理对于政府公务员职务违法责任的实现，具有以下几方面的重要作用：

（1）公务员职业伦理是构建公权力运行法律制度的重要心理基础。任何

---

① 参见张增田、孙士旺：《行政伦理化：行政现代化的第三标志》，载《北京行政学院学报》2008 年第 5 期。

社会制度只有奠基于并符合社会道德伦理观念与规范的要求建立起来，才具有正当性。社会伦理道德是各种社会制度构建与存在的正义基础。包括行政法律责任制度在内的各种社会制度，只有符合社会共同的、基本的伦理道德标准的要求，才有可能得到广大社会成员的普遍理解、认同与支持，才具有可行性。同理，要使关于行政权力运行的法律制度能够具备道德正当性、社会正义性，当然就需要制度的建立者首先有良好的职业伦理、社会道德修养。职业伦理缺失、道德水准低下的立法者是不可能创制出“良法”的。所有背离社会伦理道德标准要求的社会制度，实质上都具有一定的反社会性，都有可能因招致社会成员的普遍反对而在社会生活中难以得到切实的贯彻执行。

（2）公务员职业伦理是保障公权力运行相关法律制度得以有效实施的重要条件。中国古代哲人早就曾揭示出一种社会调控的普遍规律：徒法不足以为政、徒法不足以自行。如果不借助于道德力量的支持，法律就不可能真正得到实施。……如果握有执法权和司法权的国家官员缺乏基本的职业道德品质，以权代法，以权废法就会随时出现，如此一来，法律能否真正实施就成了一件完全受偶然性左右的事情。[①] 同时，好的法律制度也主要是通过人们的自觉遵守而得到贯彻实施的。一个具备良好伦理修养的公务员，会在行使权力过程中把遵守法律规范以及其他社会规范作为自己的道德义务，并稳定地自觉遵纪守法、依法办事，即便在有机会违法违纪并有可能逃避制裁的情况下，也能够依法行事。反之，如果一个公务员伦理缺失、道德品质低下，其在行使权力过程中就不可能很好地遵纪守法，即便是慑于法律的权威、惧怕得到制裁而被迫遵纪守法，这种遵守也是具有相当的不稳定性，它随时可以向违法违纪行为转化。因此，职业伦理对包括法律制度在内的各项社会制度的贯彻执行具有重要的保障作用。

（3）职业伦理是公务员自我克服人性弱点以及合理合法处理公私关系的

---

① 参见张文显主编：《法理学》（第3版），法律出版社2007年版，第430页。

重要心理条件和基础。从人性的特征来看，无论如何认识、评价各种关于人性的理论即人性论，[①] 谁也无法否定人作为一个活生生的、有感情的自然实体、动物实体，不可避免会存在诸多的欲望、情感、本能等人类所共同具有的本性特征。公务员作为自然人，在行使公权力过程之中也会存在人的喜怒哀乐，也不可避免会存在诸如好利、避害、偏私、厌恶、偏激、愤怒等的人性特征，这些人性特征形之于外就表现为性格或者人格的一定缺陷，就有可能因这种缺陷的不能有效修复、控制而做出反社会性的违法违纪行为。而要修复、控制这种性格或人性缺陷，除了借助外部强制力的震慑、控制作用，更需要公务员良好的内动力控制。行政伦理、社会道德修养就是公务员修复、控制这种性格或人性缺陷并远离违法违纪的动力基础所在。如果一个公务员有良好的道德修养，他的自制力、自控力就相应地强，就有可能将自己的欲望、情感、本能控制在合理的、符合社会正当要求的范围之内，从而远离违法违纪。反之，如果一个公务员伦理缺失、道德修养差，他就很难将自己的欲望、情感、本能控制在合理的、符合社会正当要求的范围之内，就易于为了满足私欲、私利而走向违法犯罪道路，导致相应法律责任后果的发生。同时，受公务员身份、行为及行为后果归属等方面的公私兼备特性的决定，在行政管理过程中公务员个人与国家、公共利益之间的权利与权力冲突、公民与公务员角色冲突、个人利益与社会公共利益的冲突就会不可避免地存在。公务员虽然负有忠实执行人民意志、政府意志，依法公正履职，保障和实现社会公共利益的责任，但其作为自然人个体又不可避免具有追求自身利益的倾向。因此，“责任的实现首先依赖于责任主体本身的责任意识，这种主观意识便是促成其有效履行职责的内在驱动力”[②]。如果离开公务员内在的、主观上的遵从现实法律制度以及其他社会规范的自觉意识与在现实生活中的自觉行动，其违法行为就不可能得到有效控

---

① 中国古代思想家对人性的认识即有性善论、性恶论、善恶并存论、无善恶论等各种学说。

② 王美文：《公务员责任实现机制探析》，载《湖北大学学报（哲学社会科学版）》2007 年第 6 期。

制，法律责任就难以得到有效实现。因此，公务员职业伦理既是政府公务员职务违法责任有效实现的重要前提条件，又是政府公务员职务违法责任有效实现的重要动力来源。

自改革开放以来，我国在道德建设方面虽然取得了明显成效，人们的道德面貌在不少方面发生了可喜的变化，但相对于物质文明的巨大进步，我国社会道德整体还处于一种滞后的状况，道德失范问题至今还表现得较为突出。[①] 在这个大背景之下，公务员职业伦理道德修养方面也出现了较为明显的问题，“一些干部对共产主义心存怀疑，对社会主义前途命运信心不足，甚至向往西方社会制度和价值观念；有的干部不信马列信鬼神，从封建迷信中寻找精神寄托，热衷于算命看相、烧香拜佛，遇事‘问计于神’；有的干部在涉及党的领导和中国特色社会主义道路等原则性问题的政治挑衅面前态度暧昧、消极躲避、不敢亮剑；有的干部信奉金钱至上、名利至上、享乐至上，情趣低俗，玩物丧志，沉湎花天酒地，纵情声色犬马，心里没有任何敬畏，行为没有任何底线”[②]。公务员的这种职业伦理道德失范问题一旦出现，必然会大大弱化公务员内心的道德约束力，强化其权力本位、官本位及违法或者不当追逐自身利益最大化的意识与行为，使之敢于蔑视相关纪律守则、法律制度，铤而走险乃至违法违纪，从而给党和人民的事业造成严重的损害，

---

① 早在2001年9月，中共中央印发的《公民道德建设实施纲要》就明确指出，我国公民道德建设方面仍然存在着不少问题。社会的一些领域和一些地方道德失范，是非、善恶、美丑界限混淆，拜金主义、享乐主义、极端个人主义有所滋长，见利忘义、损公肥私行为时有发生，不讲信用、欺骗欺诈成为社会公害，以权谋私、腐化堕落现象严重存在。这些问题如果得不到及时有效解决，必然损害正常的经济和社会秩序，损害改革发展稳定的大局，应当引起全党全社会高度重视；2019年10月，中共中央、国务院印发的《新时代公民道德建设实施纲要》也指出，由于市场经济规则、政策法规、社会治理还不够健全，受不良思想文化侵蚀和网络有害信息影响，道德领域依然存在不少问题。一些地方、一些领域不同程度存在道德失范现象，拜金主义、享乐主义、极端个人主义仍然比较突出；一些社会成员道德观念模糊甚至缺失，是非、善恶、美丑不分，见利忘义、唯利是图，损人利己、损公肥私；造假欺诈、不讲信用的现象久治不绝，突破公序良俗底线、妨害人民幸福生活、伤害国家尊严和民族感情的事件时有发生。这些问题必须引起全党全社会高度重视，采取有力措施切实加以解决。

② 中共中央组织部《关于在干部教育培训中加强理想信念和道德品行教育的通知》（中组发〔2014〕15号）。

也会因此使公务员义务、责任难以得到切实有效的实现。因此，在这方面应重点做好以下工作：

（1）建立专门的公务员伦理建设机构。鉴于职业伦理、道德建设在公务员管理方面的重要性，以及其在新时代国家治理体系和治理能力现代化建设中的重要地位、重要作用，[①] 为了切实加强公务员伦理建设及其相关工作，可在公务员管理机构或者党的组织部门设置公务员伦理建设办公室，专司公务员伦理建设规划、培训教育、督查检查、考核评价、违反职业伦理行为的调查处理等事项。

（2）加强公务员职业伦理的针对性培训教育。公务员管理机构、党的组织部门应当制订公务员职业伦理培训教育规划，建立常态化的公务员职业伦理教育培训制度，采取课堂教学、参观考察、警示教育等多种形式，开展富有针对性的职业伦理培训教育。同时，要统筹安排公务员的培训教育活动，建立科学的培训体系，制订务实可行、合理适当的教育培训教学计划，增强培训的科学性、适当性、针对性和实效性。采取措施解决目前公务员尤其是领导干部培训教育过多过乱、针对性不强、实效性不足的问题，把公务员尤其是领导干部从过于频繁的培训教育、检查评估、会议活动中解放出来，保证有助于其做好本职工作的有效工作时间。

（3）持续推进行政伦理法治化建设。“党的十八大以来，党中央实施全面从严治党的重大战略部署，采取了抓思想从严、抓管党从严、抓执纪从严、抓治吏从严、抓作风从严、抓反腐从严等六个方面的强有力措施，并取得了明显成效。”[②] 相应地，公务员伦理道德要求规范化、法制化程度也有了显著提升。但现行的公务员伦理规范主要规定在《公务员法》《公职人员政务处

---

① 例如，有学者认为，“治理现代化与政府行政伦理现代化之间具有密切的关系，其表现为行政伦理现代化是治理现代化的内容、治理现代化的前提、治理现代化的动力、治理现代化的标志”。参见张博：《治理现代化视域下政府行政伦理建设：价值意涵、实践困境与优化》，载《理论探讨》2021 年第 3 期。

② 周鸿雁：《新时代公务员行政伦理的意涵、构成向度及建设路径》，载《湖北大学学报（哲学社会科学版）》2021 年第 2 期。

分法》《行政机关公务员处分条例》等法律法规，以及中国共产党第十八届中央委员会《关于新形势下党内政治生活的若干准则》《中国共产党廉洁自律准则》《中国共产党纪律处分条例》《中国共产党问责条例》等党内法规或者党内规范性文件之中，还存在诸如公务员伦理道德的规范规定零散、规范的内在系统性不强、不同性质的规范协调衔接不畅、法律规范建构相对薄弱等问题。因此，为了促进公务员伦理建设，必须要持续推进公务员伦理的法治化建设，尽快研究制定统一的公务员伦理建设方面的法律或者行政法规，为公务员伦理培育和伦理管理提供统一的行为遵循和“良法”基础。

第二节 健全职务违法的法律责任制度

一、责任制度建设需处理好的若干关系

（一）行政处分与“行政处理”的关系

在我国行政问责实践中，一些行政机关为了强化问责力度、提高问责实效，先后借助行政规章或者行政规范性文件，设定了不少非行政处分的所谓“行政处理”责任形式①，并在行政问责中日渐得到了广泛的适用。所谓行政问责之乱，目前主要不在于行政处分、政务处分责任的设定与实施方面，而在于“行政处理”责任的设定与实施方面。追根溯源，“行政处理”责任的设定和适用，在一定程度上也是行政机关对公务员行政责任的国家立法缺失的一种无奈且多少有点尴尬的制度回应。“行政处理”责任的设定和适用虽然对补救国家公务员行政责任立法的缺失，提高行政问责实效性等不失积极

① 例如，2010 年 12 月 14 日河北省政府第 76 次常务会议讨论通过的《河北省行政执法过错责任追究办法》（河北省人民政府令第 13 号）将行政执法过错责任形式划分为了行政处理与行政处分两类，并在第 26 条规定了诫勉谈话、通报批评、责令作出书面检查、责令改正或者限期改正、暂扣行政执法证件离岗培训、吊销行政执法证件、调离行政执法岗位、取消当年评优评先资格、辞退等行政处理形式。

意义，但也存在一些值得关注的法理法律缺陷问题，其中最为突出的问题就是涉嫌行政越权违法。因为按照责任法定原则的要求，依据法律对国家机关立法权限的划分，对责任主体的实体性权利和义务产生实际影响的责任及其形式理应由国家法律、法规依法设定，行政规章尤其是行政规范性文件通常并不享有设定权。一些行政规章乃至行政规范性文件所设定的诸如辞退①、免职②、取消晋升资格③等众多责任追究形式均属于对公务员实体权利和义务有直接、重大影响的责任形式，明显涉嫌越权行政。此外，依据下位法不得与上位法相抵触、行政机关下级服从上级等的相关法律原则，当国家针对特定违法行政行为已经设定了明确的行政法律责任后，任何行政主体均无权创制责任强度、不利程度高于国家已设定的相应行政法律责任的其他行政责任形式。但如前文所述，有些行政规范性文件所设定的行政处理类责任，却在责任强度以及对责任主体合法权益施加不利影响的程度等方面远远高于了国家所设定的公务员行政法律责任形式。究其根源，除了国家立法没有对违法行政责任设定权限作依法划分规制，还和对作为法律责任的行政法律责任与不具有法律责任特性的普通行政纪律责任或所谓行政处理责任缺乏界分、厘清有紧密关系。

在行政管理领域之内，行政处分虽然属于最基本、最重要的政府公务员职务违法责任形式，但并非行政主体所确认和追究的唯一责任形式。基于行政职责权限多层级配置条件下不同行政主体履行好自我监督管理职能的实际需要，法律赋权行政主体为了严肃行政纪律、加强人事行政管理、强化内部行政监督，在其职责权限范围内依法设定一些有别于行政处分且通常不具有法律责任属性的普通纪律责任形式既是十分必要的，也是合乎行政法治理性的。但此类责任形式在本质上应属于行政处分等法律责任之外、之下的一种执纪性、补充性、辅助性、从属性责任形式，其责任强度、不利后果等一般

① 参见2010年《河北省行政执法过错责任追究办法》（河北省人民政府令第13号）第26条。
② 参见2011年《甘肃省行政过错责任追究办法》（甘肃省人民政府令第81号，已失效）第28条。
③ 参见《龙湾区环境保护局行政责任追究管理办法（试行）》（龙环〔2013〕95号）。

均不应强于行政处分责任形式，不得与行政处分责任相抵触，抵触者应属无效。它通常只应适用于违反日常内务纪律、单位内部规章制度或者违法情节显著轻微且不构成行政处分的普通行政违纪行为，一律不得适用于应当追究行政处分责任的违法行为，更不得用以替代作为法律责任的行政处分。

为了矫治在行政处分、行政处理责任设定及其相互关系处理方面的制度乱象，消解政府公务员职务违法责任设定越权等问题，提高政府公务员职务违法责任及其形式设定的科学化程度，切实维护公务员的合法权益，政府公务员职务违法责任立法应当做好以下两个方面的制度优化：一是将适宜的行政处理责任形式予以行政处分化。就是通过修改公务员管理的相关法律、法规，将现行行政规章和行政规范性文件中所规定的那些适宜设定为法律责任的行政处理形式升格并扩容为行政处分责任形式；对适宜设定为行政处分的不利法律后果形式的，设定为相应处分责任形式的不利后果形式，并在此基础上决定全面废止行政规章以及行政规范性文件对行政处理责任或类同于行政处理责任之规定。二是明确划分政府公务员职务违法责任的立法权限。公务员行政问责之所以乱象丛生，其中最为重要的原因就是国家立法迄今为止尚未对政府公务员职务违法责任的设定权限作出具体明确的划分。因此，借助适宜的国家立法形式对政府公务员职务违法责任设定权限作出划分实属紧迫与必要。

（二）行政处分与政务处分的关系

在《公职人员政务处分法》规定了监察机关针对公职人员的政务处分之后，对政务处分与行政机关给予公务员的传统行政处分两者的关系，在相关研究成果中提出了用政务处分替代行政处分说①与两种处分共存说②等不同观点。从《公职人员政务处分法》设定了与行政处分同样的处分形式，以及规定监察机关以外的其他国家机关给予其公务员处分要执行《公职人员政务处

① 参见朱福惠：《国家监察法对公职人员纪律处分体制的重构》，载《行政法学研究》2018 年第 4 期。

② 参见徐继敏：《监察委员会政务处分行为探究》，载《河南社会科学》2018 年第 10 期。

分法》相关规定等立法精神来看，似乎也有以政务处分替代行政处分的立法倾向。笔者认为，鉴于监察机关是国家行政机关以外专门行使监察监督权的国家专责机关，政务处分只应是监察机关追究公职人员违法行为责任的特有责任形式。对于政府公务员而言，政务处分只应是基于外部监督的责任形式，不宜用其替代作为内部责任形式的行政处分。同时，监察机关毕竟是对政府公务员履行外部监察监督职能的国家机关，在立法上也有必要协调处理好监察权与行政权之间的相互关系，尽量避免监察权的行使过度干预甚至替代行政权的现象发生。行政机关可以基于行政管理的需要，在总结政府公务员职务违法责任追究经验教训的基础上，对行政处分进行适时的合理扩容和重构，使之更能够适应新时代公务员管理的实际需要。同样，监察机关也可以根据监察监督的工作规律，对政务处分及其形式进行必要的制度创新优化，使之更符合监察监督的实际需要。换而言之，行政处分与政务处分作为同时都可适用于政府公务员职务违法的责任类型，两者的责任形式未必一定要保持完全一致，完全可以做到有所不同。因此，在对政府公务员职务违法责任制度进行系统化构建时，必须处理好行政处分与政务处分、行政处理与《公职人员政务处分法》上的“组织处理”之间的关系，使之能够做到既相互区别，又有机协调衔接，并在公务员监督管理等方面各司其职、各得其所地发挥积极而重要的作用。

（三）公务员处分与不利法律后果的关系

虽然人们对法律责任的本质属性有义务说、惩罚或者制裁说、不利后果说、负担说、应当性说等不同观点①，但主流观点为不利后果说，即将法律责任定义为违法者因其违法行为而依法应承担的某种不利法律后果之说。与之相适应，行政法学者对行政法上的行政法律责任概念亦多采用不利后果说。所谓“不利后果”，顾名思义就是因行政法律责任的追究而对责任主体的人

① 参见李振宇：《认识法律责任应当性内涵的四个维度》，载《贵州师范大学学报（社会科学版）》2019 年第 2 期。

格、行为、权益等所产生的各种消极、负面、不利的影响。

毫无疑问，政府公务员职务违法责任作为国家法律所作的一种违法性确认、否定性评价，无论其形式如何，一旦实际适用都会在不同程度上给责任主体的社会形象、声誉等带来不利影响。但如果政府公务员职务违法责任仅限于对违法行为的违法性、否定性的确认和评价，而没有具体的不利后果内容及其表现形式，就不可能对作为责任主体的公务员产生实质性的不利影响，就无以名副其实地称其为法律责任。因此，政府公务员职务违法责任给公务员所形成的不利后果及其具体内容，不可能仅表现为因对被追责行为的违法性确认、否定性评价而给公务员所造成的负面社会评价，还需借助特定责任形式，以及附着于特定责任形式的有关不利法律后果形式（措施）而具体表现出来。

从行政处分、政务处分立法的实际情况来看，在相关立法中用以规定或者表达公务员处分责任不利法律后果的路径和方式大致有两方面：一是借助公务员处分形式概念本身的表达。这主要限于某些处分形式的概念本身就直接揭示了其对作为责任主体的公务员的不利后果或者主要不利后果的情形。例如，降级、撤职、开除的处分本身就已表明了对被处分者予以降低现有行政级别、撤销现任职务、解除公务员职务关系等相应的不利法律后果。二是借助附着于特定公务员处分形式的具体不利后果形式或者措施的表达。由于特定公务员处分形式概念涵义的高度概括性、语词的简洁性等逻辑特性决定，公务员处分形式概念自身对不利后果的表达功能是很有限的。这不仅表现在部分公务员处分形式概念对该处分形式所引致的不利后果不可能作出具体的描述（例如，警告、记过、记大过的处分概念本身就难以直接对其给公务员可能产生的具体不利后果作出表述），而且还表现在所有公务员处分形式概念几乎都无以对所引致的不利后果作出充分、完整的具体表达（例如，作为处分的“降级”概念本身就无法具体对被降级者再次晋职时间、评奖评优资格限制等不利后果作出具体释明）。因此，在不少情况下还需要相关国家机关借助适宜的立法形式，对公务员处分形式所导致的不利法律后果内容及其表现形式作出相应的附加性的具体规定。需要说明的是，由于补救性政府公务员职务违法责任的主要功能在于救济而非惩罚，在绝大多数情况下，其给公务员设定的救济性义务一旦实际得到履行，同时也就意味着给公务员施加了降低社会声誉、贬损社会形象甚至施加某种精神压力或者痛苦等的相应不利性影响，一般无需对其不利后果另行作出附加性的具体规定。因此，所谓政府公务员职务违法责任的不利后果表现形式主要是针对惩罚性责任而言的。

检视公务员处分形式研究与设定之现状，其实并不难发现，对于公务员处分形式与其不利后果内容及其表现形式这对重要关系，不但尚缺必要的合理界分，而且在相关制度中明显存在政府公务员职务违法责任与其不利后果表现形式的属性功能错位、形式混同使用等突出问题。其主要表现在以下两个方面：一是政府公务员职务违法责任的国家立法对政府公务员职务违法责任不利后果内容及其表现形式的规定稀缺。以公务员处分为例，现行国家立法对公务员处分不利后果仅有“公务员在受处分期间不得晋升职务、职级和级别，其中受记过、记大过、降级、撤职处分的，不得晋升工资档次”的规定①。至于对人事管理中常遇到的是否因处分而产生诸如对被处分者工作岗位或者性质的强制性变动、评奖评优资格的限制或者剥夺、已获得荣誉的取消、特定行政资格的被否定等不利法律后果，有关处分的法律法规也鲜见规定，尤其是在国家立法方面，对惩罚性政府公务员职务违法责任本身的规定就凌乱稀缺，惩罚性政府公务员职务违法责任不利后果内容及其表现形式的规定更是无从谈起。二是为数不少的行政规章甚至行政规范性文件将原本适宜设定为政府公务员职务违法责任不利后果的不少措施，直接设定成了追究政府公务员职务违法责任的具体责任形式。其中虽有涉及行政主体责任形式的个别规定，但其主要是针对政府公务员而设定的。② 在严格意义上，此类

① 参见《公务员法》第64条第1款、《行政机关公务员处分条例》第8条。

② 例如2018年的《河南省行政执法过错责任追究办法》（河南省人民政府令第187号）第9条规定了针对行政执法机关的“取消当年评比先进的资格”的责任形式；第10条规定了针对行政执法人员的“离岗培训”“取消当年评比先进的资格”“取消行政执法资格，吊销《河南省行政执法证》”“调离行政执法岗位”等责任形式。

责任形式虽然一般并不属于作为法律责任的公务员处分形式，但是其不少形式的责任强度、责任的不利后果实际上却远远强于作为法律责任的警告、记过、记大过等处分形式。不仅如此，在有的行政规范性文件之中，还对此类责任形式的不利后果作了具体明确且远强于部分处分形式的不利后果的规定。① 由此并不难窥见行政法领域对政府公务员职务违法责任的设定之乱象。

那么，究竟如何正确处理政府公务员职务违法责任与其不利后果形式之间的关系呢？笔者的基本观点是：为了有效修复因公务员违法行为而受损的行政关系与行政秩序，预防控制违法行政现象复发，严肃行政纪律，充分体现政府公务员职务违法责任的制裁性，在政府公务员职务违法责任与其不利后果表现形式相互关系的处理方面，应对类似于吊销行政执法证件等具备不利后果特性的相关法律措施，采取以设定为公务员处分不利后果表现形式为主，独立职务违法责任为辅的原则。具体而言，除了相关法律法规将其设定为独立的政府公务员职务违法责任形式的特殊情形，原则上都应将包含但不限于下列的具有法律意义的措施设定为附着于特定惩罚性政府公务员职务违法责任（主要是指公务员处分责任）的具体不利法律后果表现形式：在一定期限内停止或丧失原职务上的权利能力与行为能力；② 在一定期限内丧失职务职级晋升的机会与权利；③ 在一定期限内丧失获得荣誉、奖励、评先评优等的机会与权利；撤销已获得奖励、荣誉称号等；对于实行许可证或资格证管理的公务员，吊销其许可证或取消其特定行政资格；对确有必要调离原工

---

① 例如，《吉林省行政问责办法》（吉政发〔2016〕4号）第19条规定："行政机关工作人员受到责令公开道歉、诫勉谈话、停职检查、调离岗位、责令辞职、免职、罢免问责和引咎辞职的，取消当年年度考核评优和评选各类先进的资格。受到诫勉谈话问责的，六个月内不得提拔或者重用。受到调离岗位问责的，一年内不得提拔使用。引咎辞职和受到责令辞职、免职问责的，根据问责情形至少一年不安排职务，至少两年不得担任高于原职务层次的职务。同时受到纪律处分的，按照影响期长的规定执行。"

② 例如，《公务员法》第64条第3款规定，"受撤职处分的，按照规定降低级别"；《行政机关公务员处分条例》第9条第1款规定，"行政机关公务员受开除处分的，自处分决定生效之日起，解除其与单位的人事关系，不得再担任公务员职务"。

③ 例如，《公务员法》第64条第1款规定，"公务员在受处分期间不得晋升职务、职级和级别，其中受记过、记大过、降级、撤职处分的，不得晋升工资档次"。

作岗位、单位的被追究职务违法责任者调离原工作岗位、单位；等等。

（四）职务违法责任与党的纪律责任的关系

公务员的行政责任与党的纪律责任虽有明显的“分工”，但又不可避免地会出现“竞合”关系。所谓“竞合”，主要是指党员公务员的同一违法行为引致行政责任与党的纪律责任同时发生的情况。虽然《中国共产党纪律处分条例》等党内法规“适用于违犯党纪应当受到党纪责任追究的党组织和党员”，《行政机关公务员处分条例》适用于“违反法律、法规、规章以及行政机关的决定和命令，应当承担纪律责任的”政府公务员。但对于具有中共党员身份的政府公务员而言，意味着《中国共产党纪律处分条例》与《行政机关公务员处分条例》对其都要适用，都具有约束力。因此，就必然会在政府公务员职务违法责任制度建构及行政问责过程中，产生如何正确处理公务员行政法律责任与党的纪律责任的相互关系的问题。其核心就是要做好公务员行政法律责任与党的纪律责任的协调衔接，做到两类不同性质的责任及其规范之间合理适应、有机衔接，不产生规范冲突。

二、规范职务违法责任的设定权限

公务员行政问责之乱与政府公务员职务违法责任设定混乱，尤其是处分外责任的设定混乱有紧密的关系。而政府公务员职务违法责任设定混乱，主要根源又在于政府公务员职务违法责任设定权限缺乏有效规制。迄今为止，国家法律、法规并没有对政府公务员职务违法责任的设定权限作出明确的划分和界定。因此，要防范控制行政责任追究中所面临的问责扩大化等突出问题，保障政府公务员职务违法责任的合法有效实现，首先就必须规范政府公务员职务违法责任设定权限。

根据我国《宪法》《立法法》《公务员法》等相关法律、法规的规定精神和法律责任科学设定的一般原理，结合政府公务员职务违法责任立法现状及其贯彻实施的具体情况，政府公务员职务违法责任设定权限应当在法律上明确作出以下的划分：

1. 最高国家权力机关的设定权。在我国，全国人民代表大会是代表人民行使国家权力的最高国家权力机关，是获得《宪法》赋权行使国家立法权的机关，因而其有权通过法律或者法律性决定设定各种形式的政府公务员职务违法责任。但为了保障公务员的合法权益，设定扩大或者添附公务员法定义务、缩减或者剥夺公务员薪酬奖励等物质经济待遇、否定或者剥夺公务员正当合法的职业发展机会或者权益、解除公务员公职法律关系或者聘任法律关系等责任，应实行严格的法律保留。对于法律保留的政府公务员职务违法责任，其他国家机关非有最高国家权力机关的授权均不得创设。

2. 最高国家行政机关的设定权。中央人民政府即国务院作为我国最高国家行政机关，统一领导、管理、监督全国的政府行政工作。基于加强公务员管理、做好国家行政管理工作的实际需要，国务院当然可以设定法律保留以外的政府公务员职务违法责任。但国务院只能通过行政法规来设定政府公务员职务违法责任，不得通过行政规范性文件设定政府公务员职务违法责任。对于法律已经设定了政府公务员职务违法责任的，行政法规可以在法律规定的问责事由、责任形式以及量罚幅度等的范围之内作出与法律的规定不相抵触的执行性、补充性的具体规定。

3. 地方权力机关的设定权。不拥有立法权的地方权力机关自然无权设定任何政府公务员职务违法责任。但是不是拥有立法权的地方权力机关就当然有权设定政府公务员职务违法责任呢？显然不是。根据《立法法》的规定，只有省、自治区、直辖市人大及其常委会可以根据本行政区域的具体情况和实际需要，在其立法权限范围之内制定涉及地方事务管理各个方面的地方性法规。其他设区的市、自治州人大及其常委会只能在不同宪法、法律、行政法规和本省、自治区的地方性法规相抵触的前提下，可以对城乡建设与管理、环境保护、历史文化保护等方面的事项制定地方性法规。因此，在拥有地方性法规立法权限的地方立法主体中，原则上应赋予省级人大及其常委会在与法律、行政法规不相抵触的前提下，通过地方性法规设定政府公务员职务违法责任的权限。但省级地方权力机关在设定政府公务员职务违法责任时，不得设定属于法律、行政法规保留的政府公务员职务违法责任；法律、行政法规对政府公务员职务违法责任及其问责事由等已经作出规定的，省级地方权力机关可以在法律、行政法规规定的追究政府公务员职务违法责任的违法行为及其责任形式的种类和幅度范围内作出执行性、补充性的具体规定。对于公务员实施的职务违法行为，上位法律、行政法规没有设定责任的，省级地方权力机关可以在法律授权范围之内创设一定的政府公务员职务违法责任。当然，其他设区的市、自治州的地方性法规也可以在严格遵循不抵触原则的前提下，在法律、行政法规、本行政区域省级地方性法规所规定的追究政府公务员职务违法责任的违法行为、责任形式的种类和幅度范围内作出必要的执行性、实施性的具体规定。

4. 有规章立法权的国家行政机关的设定权限。根据《宪法》《立法法》等的规定，国务院组成部门以及具有行政管理职能的直属机构可以制定部门行政规章；地方设区的市、州以上的人民政府可以依法制定地方政府规章。为了避免公共行政法律责任设定的乱象，应当明确规定行政规章不得在法律、行政法规、地方性法规的规定之外创设任何形式的政府公务员职务违法责任，但可以赋权行政规章在严格遵循不抵触原则的前提下，在法律、行政法规、地方性法规所规定的追究政府公务员职务违法责任的违法行为及其责任形式的种类和幅度范围内作出必要的执行性、实施性的具体规定。

为了维护国家法律的权威性，贯彻依法治国的精神，切实维护公务员的合法权益，应正确处理政府公务员职务违法责任的设定与党的纪律处分设定的相互关系，实现国家法律与党内法规、党内规范性文件之间的有机协调和衔接。其重点是要进一步规范党内法规或者党内规范性文件创设纪律处分以及具有责任追究性质的“组织处理”方式的权限。建议将党的纪律处分与“组织处理”方式的设定权限，只授权给党的中央相关领导机关、中央纪律检查机关和地方行政区域内的省级党的领导机关，禁止其他党的领导机关、纪律检查机关以及党组织设定任何形式的党的纪律处分和具有责任追究形式的“组织处理”责任形式。党的中央领导机关、中央纪律检查机关可以依法依规创设对党员的纪律处分和“组织处理”责任形式，省级党的领导机关可以在中央所规定的给予纪律处分、“组织处理”责任的违纪行为种类和幅度范围内作出具体的执行性、实施性的规定，对于应受纪律处分或者应受“组织处理”的违纪行为，如果党中央尚没有设定责任，可以创设与上位党内法规的规定不相抵触的纪律处分或者“组织处理”责任。

三、加强职务违法责任规范的系统化构建

由于政府公务员职务违法责任设定权限缺乏有效的法律规制，现行政府公务员职务违法责任规范存在较为明显的规范冲突、碎片化、体系混乱、不同责任形式缺乏有机协调衔接等突出问题，进而直接影响了政府公务员职务违法责任制度贯彻实施的实效性，也为实践中“乱问责”现象的滋生提供了可乘之机。因此，完善政府公务员职务违法责任制度，需要首先做好对政府公务员职务违法责任规范的系统化建构。所谓政府公务员职务违法责任规范的系统化建构，实际上就是对政府公务员职务违法责任制度进行统一立法的要求，即借助专门的或者统一的立法消除政府公务员职务违法责任规范制度方面存在的突出问题，构建起内在精神统一、规范齐备、制度协调、体系完整的符合“良法”标准的政府公务员职务违法责任制度。

法律规范的系统化或者体系化建构，是提高立法质量的重要方式和途径。政府公务员职务违法责任规范制度系统化构建的主要方式和途径就是实现政府公务员职务违法责任的统一立法或者专门立法。根据我国政府公务员职务违法责任的立法现状以及政府公务员职务违法责任规范系统化构建的立法需求，政府公务员职务违法责任的统一立法应当重点从以下几个方面入手：

1. 统一政府公务员职务违法责任的法定名称。在这个方面除了保留监察机关政务处分责任及其名称，还应对行政处分与行政处理进行规范化调整和处理，并将适用于行政公务员的责任形式统称为“行政惩戒”。“惩戒”一词由“惩”（处罚、制裁）与“戒”（防备、警惕）构成，表达了通过处罚、制裁予以警戒之意。现行法律法规针对公务员乃至行政主体的违法行

政责任形式，都包含了制裁与警戒、教育的功能，用“行政惩戒”概称行政主体及其公务员行政违法的法律责任形式更为准确适当。具体建议是，摒弃传统的“行政处分”以及近年来在行政规章等文件中所采用的“行政处理”概念，将针对行政主体及其公务员的公共行政法律责任统称为“行政惩戒”。这样不但有助于更好地协调公务员行政处分与非行政处分责任形式，消除两类责任形式之间的不统一、不协调、不好衔接的问题，而且也有利于统一行政主体的行政法律责任形式，建立健全行政主体的行政法律责任体系及相关的法律制度，消除对行政主体问责方面的认识与制度设计乱象。

2. 制定专门的政府公务员职务违法责任法律法规。目前除了《行政机关公务员处分条例》这部只规范行政处分的行政法规，在国家立法层面尚无统一规范调整政府公务员职务违法责任的专门法律法规，尤其是大量的“行政处理”责任形式，长期游离于国家法律法规的调整范围之外，并已产生了明显的弊害。因此，应当尽快制定出台政府公务员职务违法责任的专门法律法规。其可以分以下两步走：第一步，修改完善现行法律法规关于政府公务员职务违法责任的规定，即先通过修改《公务员法》《行政机关公务员处分条例》等相关立法文件的途径来进行。重点就是明确政府公务员职务违法责任设定权限，确定处理上述三类重要关系尤其是行政处分与行政处理关系的准则，完善行政处分责任形式，并对责任适用原则、基本程序要求等作出立法规定。第二步，在条件成熟时制定具有法典化特性的政府公务员职务违法责任专门法。专门法应当将公务员处分责任与非处分的行政处理责任等全部纳入调整范围，并作出系统化的责任制度建构。其立法形式与名称可以是统一适用于全体公务员的“公务员惩戒法”，也可以是适用于行政主体及其公务员的“行政惩戒法”，又可以是只适用于政府公务员的“政府公务员惩戒法”。如果制定统一的政府公务员职务违法责任国家法的条件还不够成熟，也可以由国务院先制定出台“行政惩戒条例”或者“政府公务员惩戒条例”。

四、完善职务违法的责任形式

（一）适度扩容职务违法法律责任形式

针对政府公务员职务违法责任形式设定方面存在的问题，建议借鉴中国古代文官制度、域外公务员制度的通常做法，总结吸收我国政府公务员职务违法责任制度建设及其实践的有益经验，在国家立法层面对政府公务员职务违法责任形式作出拾遗补缺的适度扩容。

1. 增设“财产罚”的政府公务员职务违法责任形式。我国现行《国家赔偿法》虽然规定了针对公务员的“行政追偿”的财产性责任，但其在严格意义上属于补救性责任，而非典型的制裁性责任，制裁性与财产性兼具的政府公务员职务违法责任形式至今阙如。因此，建议针对公务员增设减薪、罚俸的“财产罚”责任形式。俸禄处罚是中国古代一种源远流长的官员惩戒形式，早在秦汉时期就已有了对官员罚款的“赀二甲”[①] 和“夺俸”[②]的实例。唐宋以后普遍建立了以罚俸为主并辅之以其他多种形式的俸禄处罚制度。[③] 在域外，减薪、罚款也是不少国家或者地区常用的公务员惩戒形式，例如，德国、瑞士等国就有罚款、减薪，日本也有减薪等。[④] 立足于我国实际，借鉴古今中外俸禄处罚的经验，宜将减薪、罚俸作为法定处分形式。减薪是指在一定期限内扣减公职人员一定额度工资报酬的责任形式；罚俸，针对行政相对人的罚款，是指一次性强制扣除公务员一定数额工资报酬的责任形式。减薪应以在 3 个月以上 1 年以下的期限内，每月扣减被处分者月工资的 20% ~30% 为标准；罚俸应以扣罚被处分者月工资总额的 20% ~100% 为限。

---

① 参见何代兵：《西汉官员选举责任刍议》，载《学理论》2014 年第 29 期。

② 参见（宋）范晔撰、（唐）李贤注：《后汉书·桓荣传》之“何汤”注，中华书局 2000 年版。

③ 参见张春海：《唐代罚俸制度论略》，载《史学月刊》2008 年第 11 期；王伟凯：《试论明代对官员的俸禄处罚》，载《辽宁大学学报（哲学社会科学版）》2004 年第 5 期。

④ 参见田志毅：《德法两国公务员惩戒及救济制度比较》，载《行政论坛》2004 年第 6 期；胡建淼主编：《外国行政法规与案例述评》，中国法制出版社 1997 年版，第 102 ~417 页。

2. 增设“申诫罚”的政府公务员职务违法责任形式。我国现行立法在行政公务员“申诫罚”的设定方面，不但法律、行政法规所规定的警告、记过、记大过存在较为明显的缺失问题，而且行政规章等文件又广泛设定了诫勉谈话、告诫、批评教育、责令检查、责令书面检查、通报批评、责令公开道歉等多种实质上的“申诫罚”责任。因此，统一增设公务员“申诫罚”责任，也是完善政府公务员职务违法责任形式、遏制乱问责现象的必要举措。为此，建议在国家立法层面统一设定针对公务员的下列“申诫罚”责任形式：一是责令检查。责令检查又称“行政检讨”，是我国长期存在并在2003年后得到较广泛使用的惩戒形式。其通常是指违法违纪的行政主体及其公务员主动或者受责令向有关单位检查反省错误，表示愿意承担责任的一种内部责任承担方式。[①] 将“行政检讨”增设为公务员的法定责任形式，在检查方式方法上既可以是口头检查，也可以是书面检查；既可以是责令向责任追究机关等有关单位作检查，也可以是责令在本单位、本系统公开检查。二是通报批评。通报批评是指对违法者予以申斥，并在一定范围之内指出或公开其违法行为，以促其纠正错误的责任形式。虽然相关学者对通报批评的属性存在歧见,[②] 但行政规章等早已将其作为了适用于行政主体及其公务员的责任形式，并在实践中发挥了较警告甚至记过处分更理想的惩戒效果。因此，建议将其增设为公务员处分责任形式，适用方式原则上采用书面方式，在必要时亦可采用口头、利用媒体通报等方式；通报批评的范围应是本单位、本系统以及因违法行为所直接影响到的有关行业、地区、单位或者公众。

3. 增设“资格罚”的政府公务员职务违法责任形式。我国现行法律所规定的“资格罚”的政府公务员职务违法责任，主要限于比较严厉的撤职、开除处分，既缺乏暂时性限制或者剥夺公务员特定行政资格的处分形式，又缺乏对不适宜从事特定工作或担任特定职务事项的“资格罚”处分形式，有必

---

① 参见章亮亮：《论行政检讨》，华东政法大学2014年博士学位论文，第20～21页。

② 参见谢祥为：《冲突与选择：通报批评在行政法中的命运》，载《行政与法（吉林省行政学院学报）》2004年第1期。

要增设以下三种“资格罚”的公务员处分责任形式：

一是停职。停职亦称“休职”，是指暂时停止职务的惩戒形式，它是域外国家或地区普遍适用的公务员惩戒形式。[①] 自我国掀起问责“风暴”以来，“停职”由查办职务违法犯罪案件的组织措施[②]逐渐被演化成了一种深为社会诟病的法外处分。因此，建议将“停职”增设为法定行政处分，并作以下的基本制度安排：停职适用于存在较为严重的违法行为但尚未造成严重后果的领导职务公务员；停职的期限为1~6个月；停职期间不发放或者只发放不超过基本工资30%的生活费，不享受其他任何福利待遇与补贴；停职期满后，经考查被处分者已经充分认识并改正了自己的违法行为，且没有发现新的违法行为，可恢复其原职。

二是调离。调离亦称“强制换岗”，是指对实施违法行为且不适宜继续从事原岗位工作的公务员，依法强制调离至较差的地区或环境工作，或者调至相对不重要的岗位工作的惩戒形式。美国、法国、瑞士等国公务员立法均设定了这种责任形式。[③] 我国关于行政执法责任等方面的规范性文件也设定了类似的惩戒责任形式。因此，建议将“调离”增设为行政处分，并作以下的基本制度安排：适用对象限于因实施违法行为而不适宜继续从事原有工作的公务员；被调任岗位一般应限于较为偏远、条件较艰苦、工作事项相对不重要的工作岗位；调任不影响公务员的原有行政职务和职级，也不影响其正常的工资福利待遇。

三是免职。鉴于“免职”既是中国古代常用的官员惩戒形式，[④] 又是德国、日本、美国等国常用的公务员惩戒形式，在实践中也已被作为类行政处

---

① 参见胡建淼主编：《外国行政法规与案例述评》，中国法制出版社1997年版，第102~109页。

② 参见《行政监察法》（2010年修正，已失效）第20条第4项。

③ 参见刘俊生：《公务员惩戒权设定：五国经验及其解释》，载《南京社会科学》2007年第5期。

④ 参见袁庭栋：《中国古代官吏的考核与奖惩》，载《社会科学研究》1988年第2期；肖建新：《宋代行政责任追究制度研究的基本问题》，河北大学2007年博士学位论文，第53页。

分形式较广泛适用，将其设为法定行政处分形式实属必要可行。“免职”作为政府公务员职务违法责任形式，可作以下的基本制度安排：应由享有处分权的国家机关依法实施；适用对象限于存在违法行为且不适宜继续担任原领导职务的公务员；被免职者虽不降低原有职级，但在处分期限内不得行使原任职务权利，不得晋升职务或职级，不得担任与其原任职务相当的职务，不领取原任职务的职务工资与津贴，不领取基本工资以外的其他补贴；处分期满，经过组织考核评议，可以重新担任与其原任职务层次相当的职务，但从被免职之日起两年内不得晋升高一级职务或职级。

（二）重构职务违法法律责任形式体系

在对政府公务员职务违法责任形式作如上文所述的扩容后，需对公务员处分责任形式的体系进行科学重构。重构的重点就是要界定新旧处分责任形式及其相互之间的分工协作关系，提高处分责任形式之间、责任形式与应责事由之间的适配性，补充完善责任形式的“附加性后果”，构建更为健全的政府公务员职务违法责任形式体系。具体而言，扩容后的行政处分形式体系，可重点作以下的制度重构：

1. 在处分种类方面，将行政处分作主处分与从处分之分，主处分由轻及重依次包括警告、责令检查、记过、通报批评、减薪、停职、免职、降级、撤职、开除 10 种；从处分包括罚俸、调离两种。主处分只能单独适用，不能彼此合并适用；从处分只能与主处分合并适用，不能单独适用。在主处分中，警告、责令检查、通报批评、记过在 1 年内对同一公务员可以适用两次，其他处分在 1 年内只能适用一次。

2. 在处分对象方面，主处分根据违法行政行为过错程度、情节轻重、危害后果大小等依次由轻及重分别适用，从处分中的“罚俸”可与“通报批评”以上的主处分合并适用于具有谋取非法利益的贪利性的违法行为和给国家、集体、行政相对人造成经济损失的违法行为；“调离”可与“通报批评”以上“撤职”以下的主处分合并适用于对原任职务或工作岗位的廉洁性、公正性、严肃性、责任性等产生较大负面影响且不适宜继续从事原有工作的实施了职务违法行为的公务员。

3. 在处分期限与法律后果方面，警告、责令检查、记过的处分期限为6个月；通报批评、减薪、停职为12个月；免职、降级为18个月；撤职为24个月。在处分期限内，警告、责令检查、记过不影响被处分者正常的职务职级晋升，但不得对被处分者评先评优、发放奖金补助、授予与履行职务相关的荣誉称号等；通报批评以上撤职以下处分，同时还不得给被处分者晋升职务、职级和工资档次。

第三节　健全职务违法责任监督救济机制

一、健全内部性监督救济机制

针对政府公务员职务违法责任追究在内部监督救济方面存在的问题，应以完善监督救济机制、细化监督救济制度、增强监督救济实效为核心健全监督救济机制。其主要可从以下几个方面入手：

1. 强化责任追究等法律程序本身的监督救济功能。法律程序是防范公权力滥用、保证行为正当性和合法性不可或缺的制度要素。对于政府公务员职务违法责任的监督救济而言同样如此。目前，由于缺乏统一调整政府公务员职务违法责任的专门法，关于政府公务员职务违法责任的程序规范主要散见于《公务员法》《监察法》《公职人员政务处分法》《行政机关公务员处分条例》《监察法实施条例》等法律法规，以及与公务员行政责任追究有关的行政规章等规范性文件之中，其规范化、系统化、精细化程度还明显不足，监督行政问责权依法行使的作用发挥得还不够充分，应将问责程序制度的完善作为对强化问责权运行监督制约的重要方面来抓。重点应做好以下程序制度的完善：

一是履行告知、听取陈述申辩的程序制度。虽然现行《公务员法》《监察法》《公职人员政务处分法》都规定了有关国家机关在对公务员作出处分过程中的告诉、听取陈述申辩制度①，但这些制度设计还不够具体精细，对诸如有关国家机关应采取何种恰当方式履行告知、听取陈述申辩义务，以及有关国家机关及其公务员不履行或者不正确履行告知、听取陈述申辩义务有什么法律后果等直接影响程序制度实效的问题均无具体规定。因此，建议细化告知、听取陈述申辩程序制度，明确规定没有依法履行告知、听取陈述申辩义务的不得作出处分等问责决定，并建立对应当采纳当事人陈述申辩而不予采纳，并因此作出违法或者错误处分等问责决定的国家机关及其负有责任的公务员的责任追究制度。

二是在完善相关程序保障机制的条件下取消对处分的复核或者复审程序。《公务员法》《监察法》《公职人员政务处分法》都规定了公务员不服有关国家机关针对自己所作的处分而向原处分机关申请复核或者复审的程序。本书建议应在完善告知、听取陈述申辩，以及落实处分机关内部在办理案件过程中的权力运行制约机制的程序规范制度等有助于防范处分权滥用、保证处分机关作出合法有效处分决定的相关程序制度的前提下，取消被处分人向作出处分决定的原机关申请复核或者复审的制度。这不仅仅是因为这种制度的设计本身就犯了“自己做自己的法官”的错误，明显不具合理性，也还在于当在有了较为完善的诸如听取被处分公务员的陈述申辩，体现内部权力运行制约监督功能的办案程序制度保障的前提下，处分机关及其有关公务员仍然针对公务员作出可能给自己造成不良后果的违法或者错误的处分决定，要么可能性极小，要么就是“铁了心”要给特定公务员进行违法处分。但无论是哪种情形，由处分机关应被处分人的请求通过复核或者复审程序来改变已经生

① 例如，《公务员法》第63条第2款规定，“公务员违纪违法的，应当由处分决定机关决定对公务员违纪违法的情况进行调查，并将调查认定的事实以及拟给予处分的依据告知公务员本人。公务员有权进行陈述和申辩；处分决定机关不得因公务员申辩而加重处分”；《公职人员政务处分法》第43条规定，“作出政务处分决定前，监察机关应当将调查认定的违法事实及拟给予政务处分的依据告知被调查人，听取被调查人的陈述和申辩，并对其陈述的事实、理由和证据进行核实，记录在案。被调查人提出的事实、理由和证据成立的，应予采纳。不得因被调查人的申辩而加重政务处分”。

效的处分决定几乎是不可能的。因此，这种制度除了徒增当事人各方劳费，很难取得监督救济实效，理应取消或者废除。

三是完善申诉或者复审制度。《公务员法》《监察法》《公职人员政务处分法》都规定了公务员不服原处分机关的复核或者复审决定，向上一级国家机关提起申诉或者申请复核的监督救济程序。但其与履行告知、听取陈述申辩的程序制度建设的情况一样，相关立法仍然比较粗疏，制度的精细化程度明显不高，有必要从提高监督救济实效的目的出发对其做进一步的完善。重点应对申诉或者复核的机构及其运行规范、办理案件的具体流程、当事人及其代理人的参与途径方式、复审机关及其公务员不依法办事的责任追究等事项从程序到实体作出更加具体可行的规定。

四是将公务员行政处分纳入行政复议范围。如前文所述，目前行政处分法律制度已经有了专门的较为完善的行政法规，行政处分的法制化程度有了大幅度提高，已经具备了将其纳入准司法的行政复议进行更加有力、有效监督救济的条件。但为了减轻复议机关的案件压力，也为了衔接好行政处分的申诉与行政复议的相互关系，应将申诉作为行政复议的前置程序，即只有当公务员在依法提起申诉且不服申诉决定的前提下，才可以依法提起行政复议。

2. 健全国家机关在办理政府公务员职务违法责任案件中的内部制约机制。在内部监督方面，除了完善并做好国家机关与公务员职务违法责任实现相关的层级监督、行政执法监督等专门性监督，重点还应放在有关国家机关内部的不同部门、机构及其人员在办理政府公务员职务违法责任案件方面的分工负责、相互配合、相互制约的权力运行监督机制的完善方面。对此，国家相关法律法规也有明确的规定。例如：《监察官法》第 7 条第 1 款规定，“监察机关应当建立健全对监察官的监督制度和机制，确保权力受到严格约束”；《监察法实施条例》第 258 条第 1 款规定，“监察机关应当建立监督检查、调查、案件监督管理、案件审理等部门相互协调制约的工作机制”。在这方面，监察机关的内部监督制约机制尚处在逐步建立健全过程中。行政机关虽然在行政管理实践中，借助相关行政规章和行政规范性文件对针对相对人的行政执法行为的内部制约监督机制作了相对完善的制度安排，但在办理政府公务员职务违法责任案件方面还没有形成完善的内部监督制约机制，以至于“拍脑袋”问责、长官意志问责等不正当或者“乱问责”现象时有发生。因此，健全有关国家机关办理政府公务员职务违法责任案件方面的内部制约监督机制，应首先从完善制度入手，即借助适宜的立法形式乃至符合法律法规有关规定的规范性文件，对办理政府公务员职务违法责任案件的内部分工制约关系作出具有可操作性的精细化规定。与此同时，还应当建立或者确定专门机构，对办理政府公务员职务违法责任案件的活动加强内部质量评查、考核和监督，从而切实保障办案机构、人员依法办事。

二、健全外部性监督救济机制

在着力健全政府公务员职务违法责任实现的内部监督救济制度，提高内部监督救济实效的同时，还要针对在外部监督中存在的突出问题，健全对政府公务员职务违法责任追究等活动的外部监督救济机制。① 目前，在与政府公务员职务违法责任实现密切相关的外部监督方面，除了继续加强并完善党的监督、统一战线组织的民主监督、社会监督与舆论监督，还应着力加强和完善以下两个方面的监督：

1. 加强权力机关的监督。权力机关的监督，是国家最高层次的监督，是具有法律效力的监督。“国家机关及其工作人员在履职过程中，是否严格依照宪法法律履行职责，是否勤勉尽责，是否贯彻体现人民群众的意愿和诉求，必须接受国家权力机关的严格监督，唯有如此，才能保证国家机关及其权力掌控在人民手中，从而牢牢把握国家的前途和命运”②。党的十八大以来，权

① 《监察法实施条例》第251条明确规定，“监察机关和监察人员必须自觉坚持党的领导，在党组织的管理、监督下开展工作，依法接受本级人民代表大会及其常务委员会的监督，接受民主监督、司法监督、社会监督、舆论监督”。

② 许安标：《坚持正确监督、有效监督——新时代加强改进人大监督工作的实践与探索》，载《中国法律评论》2021年第5期。

力机关的监督日益加强，监督实效也有了较大提升，但仍然存在监督的手段运用不足、监督的刚性力度不够强、监督的效果有待提升等需要进一步改进的问题。[①] 就对政府公务员职务违法责任追究等的监督救济而言，除了通过与时俱进地细化完善《各级人民代表大会常务委员会监督法》、提高履行监督职责的意识、创新监督方式方法、加强自身依法履职能力建设等途径加强对行政机关、监察机关依法履职的工作监督，并通过听取监察机关专项工作报告、执法检查等监督方法对其执法执纪情况进行面上监督，还应当建立公务员不服处分申诉或者复核决定而向权力机关提出申诉的制度，赋予公务员不服上级行政机关就行政处分申诉所作决定，或者监察机关政务处分复核申请所作决定，而向同级权力机关的申诉权，由同级权力机关对申诉事项依法审查并作出处理的制度。之所以建议设立这样一个申诉制度，主要是出于以下两个方面的考虑：一是对于公务员的处分，目前法定监督救济途径实际上只有行政机关或者监察机关的内部复核、申诉或者复审、复核，而没有向其他国家机关寻求监督救济的有效途径。况且监察法律法规还明确规定，上一级监察机关的复核决定和国家监察委员会的复审、复核决定为最终决定。按照现行制度来看，如果公务员处分在出现内部救济失灵的情况下，几乎无法借助任何更加有效的外部法律机制得到救济。这既不利于加强具有强势特性的行政问责权尤其是监察权的监督，也不利于保护公务员的合法权益。二是权力机关通过申诉途径对政府公务员职务违法责任追究等公权力行为进行监督合情合理合法。目前，在公务员处分责任追究事项尚不能借助司法监督等其他外部性的法律途径获得监督救济的情况下，在经过了原处分机关的上级机关的二次处理，公务员仍然不服处分决定的，赋予其向权力机关的申诉权，既有宪法法理基础，也是合理适当的。

2. 探索开展适当的司法监督。关于行政处分的司法监督问题，因《行政诉讼法》制定之初就未将行政处分纳入行政诉讼受案范围，学者们就应

① 参见潘国红：《提升人大监督刚性力量》，载《人大研究》2020 年第 3 期；通化市人大常委会：《关于加强和改进新时代地方人大监督工作的几点思考》，载《吉林人大》2020 年第 8 期。

否将行政处分纳入行政诉讼范围，一直存有不同观点。近年来，建议将行政处分纳入行政诉讼受案范围的呼声越来越高。随着我国依法行政、法治政府建设的全面推进与划时代发展，特别是行政处分法律制度的日益完善，加之行政审判机制的日益健全、行政审判能力的日益增强、审判实践经验的日积月累，影响或者制约对行政处分进行司法审查的障碍或者因素已经基本消除，将行政处分纳入行政诉讼受案范围的时机已经成熟，基本条件已经成就。为了加强对行政问责权的有效监督和维护公务员的合法权益，建议尽快将行政处分以及其他有可能直接影响公务员工资福利待遇的行政决定事项（如行政机关对公务员所作行政追偿决定等）适时纳入行政诉讼受案范围。①

关于政务处分或者监察机关监察行为的司法监督，是目前争议最大的问题。有的学者认为监察行为或者政务处分具有不可诉的特性，不应将其纳入司法审查的范围。例如：有学者认为监察机关的性质、监察权的属性等决定监察机关具有不可诉性，且“《监察法》构建的自我监督体系使得诉讼监督已无必要”；② 有学者基于缘起于德国的所谓特别权力关系理论，论证并认为“政务处分属于国家机关内部惩戒行为，具有不可诉性，即政务处分不能被纳入诉讼救济范围，人民法院不能对监察委员会作出的政务处分进行司法审查”。③ 但也有学者认为，对职务违法监察对象进行司法救济既是十分必要的，也是完全可行的，并不存在理论障碍和实践障碍，并提出了在中级人民法院和跨行政区划法院以上成立监察审判庭对职务违法监察对象进行司法救

① 从国外公务员权利救济的基本模式选择来看，大多数国家都建立了行政内救济与行政外救济相结合，并将行政外司法救济作为最终救济途径的模式。例如，在法国，“公务员若不服行政处分决定，可向行政法院提起撤销之诉和损害赔偿之诉”（参见袁周斌：《论公务员行政处分的法律救济》，载《湖北警官学院学报》2012 年第 3 期），在美国，文官（公务员）对于纪律处分或者其他不利的行政决定不服，既可以向功绩制保护委员会提出申诉，也可以向法院提起诉讼，接受司法审查与裁判（参见王名扬：《美国行政法》（上、下），中国法制出版社 1995 年版，第 210 页）。

② 彭江辉、王忠仁：《论监察委员会的不可诉性》，载《山西省政法管理干部学院学报》2020 年第 2 期。

③ 郭文涛：《论政务处分的不可诉性——基于特别权力关系理论的视角》，载《西部法学评论》2020 年第 4 期。

济的建议。[①] 其实，监察机关作为一类国家机关，作为强势的国家公权力机关，对其法律行为进行司法监督，对作为监察对象的公职人员进行权利的司法救济，在宪法、法理以及公权力制约监督的机理上而言，应当是必要的、可行的。域外老旧过时的特别权力关系理论并不能成为有效支撑监察行为不可诉的理论根据。但可行、必要是一回事，能不能马上就建立起对监察权或者监察行为的司法审查制度又是另一回事。我国监察制度刚刚建立，监察制度机制尚处在实践发展甚至不断改革进程中，且监察权及其对公职人员的政务处分等行为也有别于传统的行政权及行政行为，与现行的行政诉讼制度尚缺乏制度运行的适配性，暂不宜将其纳入行政诉讼乃至现行其他诉讼制度的范畴。因此，政务处分尚不具备纳入司法审查的相关条件。现阶段应当把向人大的申诉，向党的领导机关、纪律检查机关的申诉作为外部性监督救济的主要途径，实现对政务处分责任实现活动的有效外部监督救济。待条件成熟时，可通过在人民法院设立统一受理国家公职人员惩戒处分案件的“国家公职人员惩戒法庭”等类似的审判机构，依法管辖并审理国家公职人员不服国家机关惩戒处分的案件。

---

① 参见王昭华、江国华：《法理与逻辑：职务违法监察对象权利救济的司法路径》，载《学术论坛》2020 年第 2 期。